姜师立◎著

大运河文化十讲

中国言实出版社

图书在版编目(CIP)数据

大运河文化十讲 / 姜师立著 . -- 北京 : 中国言实
出版社, 2024. 12. -- ISBN 978-7-5171-4983-5

Ⅰ . K928.42

中国国家版本馆 CIP 数据核字第 2024DT3684 号

大运河文化十讲

责任编辑：朱　悦
责任校对：张　朕

出版发行：中国言实出版社
　　地　　址：北京市朝阳区北苑路180号加利大厦5号楼105室
　　邮　　编：100101
　　编辑部：北京市海淀区花园北路35号院9号楼302室
　　邮　　编：100083
　　电　　话：010-64924853（总编室）　010-64924716（发行部）
　　网　　址：www.zgyscbs.cn　电子邮箱：zgyscbs@263.net

经　　销：新华书店
印　　刷：三河市祥达印刷包装有限公司
版　　次：2025年6月第1版　2025年6月第1次印刷
规　　格：710毫米×1000毫米　1/16　18.5印张
字　　数：257千字

定　　价：68.00元
书　　号：ISBN 978-7-5171-4983-5

序

习近平总书记指出，"大运河是祖先留给我们的宝贵遗产，是流动的文化，要统筹保护好、传承好、利用好""要古为今用，深入挖掘以大运河为核心的历史文化资源"。党的十九届五中全会审议通过的《中共中央关于制定国民经济和社会发展第十四个五年规划和二〇三五年远景目标的建议》明确提出，传承弘扬中华优秀传统文化，加强文物古籍保护、研究、利用，强化重要文化和自然遗产、非物质文化遗产系统性保护，加强各民族优秀传统手工艺保护和传承，建设长城、大运河、长征、黄河等国家文化公园。在这样的背景下，全社会都在关注大运河文化带和大运河国家文化公园建设。

关于大运河文化，中国文物学会原副会长、大运河专业委员会主任张廷皓曾说过："目前对大运河文化价值的挖掘远远不够，大运河文化的本质意义是什么，为什么说它是文化带，远没有说清楚。"对大运河文化的研究不足、阐释不足、认识不足，导致大运河沿线的旅游开发、文化产业定位同质化严重，远未展现出大运河应有的价值。2024年6月22日是中国大运河被列入《世界遗产名录》十周年纪念日，运河沿线各地都在筹划庆祝活动。经过7年来的大运河文化带建设和4年来的大运河国家文化公园建设，大运河文化保护传承利用已成为运河沿线城市的热点，对运河学的研究也逐步深入。在大运河成为世界遗产十周年之际，推出一本大运河图书作为纪念，是一件很有意义的事。参加大运河保护与申遗工作15年来，我一直倾力于运河文化研究，先后出版了26本大运河研究专著，但一直缺少一本全面系统地反映大运河文化的图书。在中国言实出版社的策划指导下，我用15年的研究成果写下这部《大运河文化十讲》。

有专家说，"中国大运河"这个名词并不是简单地说大运河是中国的，或大运河在中国，而是可以理解为中国造就了大运河，甚至大运河造就了中国：中国经济的发展，南北文化的交流，运河沿线城镇的形成与发展，特别是中国这个统一的多民族国家，2000多年以来的延续与发展，与大运河关系密切。中国大运河是一部囊括了中国社会重要内容的发展史，折射了中国若干个朝代的政治变迁、经济发展、文化进步，又创造出大运河流域多民族各具特点的生产生活方式、风俗人情及价值观念等。中国大运河文化是民族融合的产物，是运河流域社会历史的积淀物。中国大运河属于独一无二的"活"的文化遗产，是记载大运河沿线先民生活印迹的活化石。从某种程度上看，中国大运河文化可以理解为中国文化的精彩浓缩。因此，在传承中华优秀传统文化、建设中华民族现代文明的今天，研究大运河文化正当其时。

这是首部以大运河文化为主题的讲稿式图书，从什么是中国大运河入手，在介绍运河文化的概念及特征的基础上，将运河文化分为水工文化、漕运文化、商业文化等10个专题深入讲解，还有两个附录，一个是对大运河申遗过程的回顾，一个是对大运河文化带建设规划范围和功能分区的介绍。这本书既有对历史文化的深入回顾，也有关于大运河对当代人现实生活深远影响的思考，让读者能够在直观了解中国大运河，体验到运河文化深厚内涵的基础上，还能从不同角度去思考运河文化对我们今天社会生活的作用，从而为大运河文化的保护传承、弘扬利用探索一条路径。

笔者是运河学的推动者与实践者。运河学研究的目的是要使世代相传的运河文化不断发展更新，使人们保持对历史的认同感，同时进一步丰富文化的多样性和人类的创造力。但愿这本书能给运河学的建立、阐释大运河文化当代价值、传播中华优秀传统文化提供一些帮助。

姜师立

2024 年 6 月

目　录

第一讲

尽道隋亡为此河，至今千里赖通波

——大运河概说

大运河是横贯中国东部地区的一条人工水道。它是世界上开凿时间较早、沿用时间最久、建造规模最大的一条人工运河。作为中国古代创造的一项伟大工程，大运河展现出我国古代劳动人民的伟大智慧和勇气，传承着中华民族的悠久文明和历史，是一部书写在华夏大地上的宏伟诗篇。2014年大运河成功入选《世界遗产名录》，使大运河成为世界瞩目的焦点。那么，什么是大运河？

第一节　大运河的概念

一、什么是中国大运河

本书讨论的大运河是"中国大运河"这一专有的概念。中国大运河的概念是因为申报世界遗产而出现的一个专有名词，它是三条运河的总称。第一条是始凿于公元前486年，于隋代贯通的以洛阳为中心，北到涿郡（今北京）、南到余杭（今杭州）的隋唐大运河；第二条是在元代裁弯取直的元明清大运河（即后来的京杭大运河）；第三条是从杭州到宁波的浙东运河。

从开凿历史来看，中国大运河最早有文字记载的历史来自《左传·哀公九年》中的一句话："秋，吴城邗，沟通江、淮。"这句话说的是，在2500多年前，吴王夫差为北上伐齐，组织民工开凿了一条从长江边的邗（今江苏扬州）到淮河边的末口（今江苏淮安）的南北水道——邗沟。2500多年来，中国大运河一直在使用，因此，它成为世界上沿用时间最久的运河。

从长度来看，中国大运河的总长度为3200公里，这里计算的是隋唐大运河、京杭大运河和浙东运河主线部分的总长，减去了其中重复的部分。这个长度约是苏伊士运河（全长172公里）的18倍，约是巴拿马运

大运河文化十讲

河（81公里）的40倍。有人做过统计，中国大运河要比列入世界遗产的其他所有人工运河加起来的总长度还要长。因此，中国大运河是世界上长度最长的人工运河。

二、中国大运河概念的来源

中国大运河概念的形成有一个过程。历史上，大运河一般是指贯通于隋代的隋唐大运河；元代以后，随着隋唐大运河的废止，大运河是指经过元代裁弯取直的元明清大运河；二十世纪五十年代，京杭大运河又成为大运河的专称。直到2006年，我国公布第六批全国重点文物保护单位和世界文化遗产预备名单时，仍旧称为京杭大运河。随着申报世界遗产工作的进程，专家发现用京杭大运河不能涵盖整个大运河，于是提出了中国大运河的概念，而2008年在江苏扬州成立大运河保护与申遗城市联盟时，参与的城市只有隋唐大运河和京杭大运河沿线33座城市，也就是说大运河包括的范围只是隋唐大运河和京杭大运河。直到2009年，从文化遗产发展的战略出发，提出了将浙东运河列入中国大运河，这样可以通过中国大运河将陆上丝绸之路和海上丝绸之路联结在一起，形成我国对内对外经济文化交流的闭环。因此浙东运河沿线的宁波、绍兴两市也列入大运河保护与申遗城市联盟。这时完整的中国大运河概念才出现。必须提醒的是中国大运河在英语中的名称就是"The Grand Canal"，不能加上"of China"。

三、中国大运河的范围

中国大运河位于中国中东部，沿途经过北京、天津、河北、山东、安徽、河南、江苏、浙江等八个省级行政区。南北向运河北至北京、南至浙江杭州，纬度30°12′～40°00′；东西向运河西至河南洛阳、东至浙江宁波，经度112°25′～121°45′。中国大运河沟通了海河、黄河、淮河、长江、钱塘江五大水系，它流经 35 个城市，全长 3200 公里，流经市域面积 311269.97 平方公里，占陆地国土面积的 3.22%。按 2008 年中国大运河申遗时的统计，中国大运河流域人口占全国总人口的 15.22%。沿线 35 个城市在 2010 年创造的 GDP 占我国 GDP 总量的 25.08%。

第二节　中国大运河的发展历程

中国大运河的开凿肇始于公元前 5 世纪的春秋时期，隋代完成第一次全线贯通，形成隋唐宋时期以洛阳为中心的沟通中国南北方的大运河。元代由于中国政治中心的迁移，将大运河改线为通过河北、山东、江苏直接沟通北京与南方地区，形成元明清时期第二次大沟通。大运河历经 2000 余年的持续发展与演变，直到今天仍发挥着重要的交通与水利功能。

中国大运河的主体工程主要集中在三个时期：一是春秋战国时期（公元前 5 世纪至公元前 3 世纪），各诸侯国出于战争和运输的需要竞相开凿运河，但都各自为政，规模不大，时兴时废，没有形成统一体系。二是隋朝时期（公元 7 世纪初），为了连通南方经济中心和满足对北方的军事需要，在中央政府统一的规划、建设和管理下，先后开凿了通济渠、永济渠，并重修邗沟江南运河和疏通浙东航道，从而将前一时期的各条地方性运河连接起来，形成了以国都洛阳为中心，北抵涿郡、南达宁波的大运河体系，完成了中国大运河的第一次全线贯通，并在唐代和宋代得到维系和发展。三是元朝时期（公元 13 世纪后期），由于中国的政治中心迁移到北京，皇帝忽必烈组织开凿了会通河、通惠河等河道，从而将大运河改造为直接沟通北京与江南地区的内陆运输水道，形成中国大运河的第二次南北大沟通。明清两朝维系了大运河的这一基本格局，并进行了多次大规模的维护与修缮，使大运河一直发挥着漕粮北运、维系

大运河文化十讲

国家稳定繁荣等重要功能。

到了清末，由于内忧外患，清政权岌岌可危，无力顾及运河之事，因此逐渐放弃了修复运河的计划，宣布各省漕粮全部改折银两缴纳，运河及漕运管理机构也陆续裁撤。至此，沟通南北的大运河逐渐中断，变为多条局部通航的地区性运河，除江南、淮扬、浙东、鲁南及南北运河等河段外，其他河段渐渐淤废。

一、早期的运河（公元前5世纪—公元6世纪）

公元前 5 世纪—公元 6 世纪是中国早期运河开凿的高潮期，也许是当时的生产力发展到了一定阶段，也许是当时正值春秋战国时代，诸侯国林立，诸侯之间战争不断，军事征伐和政治、经济交流带来了运输的需要，为了弥补天然河流的限制，就出现了人工开凿的运河。这一阶段的运河主要表现为区间运河，如徐国开凿的陈蔡运河、楚国开凿的江汉运河、魏国开凿的鸿沟、秦国开凿的郑国渠，还有齐国在山东淄、济之间开凿的运河。而大运河最早的一段，即古邗沟，也是开凿于这个时期的区间运河，它沟通了淮河与长江，成为大运河河道成型最早的一段，作为重要的区域性交通要道，得到不断的维护与经营。古邗沟也许不是最早开凿的人工运河，但却是这些区间运河中沿用时间最长、作用发挥最为明显的一段运河。

大运河的开掘始于春秋战国时代。公元前 486 年，为北上争霸，吴国在今江苏扬州附近开挖邗沟，沟通长江与淮河水系，成为中国历史文献中记载的第一条有确切开凿年代的运河。早期的邗沟，利用了白马湖、宝应湖、高邮湖、邵伯湖等一系列天然湖泊水域，通过人工挖掘，将这些天然湖泊连缀成一条畅通的水路。邗沟最初的路线是从长江边的邗城向北经过高邮，折向东北入射阳湖，出射阳湖后又改向西北。水系是从今天扬州南引长江水，到今天的淮安北末口入淮水，长度约 200 公里。

到战国中期，魏国为争雄称霸，于公元前 361 年前后开始挖掘改造

图1.1 古邗沟故道

图1.2 古邗沟碑

鸿沟，北接黄河，南边沟通了淮河及其支流。鸿沟不是一条单一的水道，而是由几条运河共同组成一个水系，人们习惯把这个水系称为鸿沟。鸿沟大体流向是自今河南荥阳市北引黄河水南流入圃田泽，经魏国都城大梁，在大梁之东转而流向东南，到陈国都城陈（今河南淮阳），又折向南，最终入颍水。后人将从大梁南流的这段水道称为狼汤渠，这就是项羽与刘邦楚汉分界的鸿沟。鸿沟联接济、濮、汳（获）、睢、涡、颍、汝、泗、菏等主要河道，形成了黄淮平原上以鸿沟为干线的水道交通网，构成了黄、淮之间的水路交通网络。公元前221年秦始皇统一六国后，为了建立和巩固新的空前统一的庞大帝国，更充分利用了鸿沟水系，从各地漕运大批粮食，源源不断地运往关中和京师咸阳。

春秋时期，扬州附近就是长江的入海口，扬州以西才具江型，扬州以东是开阔的海湾，当时的江岸就在蜀冈南边。吴国地处水乡泽国，"以船为车、以楫为马"（《越绝书·吴地传》），北上与齐国争霸，靠车马运输军事物资比较困难，而水路运输是最经济和可行的方案。而当时吴国北上中原有两条水路：一条是由长江入海，北上后再入淮河向西，但海上风浪大，行船没有保障。另一条是开凿由长江到淮河的人工水道。公元前486年，吴王夫差在今江苏省扬州市西北的蜀岗尾闾修建邗城，引江水入淮，因名邗沟。其路线是从邗城下挖沟，引江水经茱萸湾北上，在武广湖（今邵伯湖）和陆阳湖（今绿洋湖）之间，下注樊良湖（今高邮湖），折而东北入博芝、射阳二湖，出湖西北经夹耶至末口（今淮安）入淮河。清代刘文淇在《扬州水道记》中叙述："春秋之时，江淮不通。吴始城邗，沟通江、淮。此扬州运河之权舆也。于邗筑城穿沟，后此因名之曰邗沟，一曰邗江。而由江达淮，皆统谓之邗沟。"古代长江与淮河间的分水岭并不明显，大致位于今扬州市江都区邵伯镇东至仪征陈集镇一线。为减少凿通这一沟渠的工程量，当时邗沟尽量利用天然河道和湖泊，以较短的人工渠道相沟通。早期的扬州至淮安之间的运河，自北至南，由白马湖、宝应湖、高邮湖、邵伯湖等一系列天然湖泊连缀在一起。古邗沟，正是充分利用了天然湖泊水域，通过人工挖掘，将这些天然湖泊连缀成一条畅通的水路。吴王夫差开邗沟的目的在于连通长江与淮河，北上与齐国争霸。但由于时间仓促，邗沟开凿得不够理想，第二年吴国北上伐齐还是由江入海，再由淮入泗的。但这条邗沟经过后代的不断开凿与拓展，到了隋代贯通，北通淮河与汴水，南贯长江与江南运河、浙东运河相通，直抵大海，成为贯通中国南北，连接东西的黄金水道，成为中央集权的多民族封建国家的经济命脉与制度支撑。

邗沟是大运河水系中有文献记载的最早的运河之一，也是世界上较早的运河之一。复旦大学首席教授、博士生导师邹逸麟先生分析道："中国运河的开凿，最早发轫于江淮地区。一方面是因为江淮地区水系比较发达，早期运河大多由加工天然河流而成，并非平地开挖，江淮地区具备了这种条件；另一方面，是因江淮地区是中国南北自然和人文的过渡带，古代南北的政治、经济和文化的交流需要通道，而水运是理想的交通方式。"（邹逸麟：《舟楫往来通南北》）这一时期运河开凿的动因是诸侯国群立而带来的分裂局面，运河的开凿大多是临时为某一政治或军事目的所开，既无统一的规划，也没有长期的考虑，因此，工程设施比较简陋，事后也没有经常维护，在当时的交流方面所起的作用并不明显。但这些地区性运河最终改变了中原地区的水系面貌，而且为隋代贯通南北的大运河奠定了基础。

西汉时期，政府为了向京城长安运送漕粮，将运河向西延伸到关中地区。东汉定都洛水北岸的洛阳，开凿阳渠以沟通洛水与黄河，洛阳成为全国最大的漕粮集中地。《后汉书》卷三五《张纯传》："明年，上穿阳渠，引洛水为漕，百姓得其利。"这一时期，鸿沟水系的许多支流均因黄河泛滥而淤塞，只有其主水道汴渠尚未断流。东汉政府十分重视汴渠的修治，对邗沟进行了整治。当时的水路交通是由京城洛阳入汴渠，至徐州入泗水，由泗水入淮水，再转经邗沟可达江南。

东汉末期，为征战北方，曹操利用黄河故道，开挖了白沟等运河，使运河向黄河以北延伸，抵达今河北省东部地区。此后的东晋南北朝时期，南方统治阶层着力开凿修治浙东运河，自杭州东渡钱塘江至萧山县的西兴镇，再由西兴镇东通至宁波，沟通了姚江、甬江、钱塘江、曹娥江等自然河流。

经过1000多年的陆续营建，到隋统一中国之前，以中原地区为中心，贯通东西南北的大运河体系已初步形成，为隋唐时期对运河大规模开挖、整治及航运大繁荣奠定了基础。

二、第一次大沟通阶段（公元7世纪—公元12世纪）

第一次大沟通主要在公元 7 世纪—公元 12 世纪。隋唐时期，中国的经济重心已经逐渐转移到长江流域等南方地区，而国家政治中心仍处于北方的关中地区和中原地区。隋大业元年（605 年），为了加强东都洛阳与南方经济发达地区的联系，保证南方的赋税和物资能够源源不断地运往北方，隋炀帝在前代汴渠的基础上下令开凿通济渠，沟通黄河与淮河。"辛亥，发河南诸郡男女百余万，开通济渠。自西苑引谷、洛水达于河。自板渚引河通于淮。"（[唐] 魏徵：《隋书》）同时，隋炀帝下令重新疏浚邗沟以及疏凿长江以南的江南运河，并对前代开凿的浙东运河航道加以整治，使大运河越过钱塘江沟通宁绍平原。此后，为了开展对北方的军事行动，隋炀帝又于大业四年（608 年），于黄河以北，在曹操时期开凿的原有运道的基础上，开凿永济渠，直抵涿郡（今北京南郊）。"四年春正月乙巳，诏发河北诸郡男女百余万开永济渠，引沁水，南达于河，北通涿郡。"大业六年（610 年），隋炀帝又决定修治江南河。六年时间，完成了以洛阳为中心、东北方向到达涿郡、东南方向延伸至会稽的一条"Y"字形运河，在中国历史上第一次建成了从南方重要农业产区直达中原地区政治中心和华北地区军事重镇的内陆水运交通动脉。

唐宋时期，运河各段的名称多有变化，但大运河的主要河段、格局和走向都基本没有变化，中央政府对运河的主要任务在于维护航道、大规模疏浚与改建部分航段，同时建立粮食仓储、转运等运河配套设施，并逐步完善了统一进行运河维护和运输管理的漕运行政体系，保障当时政府的政治与军事需求。

经过第一次大沟通，大运河成为沟通中国经济中心与政治中心的大动脉，确保了繁忙的物资与人员交通，弥补了中国南北自然资源及经济资源的不平衡，不仅为维持中国大一统的政治局面作出了重要贡献，也促进了运河沿线地区的经济和社会的发展繁荣。

三、第二次大沟通阶段
（公元13世纪—公元20世纪上半叶）

　　大运河的第二次大沟通在公元 13 世纪—公元 20 世纪上半叶。两宋时期，大运河作为政府连接海外的重要通道凸显出重要的战略地位。北宋晚期以后，宋、金对峙，战乱不断，运河航道维护逐渐松弛，航道不断淤积，航运逐渐中断。其间黄河数次泛滥，淮河以北的大运河河道大多被黄河堵塞，以洛阳为中心的大运河体系逐渐宣告结束。

　　在元朝完成对中国的统一并在大都（今北京）建立政治中心后，从南方经济中心供给北方政治中心的需求再一次被提上议事日程。1289 年，元朝政府组织开凿了会通河，北通卫河，南接泗水、黄河，从根本上改变了淮河以北大运河的格局与走向。由此开始，大运河不再流经洛阳，河南和安徽北部的河段被废弃，大运河形成了南北直行的走向，缩短航程 500 多公里。元朝至元三十年（1293 年），沟通大都城内与城东通州的通惠河建成，来自南方的漕粮可直接抵达城内的积水潭，实现了大运河的第二次大沟通。

　　自明成祖朱棣再次定都北京直至清朝灭亡的 500 年间，北京一直是全国的政治经济中心。为了保障漕运的持续畅通，明清政府投入了巨大的人力和物力，在元代大运河的基础上不断进行整治修葺，陆续新建、改建多处河道和水工设施，并不断完善漕运管理制度和机构。其中，为了减少清口以北借黄河行船所带来的危险，清政府于 1686—1688 年在宿迁与淮安间于黄河故道平行的东侧组织开凿了中河。中河的建成标志着大运河彻底脱离了借自然河道行运的状况，实现了完全的人工控制。此外，随着社会经济的进一步发展，大运河成为联系全国经济的交通大动脉，在运河沿岸形成了一批转口贸易城市和商业城市，促进了运河沿岸城市商业的繁荣。

　　到了清代后期，特别是太平天国起义后，农村遭受严重战乱，民户无力缴纳漕粮。1855 年 6 月，黄河在兰考铜瓦厢决口，于阳谷张秋镇穿过运河夺大清河入海，不仅影响航道，还造成了运道补水不足，通航困难。清政府虽采取了许多措施，但仍未能从根本上解决问题。到了清末，由于内忧外患，清政权岌岌可危，无力顾及运河之事，因此逐渐放弃了修复运河的计划，宣布各省漕粮全部改折银两缴纳，运河及漕运管理机构也陆续裁撤。漕运改折后，承载了两千多年的以漕运为主要职能的运河历史任务已经完成，沟通南北的大运河逐渐中断，变为多条局部通航的地区性运河，除江南、淮扬、浙东运河和会通河、中河等河段外，其他河段渐渐淤废。民国时期虽然曾有过重开运河的计划，但仅限于纸上谈兵而已。

四、当今的大运河

大运河是一个不断适应社会和自然变化的动态性工程，是一条不断发展演进的运河。大运河历经两千余年的持续发展与演变，直到今天仍发挥着重要的交通与水利功能。

中华人民共和国成立后，一直对大运河进行着修复和整治工作。"十一五"期间，江苏投资 100 亿元对大运河江苏段进行改线扩容。2010 年底，苏北运河经过 6 年建设，全线达到二级航道标准；苏南运河常州段等部分地区率先达到三级航道标准，到"十二五"期末，苏南运河全线达到了三级航道标准。二级航道，意味着 2000 吨级船舶可全天候通航，这是国内仅次于长江的高等级航道；而三级航道则可以满足千吨级船舶通航条件。经过数十年的现代化治理，大运河北方段部分恢复航运，山东济宁以南的河段一直保持畅通，成为连接山东、江苏、浙江三省，沟通淮河、长江、太湖和钱塘江水系，纵贯中国东部沿海地区的水运主通道，也是世界上最繁忙的运输航道之一。山东济宁以南大运河全年通航河段达 875 公里，大运河黄河以南段季节性通航里程达 1050 公里，年货物运输量达 5 亿吨。2008 年，山东运河港口货物吞吐量 5059 万吨；2009 年，全省运河港航工程建设投资 5 亿元，新增港口吞吐量 1200 万吨。2009年，山东全省运河航运上缴国家税收及各种规费14亿元，济宁、枣庄两市由航运及其配套设施建设贡献的GDP近2000亿元。大运河苏北段是国家北煤南运的"黄金水道"，承担了江苏北部地区绝大部分经济发展所需原材料的运输，年货运量达3亿吨。目前，大运河是南北物资运输和长三角经济的水上重要通道，有10万多艘船舶常年在运河上航行，年运输量相当于3条京沪铁路。江南运河江苏段全长208公里，是镇江、常州、无锡、苏州四个市的水上主要通道，大量的煤炭、建材、农产品、工业原材料和产成品，均通过本段运河进出。1992年河道整治前，年货运量9000多万吨，1997年，国家对苏南运河河道的整治工程全面完成，年货运量年均增长7.7%，2005年达1.91亿吨，到2018年达到2.2亿吨。

同时，国家还大力发展"绿色航运"，在航道整治中引入生态理念，以减少对原有生态环境的破坏，不仅使货物运输量稳步提高，也使沿线水环境和生态环境得到不断改善。如苏北段2011年全线达到国家二级航道标准。航运部门还专门在航运沿线各船闸实行"GPS一票通"服务，让船员不出船舱就能完成船舶过闸的所有流程，在节约燃油的同时大大减少了碳排放量。此外，大运河还发挥着巨大的排涝、灌溉、排洪、供水、沿河城镇建设及环境生态等综合功能。运河及其沿岸河流、湖泊已节节设闸控制，洪水期调泄，枯水期补给，江水北调东线工程已初具规模。

2006年和2012年，京杭大运河和隋唐大运河、浙东运河分别被国务院公布为第六批和第七批全国重点文物保护单位。2009年，在全国政协委员的呼吁下，经中央领导批示，大运河被列入中国2014年申报世界文化遗产项目。由原文化部、国家文物局牵头，组织国家发展改革委、财政部等有关部委和大运河沿线的北京、天津、河北、江苏、浙江、安徽、山东、河南8个省、直辖市人民政府，共同成立了大运河保护和申遗省部际会商小组。在申报世界文化遗产的河段中，淮扬运河扬州段、江南运河苏州段、江南运河嘉兴—杭州段、浙东运河杭州萧山—绍兴段、浙东运河上虞—余姚段、中河宿迁段河道仍然承担着重要的航运功能。其他河段主

大运河文化十讲

要发挥着行洪、输水及灌溉的功能，而通惠河段、会通河段、卫河（永济渠）段、通济渠段等有部分河道为遗址状态，也得到了较好的保护。

图1.3　今天大运河的航运

　　至今，中国大运河山东济宁以南段目前通航里程仍达800多公里，季节性通航1000多公里，发挥着重要的交通、运输、行洪、灌溉、输水等功能。为适应货运任务的迅速增长，分流煤炭南运，济宁至杭州段的运河扩建续建工程业已开始。当前，尽管进入了高铁时代和航空时代，但水路运输以其成本低的优势，仍然是货运特别是大宗物资运输的主要方式，中国大运河是南北物资运输和长三角经济的重要水上通道，有10万多艘船舶长年在运河上航行，大运河江苏段年运输量超过3亿吨，相当于沪宁铁路单线货运量的3倍。

　　2014年，在卡塔尔首都多哈召开的联合国教科文组织第38届世界遗产委员会会议上，中国申报的中国大运河项目被列入《世界遗产名录》，大运河成为世界遗产。列入世界遗产的中国大运河共包括27段河道、58个遗产点，总长度1011公里。

第三节　大运河的组成部分

大运河是一个复杂变化的时空体系，由以下 10 个始建于不同年代、处于不同地区、各自相对独立发展演变的河段组成。这些河段大多经历了复杂的发展过程，其构成、主要特点在不同历史阶段存在着较大的差异。但公元 7 世纪和公元 13 世纪的两次大沟通，将这些河段改造、连接起来，组成了贯通中国南北的大运河，并持续运行了数个世纪，对中国和世界产生了巨大而深远的影响。依据历史时期大运河的分段和命名习惯，大运河总体上分为：通济渠段、卫河（永济渠）段、淮扬运河段、江南运河段、浙东运河段、通惠河段、北运河段、南运河段、会通河段、中河段。

1. 通济渠。通济渠又称汴河，修建于隋代，是隋唐宋大运河的重要组成部分。通济渠是隋唐时期南北大运河中较早开凿的一条。其东段可上溯至战国时期（公元前 5 世纪至公元前 3 世纪）开凿的鸿沟水系，西段始于东汉时期（公元 1 世纪至公元 3 世纪）开凿的阳渠。隋大业元年（605 年），隋代政府在地方性运河的基础上，统一勘察设计、统一施工修建了通济渠，并于一年之内完成全线建设施工，反映了中国古代高超的水利工程技术。整个汴渠分为三段：西段起洛阳西苑，引谷水、洛水，向东注入黄河；中段自洛口到板渚，是利用黄河的自然河流；东段起自板渚，引黄河水向东注入淮水，沟通黄河与淮河水系。通济渠史籍记载宽约 60—80 米，可容纳规模很大的船只通航。南宋时期（1128 年），黄河人为决堤，导致黄河向南改道，使汴河断航，并逐渐被黄河泛滥所带来的泥沙所淹埋，明代安徽以上汴河基本不存，安徽境内尚存的部分河道现为景观、灌溉用途。曾经由于水运而繁华的城市和乡镇，由于水运中断，以及黄河河患不断，消失在黄河的泥沙之下，其中北宋首都开封城曾数次为黄河洪水淹没，现位于地表之下 10 米。沿线有洛阳、郑州、开封、商丘、淮北、宿州等城市。

2. 卫河（永济渠）。卫河是由古代清水、屯氏河、白沟、永济渠演变

大运河文化十讲

而来的，并且与黄河的变迁有密切关系（[清] 王履泰《畿辅安澜志》）。曹魏时期（公元 3 世纪），卫河（时称白沟）是华北平原上的区间运河；隋唐时期（公元 6 世纪—公元 9 世纪），作为永济渠成为大运河的一部分贯通华北平原；宋元时期（公元 10 世纪—公元 13 世纪）改称为御河，到明代（公元 15 世纪—公元 17 世纪）改称为卫河，直到 20 世纪 70 年代之前一直作为区域性水运要道。卫河（永济渠）从曹魏时期（公元 3 世纪）的区间运河，演变为隋代时期（公元 7 世纪）贯通华北平原南北的永济渠历经约 400 年，从隋代时期（公元 7 世纪）的永济渠到宋元御河（公元 12 世纪）又经历了 500 年，作为元明清时期（公元 12 世纪—公元 19 世纪）大运河的南运河运用至今约 700 年，其连续运用的时间长达 1600 年。沿线有焦作、新乡、鹤壁、安阳、邯郸等城市。

3. 淮扬运河。 淮扬运河（又称"里运河"）是连接长江和淮河两大自然水系的人工河道，北起淮安清口枢纽，南至瓜洲入长江。淮扬运河的前身是公元前 5 世纪开凿的邗沟，由古邗沟发展演变而成，是大运河全线最早开凿的一段。明清时期称淮扬运河，近代始称里运河。淮扬运河南有长江，北有淮河，其间河湖相连，水源条件较好。淮扬运河在明

图 1.4　淮扬运河

末至近代以来曾起过分泄淮河洪水入海、入江的作用，现在是一条综合利用的河道，既可航运、分泄淮河洪水，又是南水北调东线的输水干线，其东堤则是保障里下河地区安全的屏障。目前航道达二级标准，可通航2000吨级船舶。沿线城市为淮安和扬州。从邗沟的历次变迁可以看出两千多年来大运河变化的历史。

4. **江南运河**。江南运河北起江苏镇江，绕太湖东岸经常州、无锡、苏州、嘉兴、湖州，南至浙江杭州，贯穿长江、太湖和钱塘江三大河湖水系。江南运河于公元前3世纪已经初现雏形，隋炀帝大业六年（610年）在沟通大运河过程中对这段运河进行整治拓宽，形成了南抵杭州的运河，是大运河形成时间较早、连续运用时间较长、自然条件最好的河段之一。从隋代至清代（公元7世纪—公元19世纪末），作为大运河的主要通航河段的江南运河，一直是中国历代政府通过大运河从江南地区收集和汇聚漕粮的主要通道，其间历经多次疏浚、整治，但主要运河线路一直保持相对稳定，反映了古代高超的工程勘察、设计、施工以及后期管理技术和能力。江南运河的线路规划，充分考虑了地形条件，使整个线路能够在较小的纵比降下进行平稳的过渡，线路的规划充分利用了太湖、长江、钱塘江的水资源条件，使运河具有稳定的水源，保障了江南运河在1000多年的时间里，以基本稳定的线路保持着持续的航运通行。

5. **浙东运河**。浙东运河位于大运河最南端，是大运河内河航运通道与外海连接的纽带，是古代海上丝绸之路的重要端点之一。浙东运河西起杭州市钱塘江南岸，跨曹娥江，经过绍兴市，向东汇入宁波市甬江入海，与海上丝绸之路相连。浙东运河包括西兴运河、绍兴城内运河、绍兴护城河、山阴故水道、虞余运河、慈江、刹子港等河段。浙东运河的兴建始于春秋越国的山阴水道，约建成于公元前5世纪。唐代的浙东运河在绍兴以西有局部改建。宋代是浙东运河的形成时期，其标志是运河上的工程设施和管理制度的完备，国家对运河实行准军事化管理，而且在文献中也开始正式有了"运河"之名（据姚汉源先生研究成果，宋《元丰九域志》中在两浙路，越州的萧山、上虞二县下均注有"运河"，于山阴县下注有"莲河"，疑为"运河"之误）。宋代浙东运河上的工程设施也更加完善，至此浙东运河自钱塘江经绍兴、宁波通海的完整水运体系已经形成。南宋时临安（今杭州）为都城，明州（今宁波）、绍兴、台州是经济最富庶的地区，浙东运河成为水路干道，也是沟通海外的水道。目前浙东运河仍发挥着区域性的航运、水利作用。沿线城市为绍兴和宁波。

6. 通惠河。 通惠河由北京市区向东流经通州，在通州与北运河交汇于通州北关闸，总长度 20 多公里，全段纵比降约 0.88‰。通惠河是元代初期（公元 13 世纪）第二次南北大沟通时开凿建设的运河河段，与元大都城（现北京城）同期勘察、规划、兴建、完工，是具有全面的前期勘察规划设计而兴建的水利航运工程。通惠河解决了漕船向北抵达当时中国的政治中心——大都的问题，使运输南方漕粮的漕船可以通过通惠河直达元代的首都，到达元代中国大运河的北方终点——积水潭（包括现今的什刹海、后海一带）。19 世纪末 20 世纪初，在漕运结束后，通惠河逐渐失去了航运的功能，成为北京城市的主要排水河道和景观河道。通惠河全部在北京境内。

7. 北运河。 北运河位于海河流域北部，其上游为温榆河，北运河从通州北关闸蜿蜒向南，于天津三岔口汇入海河，河段纵比降约 0.17‰，曾称沽水、潞水、白河，至明代多称运粮河，清雍正四年（1726 年）改称北运河。北运河最早是金代开凿的运河河段。元代初期（公元 13 世纪末）开挖通惠河，将漕运的航道向北延伸至大都（今北京），使漕运航船能直抵大都，促使北运河的航运业在元代兴盛一时。元代时期、明初（公元 13 世纪末—公元 14 世纪）大运河内河漕运与海上漕运均经过北运河。明清两代（公元 15 世纪—公元 19 世纪）北运河主要承担内河漕运的功能。北运河主要流经廊坊和天津。

8. 南运河。 南运河是"三湾抵一闸"的弯道代闸技术的代表性河段，是大运河的重要组成部分，作为海河南系干流沟通了海河南系上游的诸多支流。河段纵比降约 0.076‰，南起山东临清，向北在天津三岔口汇入海河。南运河是在东汉末年曹操所开平虏渠和利漕渠等区间运河基础上形成的，约始建于 3 世纪初。隋代初期（公元 7 世纪初）作为隋代大运河中永济渠的北部段落，之后一直沿用，宋元时期（公元 10 世纪—13 世纪）为御河的北部段落，到明代（公元 15 世纪—公元 17 世纪）为卫河的北部段落。清代（公元 17 世纪—公元 19 世纪）山东临清至天津三岔口段称为南运河。自公元 13 世纪末元代大运河通过山东北上，不再绕道中原，南运河也成为漕运在华北地区重要的交通干线。南运河流经天津、沧州、衡水、邢台、德州。

9. 会通河。 会通河是元代在之前以洛阳为中心的大运河的基础上，为了避免绕道迂回而新修建的一段人工运河。在明朝永乐九年（1411 年）因严重淤塞，进行了重新整修。会通河开凿前，曾经有周密的区域河流水系考察和工程规划。元朝至元十二年（1275 年）郭守敬勘察黄河、御河以及山东境内汶泗沂三河，确认了御河、汶水、泗水、黄河四河相互沟通的可行性，对大运河南北贯通的关键河段——会通河进行了初步规划。会通河南旺枢纽水源工程和节制闸群工程是会通河上创造性的伟大工程，成功解决了会通河面临的两大问题，使会通河在 5 个多世纪的时间里持续畅通和运行。会通河流经聊城、泰安、济宁。

10. 中河。 中河段北起山东省济宁市微山县夏镇，经江苏北部徐州市、宿迁市和淮安市，南抵江苏淮安清口枢纽。中河北接会通河，南接淮扬运河，是清代为了进一步畅通漕运而开凿的河段。自公元 16 世纪末期（1593 年）便开始规划改移运河路线，先后在南四湖东侧接之前开成的南阳新河而开凿泇河（1593—1604 年）、皂河（1680 年）和中运河（1686—

大运河文化十讲

1699 年），并改造黄河北岸运口（1703 年），最终实现了运河与黄河的分离，不再通过黄河河道航运行船，标志着大运河全段实现了完全的人工控制。此后漕船沿中河北上，避黄河二百里之险，运河过淮后抵北京通州时间，较此前提前一个月。中河主要流经枣庄、徐州、宿迁、淮安。

大运河的建造并非一次形成，而是在各个区域运道不断发展丰富的基础上，经数朝数代，不断加以贯通、疏浚，终成一体。其中，7 世纪初，隋代中央政府在以上多条区域运河的基础上，通过统一的规划、施工，新修了部分河道，将之前已有的多个地方性内陆水运体系连通起来，完成了中国大运河历史上第一次南北大沟通。通惠河与会通河都是元代初期（公元 13 世纪）第二次南北大沟通时开凿建设的运河河段，北运河为相对稍早的金代开凿的运河河段，中河是清代开凿的河段，这些河段都是大运河第二次大沟通过程中重要的通航河段。

隋唐大运河的永济渠、通济渠、邗沟和江南运河均是在原有自然水道和运道基础上疏通联系、提升航道等级，与其说是运河开凿工程，不如说是航道整治工程。元代的大运河除临清至安山一段的会通河为新开凿外，其余各段均有旧迹可循。

迄今为止，淮扬运河、江南运河、浙东运河、中河以及会通河等河段依然作为在用的区域性航运河道，为经济社会发展作着重要贡献。

表 1.1 大运河分段特征表

名称	气候条件	流域背景	形成时期	繁盛时期	现状功能	河段特点
通济渠	温带季风气候	黄河、淮河流域	东汉	隋唐时期	行洪排水	开凿时间较早、规模较大、体现中国古代早期规划思想和建造工艺技术高峰的重要河段
卫河（永济渠）	温带季风气候	黄河、海河流域	东汉	隋唐时期	行洪排水	开凿时间较早、具有关键性的军事战略意义的重要河段，是维系了中国中原与北方地区紧密联系的河段之一
淮扬运河	亚热带季风气候	长江、淮河流域	春秋	隋代元代明代清代	航运灌溉排涝	开凿时间较早、修建和维护历史较长、体现了受到运河影响的时空范围内大规模河湖变迁和运河逐渐人工化过程的河段
江南运河	亚热带季风气候	长江、钱塘江流域	春秋	隋代至清代	航运排涝	开凿时间较早、修建和维护历史较长、网状分布的河道系统
浙东运河	亚热带季风气候	钱塘江、曹娥江、甬江流域	春秋	宋代明代清代	航运排涝	连通了大运河与海上丝绸之路的河段
通惠河	温带季风气候	海河流域	元代	元代明代清代	行洪排水	大运河北方终点；对北京城市格局的形成具有重要的影响
北运河	温带季风气候	海河流域	东汉	元代明代清代	行洪排水	历史上见证海漕转运的节点
南运河	温带季风气候	海河流域	东汉	元代明代清代	行洪输水	以众多弯道工程降低纵比降保证航运畅通的河道
会通河	温带季风气候	海河、黄河、淮河流域	元代	元代明代清代	行洪排水	具有众多节制闸群、穿越大运河全段水脊的水利枢纽工程的河道
中河	温带季风气候	淮河流域	明代	明代清代	航运灌溉排涝	完成大运河完全人工化的标志性河段

第二讲

丰功利生人，天地同朽灭

——大运河文化的价值与特点

弄清了什么是中国大运河，那么什么是中国大运河文化呢？中国大运河文化就是中国大运河地区人类生活要素形态的统称，是中国大运河地区的历史、地理、风土人情、传统习俗、生活方式、文学艺术、行为规范、思维方式、价值观念等，即大运河地区的衣、冠、文、物、食、住、行等。从隋炀帝开通大运河，到元明清大运河贯通，再到近代，中国大运河沿线一直是中国人口密集、经济发达、商贸兴盛、人才济济的地区，也是中国文化艺术最活跃的地区，文学、戏剧、音乐、书法、绘画高度繁荣，名家辈出，对中华文化产生了极其重要的影响。

第一节　大运河的社会文化背景及历史意义

一、大运河的社会文化背景

中国是一个统一的多民族国家，其形成的历程是较为复杂的，历经了多次统一与分裂阶段，其中大运河的建设与维护是推动和支持中国社会与民族南北融合的战略通道和重要支柱。中国这个统一的多民族国家的形成发展过程主要分为以下四个阶段：一是形成和初步发展阶段。公元前221年，中国历史上第一个统一的中央集权封建王朝——秦朝建立。秦朝在政治、经济、文化上采取了一系列巩固统一的措施。随后建立的汉朝在此基础上进一步发展了"大一统"的制度与措施。二是繁荣阶段。隋唐宋时期（公元6世纪—公元13世纪）是中国这个统一的多民族国家空前发展时期。隋朝结束了中国自东晋以来长达270多年的分裂割据，完成全国统一，完善专制主义中央集权制度，并陆续建成通济渠、永济渠等一系列运河，在中国历史上第一次完成了贯通南北的内陆运河体系，为加强中国南北方之间的联系、巩固中国大一统的政治经济格局提供了基础。随后建立的唐朝和宋朝继承发展了这些措施。三是进一步发展阶段。13 世纪时，元朝采用多种措施加强和巩固了中国南北统一的格局，并在原有的大运河基础上，克服了黄河改道等自然条件的巨大改变，对大运河原有体系进行裁弯取直，组织修建了会通河、通惠河等段运河，克服了部分地区地势较高、水源缺乏的困难，规划建设水源工程、水柜、调水工程等措施，实现了中国历史上第二次南北内陆水运交通的大沟通，再次达成了以国家都城为中心进行漕运调度的目标。四是巩固阶段。明清时期（公元 14 世纪—公元 19 世纪），中央政府在多个方面加强了大一统的制度与措施。由于在明清两代的大部分时间里，中国大一统王朝的政治中心仍位于北京地区，为了保障漕运的持续畅通，政府在元朝建立的大运河基础上不断进行整治修葺，陆续新建、改建多处河道和水工设施，不断完善漕运的河道与运输管理制度和机构，基于大运河河道形成了完备而成熟的漕运体系。这套体系作为国家重要的政治措施和经济文化制度，与不断得到政府不惜巨大人力物力进行疏浚维修的中国大运河一起，一直沿用至 19 世纪。

中国的地理形态决定了天然河道由西向东的流向，也决定了其社会与民族融合的主导方向，如早期的黄河流域文明与东方文明最早出现的一体化过程。而中国大运河的出现无疑促使了这一运动方向的改变，隋唐黄河中下游和长江中下游虽然同为基本经济区，但国家重心的发展趋势依然是从西向东，而元代大运河贯通以后，江南基本经济区的地位不断提升，南北权衡成为国家政治的重要内容之一。中国大运河作为重要的交通联系干道，必然参与到文化交流与融合之中。中国大运河衍生文化交流的内容全面而广泛，从建筑、园林、宗教、商业、文学、民俗等很多方面都清晰可见。

二、大运河文化的历史意义

中国大运河是世界上唯一一个为确保粮食运输安全，以达到稳定政权、维持帝国统一的目的，由国家投资开凿、国家管理的巨大运河工程体系。可以说，大运河最初开凿的目的是为了军事，后来成为漕运的主要手段。漕运是解决中国南北社会资源和自然资源不平衡的重要措施，实现了在广大国土范围内南北资源和物产的大跨度调配，沟通了国家的政治中心与经济中心，促进了不同地域间的经济、文化交流，在国家统一、政权稳定、经济繁荣、社会发展等方面发挥了不可替代的作用，产生了重要的影响。它的历史价值主要体现在以下五个方面。

1. 政治一统的权杖。中国的大一统观念由来已久。随着秦汉帝国的形成，建立了以皇帝为首的地主官僚中央集权制，并确立了儒学的正统地位，自此中国逐步成为多民族、大一统的国家。某种程度上，隋唐之后的大一统帝国，正是通过大运河这一根强有力的权杖，巩固了皇朝统治，维护了国家统一的局面。因此，可以说，大运河是中华大一统帝国的重要载体，也是大一统观念的直接印证。

2. 帝国漕运的通道。中华古代帝国的政治中心和军事中心大多坐落在北方，而中国的经济中心自魏晋南北朝后逐渐由北方地区向南方地区扩散。为了紧密联系经济中心和政治军事中心，保证南方的赋税和物资能够源源不断地运往北方，满足政治军事中心的需求，历代中央政府开辟并维持了大运河这样一条纵贯南北的运输干线，并利用其调运专门物资到首都（或军事前沿），成为极具战略重要性的政治举措和统治需要。这种专门运输体系被称作漕运。大运河是漕运的主要通道。

3. 文化融合的纽带。大运河贯通后，江南地区与北方和中原地区紧密联系在了一起，形成了北方和中原文化沿运河南迁的局面。魏晋南北朝后，北方的生产技术、生活方式、文化成就促进了南方经济中心的兴起。古代中国的经济中心逐渐转移至江南地区。大量江南士子或游学或求仕，多由运河北上，把江南社会的文化、风俗、生活方式带往中原和北方，促进了中国历史上传统的两大区域——南方与北方之间的相互交流。同时，大运河通过连通陆海丝绸之路成为中外文化交流的纽带，推动了中华民族多元一体文化的产生。

4. 水利工程的奇迹。中国大运河是世界上延续使用时间最久、空间跨度最大的运河，被《国际运河古迹名录》列入世界上"具有重大科技价值的运河"，是人类创造精神的杰作。大运河从7世纪形成第一次大沟通直至19世纪中期不断发展和完善，在长达1400余年的时间里，针对不同的自然、社会条件变迁，作出了有效的应对，开创了很多古代运河工程技术的先河，形成了在农业文明时代特有的运河工程范例。针对大运河开展的工程难以计数，几乎聚集了人工水道和水工程的规划、设计、建造技术在农业文明时期的全部发展成就。现存的运河遗产类型丰富，全面地展现了传统运河工程的技术特征和发展历史。

图2.1　大运河入海口——宁波三江口

5. 沿岸人民的母亲河。大运河通过对沿线风俗传统、生活方式的塑造，与运河沿线地区的人民产生了深刻的情感关联，成为沿线人们共同认可的"母亲河"。沿线人民用"不是生母，便是乳娘"来形容与运河的关系。沿中国大运河持续运行的漕运系统，促进和加强了中国东部地区经济区域的发展和繁荣，加强了地区间、民族间的文化交流。历经2000余年的持续发展与演变，中国大运河直到今天仍发挥着重要的交通、运输、行洪、灌溉、输水等作用，是大运河沿线地区不可缺少的重要交通运输方式。

第二节　大运河文化的概念与特点

作为人类遗产，大运河不仅是规模庞大的航运工程体系，同时又是规模巨大的文化遗产廊道。各种文学、戏曲、绘画、杂技等文化精品沿运河而生。这些投射了厚重文化底蕴镜像的各类精神产品，如文学、艺术、民俗、史学等等，都可以为运河文化的发展与传承提供重要的资源、灵感与思路。大运河沿线城市或乡村所拥有的丰富的非物质文化遗产，如天津的杨柳青、嘉兴的灶头文化，还有年画泥人、节庆庙会、美食美酒、彩绘精绣等，这些令人赏心悦目、充满生活气息的文化产品更使大运河历史文化的发展与传承有着宏大的前景。

一、中国大运河文化的定义

什么是中国大运河文化呢？目前，无论是政府层面还是学术界都对大运河文化没有一个统一明确的定义。

那么，我们该怎么为中国大运河文化定义？首先要对文化定义，一般的文化定义是指相对于政治、经济而言的人类全部精神活动及其活动产品。具体人类文化内容指群族的历史、地理、风土人情、传统习俗、工具、附属物、生活方式、宗教信仰、文学艺术、规范、律法、制度、思维方式、价值观念、审美情趣、精神图腾等。人类文化又分为物质文化、精神文化、哲学思想（制度文化和心理文化）。王永波先生在《运河文化的运动规律及其启示》中提出："运河文化是人类在特定的社会历史条件下，通过跨自然水系的通航、漕运，促进运河流域不同文化区在思想意识、价值形态、社会理念、生产方式、文化艺术、风俗民情等领域的广角度、深层次交流融合，推动沿运河流域的社会政治、经济、科技、文化的全面发展而形成的一种跨水系、跨领域的网带状区域文化集合体。"

图 2.2　中国大运河沿线唯一保存完整的驿站盂城驿

按照以上关于文化的定义，笔者以为，中国大运河文化是运河经济的繁荣所带来的运河城市的兴起、文学艺术的融合、不同文化背景的参与所形成的多元一体的物质和非物质文化遗产及思想领域的合成。中国大运河见证了中国这个泱泱大国两千多年的历史和文化积淀。其流经6个省、2个直辖市共35座城市，在地理上吸纳了京津、燕赵、齐鲁、中原、淮扬、吴越六大文化带的文化资源。而在中国大运河成为世界遗产后，大运河的概念聚焦在中国大运河上后，我们所说的大运河文化的覆盖范畴主要是京杭大运河以及其前身隋唐大运河和其延伸段浙东运河，也就是中国大运河的区域。

二、中国大运河文化的时代和地域特点

中国大运河作为我国古代贯通南北的交通大动脉，不仅促进了我国古代经济发展，而且在其发挥重要作用的过程中，吸纳了沿线各具地方特色和民族特色的文明成果，积淀形成了内涵深厚、千姿百态的

运河文化。中华民族文化是多元一体的文化，而大运河的开通，促进了南北文化和中外文化的大交流，形成了独具特色的运河文化。运河文化以其博大的包容性和开放性，吸收了燕赵文化、齐鲁文化、中原文化、西楚文化、吴越文化的精华，成为中华文化的重要组成部分（苗传华等：《关于依托台儿庄古城建设"运河文化创意产业示范园"的议案》）。大运河文化无论是在物质文化上还是精神文化上，都深刻地影响着我们的国家和民族。

大运河在千百年的疏浚、修筑过程中，其流经的各个城市都被赋予了不同的文化特征，在为沿线城市提供地理、交通、经济与文化联系的同时，也促使运河两岸的城市自身不断发展，形成了一个以运河为渊薮的城市共同体。经济上联系着南北、东西，文化上横贯着燕赵、齐鲁、江淮、吴越、河洛等区域文化。

表 2.1 大运河文化的时空特点

时间节点	总体特点	地域性特点
早期运河文化（春秋战国—秦汉）	这个时期，运河流域的各个地区之间的文化在相互交流、融汇中不断向前发展，不断减少区域差异而呈现出共同的文化特质	运河的兴修促进了水陆交通网的形成，作为商品集聚地的商业城市兴起
隋唐时期运河文化	中国历史上第一次规模巨大的南北文化大交流就发生在这一时期，在运河文化带中，长安是文化中心	这一时期，政治中心在关中，经济重心逐渐南移，出现了政治中心与经济中心分离的情况

大运河文化十讲

时间节点	总体特点	地域性特点
宋元时期运河文化	大运河把北宋开封、南宋杭州、元朝大都几大文化中心联为一体，大一统文化格局出现	北宋时"泰山学派"反思儒学、力倡道统，"程门学派"立足洛阳，高举"天理"旗帜
明代运河文化	大运河促进了运河区域经济的发展，人们需要高质量的生活品质，文学艺术和科技发展站在了一个更高的起点上	文学艺术的传播周期越来越短，文坛上的新生事物很快从运河的一头传到另一头，地域性特点不明晰
清代运河文化	运河文化广泛采纳黄河流域文化和长江流域文化之所长，甚至吸取海外文艺所长，形成了具有创新精神的区域文化	在北京、天津一带的北方运河地区，出现宣传才子佳人和侠义小说的同时，江浙一带的文人由于陷于亡国之痛不能自拔，写了一大批志怪小说。而《红楼梦》通过几大家庭兴衰反映了运河地区社会现状。哲学、经学、史学研究在江浙地区繁盛
民国运河文化	民国，河运废弛，但因为运河地区是民族民生革命势力志在必得的地区，仍然是中国文学创作的丰沛源泉	运河沿线丰富的社会生活，吸引了大批世界观、人生观不同的文人从事创作。出生于南方的鲁迅、茅盾、叶圣陶、朱自清、夏衍等陆续到了北方，在小说、诗歌、散文、戏剧等方面作出了开拓性的贡献

第二讲 丰功利生人，天地同朽灭——大运河文化的价值与特点

三、中国大运河文化的价值与功能特点

安作璋先生在《中国运河文化史》一书中写道："中华民族的文化是多元一体的文化，其所以存在着文化上的多元化，是由于各个区域地理环境的不同造成的自然条件的差别，经济发展水平不同引起的社会条件的差异，生活习俗不同所带来的文化背景的各异，军事上的封建割据所形成的政治上的隔绝，这一切都足以造成区域文化的不同特色。随着运河的南北大贯通和迅速开发，大运河区域的社会经济达到了前所未有的兴盛与繁荣，这不仅为运河区域文化带来的发展提供了雄厚的物质基础，而且也促进了南北文化、东西文化的交流和中外文化的大交流，使

图 2.3　扬州东关古渡前的马可·波罗塑像

各种地域文化和外来文化相互接触、融会、整合，形成独具特色的运河文化。"笔者认为，中国大运河文化最根本的特征是交流。大运河首先是为了漕运的目的而修建的，大运河的原始功能是运输，而货物运输与人的流动带来了文化的交流，这才有了大运河文化。这种以交流为特征的大运河文化又有以下三方面特点：

（一）包容与统一

善于沟通、包容开放的宽广胸怀是大运河文化的基本特征。从某种意义上讲，文化就是沟通。如果人与人之间没有沟通的愿望，便不会有文化的诞生。这一点，对大运河文化的发展非常重要。运河的本质也是沟通。中国大运河是一条文化的河流，它不仅直接串联起南北，沟通了

图 2.4　运河粮仓——富义仓被用作运河文化讲堂

黄河与长江，而且间接地连接起更为广阔的空间，对中国文化大格局的形成具有十分重要的作用，同时也是联系古代中国与世界的桥梁，是古代东方主要的国际交通路线之一。大运河便利了南北方文化在现实中的接触、理解与融合，对古代中国文化大格局的形成具有十分重要的作用。

（二）扩散与开放

大运河的开通与整修，不仅直接刺激与活跃了中国区域间的物流与人际交往，同时也影响到古代中国与世界的外交往来及其路径。

中国大运河的开通，使东部地区与中原，南方与北方的联系更为直接而紧密，带来了大运河区域经济文化的繁荣与发展，加上陆上丝绸之路和海上丝绸之路的沟通，使运河流域成为中外经济文化交流的前沿地区，促进了中华文化的多元发展。

（三）创新与发展

不断扩大、延伸、创新和发展是大运河文化的又一特征。千余年来，

图2.5　德州苏禄王墓

大运河文化内涵及表现形式不断扩大、延伸、创新和发展。随着沿大运河文化交往日益频繁，大运河文化的传播方式呈现大型化、现代化、社会化和国际化。大运河是古代东方世界主要国际交通路线的组成部分。隋、唐、宋时期大运河的南端通过海上丝绸之路从明州港（宁波）、泉州通向海外诸国，西端则从洛阳西出通过横贯亚欧内陆的丝绸之路通往中

图2.6　高邮盂城驿中的马可·波罗像

亚、欧洲，元代以后由于蒙古帝国的建立使欧亚大陆交通畅通。大运河使中国与世界更为紧密地联系起来，西方的僧人、官员、商人、传教士、旅行家、使团等频繁由运河南来北往中国内地，并经由海上、陆上交通，形成了古代中国与亚洲、欧洲等广泛的政治、经济、文化联系，促进了古代世界的沟通与交流。

四、大运河文化的时代价值

大运河贯通南北、联通古今，蕴含了中华民族悠远绵长的文化基因。深入挖掘大运河所承载的深厚文化价值和民族精神，结合时代要求继承创新，将使大运河文化这一中华优秀传统文化展现出永久魅力和时代风采。大运河今天还在发挥着重要作用，大运河文化的时代价值体现在以下几点。

1. **航运价值**。目前，京杭大运河在北京、天津、河北、江苏、浙江等多省市境内保留有连续河道，隋唐大运河永济渠河南山东段、通济渠商丘至淮安段仍为连续河道，浙东运河河道比较完整，其中京杭大运河黄河以南段通航河段约 1050 公里，船舶平均载重约 800 吨，完成年货运量约 5 亿吨。苏北运河段面年运输量超过 3 亿吨，超过长江葛洲坝航道段面运量的 2 倍，相当于沪宁铁路单线货运量的 3 倍。

2. **水利价值**。大运河是我国仅次于长江的第二条"黄金水道"。已建成的江都水利枢纽工程和 13 个设在大运河上的梯级抽水站等配套工程，不但作为南水北调东线的输水通道，而且在江淮地区暴雨形成洪涝时，也能排涝入江，保证里下河地区 66 万多公顷农田稳产丰收。在北方地区，运河河道也发挥了行洪通道的作用。

3. **生态价值**。大运河沿线有微山湖、骆马湖、洪泽湖、高邮湖及太湖，几乎占了中国十大淡水湖的一半。众多湖泊河流、水面湿地，是中国东部一个巨大的生态调节系统、生态走廊。运河沿线的绿化、植被也

图 2.7　发达的大运河航运

对沿线生态系统的保护发挥了积极作用，其生态文化也是我们今天建设生态文明的重要资源。

4. 景观价值。大运河旅游资源丰富，既有自然旅游资源，又有人文旅游资源，是旅游业发展的一个聚宝盆，大运河为沿线城市旅游产业的发展提供了全新的成长空间。"上北京看长城，下江南游运河"成为大运河的旅游口号，大运河旅游已成为旅游市场的一个热点，也是国外游客赴中国旅行的目的地之一。

5. 文化传播价值。中国大运河沿线水工遗存、运河故道、名城古镇等物质文化遗产近 3000 项，国家级非物质文化遗产 500 余项。利用大运河这一世界级的文化遗产，发展文化产业，传播中华文化，让世人感知到中华文明的渊源博大。利用大运河这一传播中华优秀传统文化的窗口，讲好中国故事、运河故事，可以推进中华优秀传统文化传播，推动中国文化更好地走向世界，不断提升国家文化软实力和中华文化影响力。

6. 共富价值。2020 年 11 月 13 日，习近平总书记在扬州运河三湾生态文化公园考察时指出："千百年来，运河滋养两岸城市和人民，是运河两岸人民的致富河、幸福河。希望大家共同保护好大运河，使运河永远造福人民。"历史上大运河成为财富的通道，今天我们通过大运河文化带建设，可以整合运河资源，发展高端产业，建设中国东部地区文化产业带，拓展东部发达地区的运河经济，打造运河经济增长带，实现全体人民共同富裕。

第二讲 丰功利生人，天地同朽灭——大运河文化的价值与特点

第三讲

应是天教开汴水，一千余里地无山

——大运河水工文化

《中国大运河申报世界遗产文本》中这样表述："大运河是世界运河史上的突出、独特范例,它展现了农业文明时期人工运河发展的悠久历史。大运河是世界上延续使用时间最久、空间跨度最大的运河,被《国际运河古迹名录》列入作为世界上'具有重大科技价值的运河',是世界运河工程史上的里程碑。"中国大运河是世界上开凿时间较早、延续时间最长、空间跨度最大且目前仍在使用的人工运河。它具有相对独立发展的工程技术体系,特有的自然环境与社会制度为大运河工程技术的创造发明提供了条件,因此产生出具有鲜明特点的工程类型与管理形态。其中以节制水量控制航道水深的复闸工程、解决运河高差问题的越岭运河会通河工程、解决水源问题的南旺分水枢纽工程和解决黄河泥沙问题的"束水攻沙"工程为代表,体现了同一时期古代水利工程的最高成就。大运河水工文化是大运河文化的重要支撑点。

图 3.1　淮扬运河上的邵伯三线船闸

第一节　大运河水利工程特点与文化价值

大运河跨越了南北十个纬度，沟通海河、黄河、淮河、长江、钱塘江五大流域，是世界上延续使用时间最久、空间跨度最大的人工内陆水运通道。从中国大运河在公元 7 世纪初形成第一次大沟通至今，除公元 13 世纪开会通河改变"Y"字形格局为直线型外，其余段落直至今日的线路走向都没有大改变，有些段落还在发挥重要的航运功能。历史上，中国大运河所解决的工程问题之复杂，投入的人力和物资之巨大，是世界任何地区的运河都难以比拟的。它解决了在严峻自然条件下修建长距离运河面临的地形高差、水源供给、水深控制、会淮穿黄、防洪减灾、系统管理等六大难题，保证了大运河的长期持续通航。中国大运河是世界运河工程史上的里程碑，反映了运河悠久的历史和巨大的影响力，代表了工业革命前土木工程的杰出成就。

一、中国大运河水利工程的特点

中国的地势总体呈西高东低的态势，中国的地形则以山地占据主导地位，山脉走向以东西走向和东北西南走向为主。基于上述地形地势特征，我国主要河流大都自西向东流入大海，这也是西北东南走向的隋唐大运河和南北向的京杭大运河产生的自然背景。

大运河或东西或南北纵横贯穿了黄淮海平原、长江三角洲平原和浙东萧绍平原的东部，其中长江下游以南，气候温暖湿润，土地肥沃，物产富饶，是我国主要的农业经济区。大运河是世界上穿越天然江河最多、路线最长的运河。自隋唐至清代，大运河分别以洛阳、开封、杭州和北京等历代都城为目的地，沟通了海河等中国五大流域，实现了海黄、黄淮、江淮、长江—太湖—钱塘江的跨越。中国各历史时期的政治与经济中心在地理空间上的分离，是形成大运河空间分布格局的重要因素。

大运河对江河的连接，必须逾越不同河流流域间的分水岭造成的地势高差。在非化石能源为动力的工业革命之前，大运河通过工程措施实现了 17 世纪前最大高差分水岭的穿越。

大运河是世界上创建时间最早的运河工程之一，也是延续使用时间最久、空间跨度最大的运河，至今仍在发挥重要的水利与航运功能，是世界运河工程史上的创造性杰作。围绕它的运用而开展的治水活动波澜壮阔，是人类文明史上的重要成就。它是人类农业文明技术体系之下最具复杂性、系统性、动态性、综合性的超大型水利工程。中国大运河从创始直至今天延续使用期间，一直在不断修建和更新，保持了技术的适应性与先进性，水系在变、河道在变、水情在变、水工设施在变、治水理念在变、治水方略在变、管理机构在变，运行机制也在变。中国大运河是人与自然共同作用、持续演进的结果。大运河的作用随着社会的发展而不断增加，从最初的运输物资、运送南来北往的各色旅人，到输水、灌溉、防洪，一直都是中国大地上最重要的有生命的文化遗产。

中国大运河现存的水工遗存包括基于系统、详细的资源调查成果而确认的历史时期的主线河道、湖泊和水工设施，是中国大运河自春秋至清代分段凿成的十大河段的代表，勾勒出春秋、隋、唐、宋、元、明清各重要历史阶段的大运河线路，展现了大运河作为漕运通道的形成和发展历程。中国大运河水工设施包含船闸（单闸、复闸、梯级船闸）、拖船坝、泄水闸、堤、水坝、桥梁、水城门、码头等，是大运河沿线众多水工设施中遴选出的代表性遗存，基本上涵盖了农业社会背景下传统运河工程设施的全部类型。

依据《国际运河古迹名录》对单体结构的分类，大运河在船闸、升船斜堤、土方工程、水库、水坝、溢洪堰、泄水闸、桥梁、仓库工程类型等方面都具有典型代表性。这些工程及其遗址，主要以土、石、木、砖、竹等为材料，设计和工艺特征源远流长，可称之为农业文明时期水工程的百科全书。

中国大运河有的河段利用天然河流改造而成，如南运河在自然河道的基础上增加了人工作弯，减小比降，使流速平缓，保障航运安全，起到了"以弯代闸"的功效。有的河段完全由人工挖筑而成，如通惠河、会通河、中河。按照具体功能，又可分为用于通航的主航道和越河（如中河段的台儿庄越河），满足江南水网地区粮食征集需求的支线运河（如頔塘故道）以及用于水量调控的引河（如南旺枢纽的水源引河小汶河）和汛期泄洪保障运河安全的减河（如北运河筐儿港减河）。

图 3.2　淮安运河上保存完好的明代石闸——清江大闸

二、中国大运河与其他水利工程的对比

世界遗产预备名录中以及重要文献中提及的水道类（包括完整的水道和水道体系）遗产主要包括水运交通运河和灌溉运河两类，它们虽然有不同的功能，不过在水利技术上往往具有共通性。从地区上看，主要分布在欧美、中东、南亚；从开凿、使用和维护的年代上看，欧美的运河开凿、运行时间较晚，主要都在 17 世纪以后，它们代表的是工业革命后形成的工业技术体系成就，中东、南亚灌溉系统和中国的水道系统大约形成于公元前，并且经历了长时间的使用，在技术上不断更新发展，形成了适应当地自然水文环境的、相对独立的古代水利技术体系。中国大运河是工业革命之前古代农业文明时期水利工程技术的巅峰之作，代表了人类农业文明时代运河工程技术发展的最高水平，至今仍保存着在世界运河工程史上具有重要创造性和典范意义的技术实例。与工业文明时代的运河相比，中国大运河体现了早期农业文明时代的典型技术特征，与农业文明时代的古代人工水道工程相比，中国大运河则由于航运主体功能的要求具有不同的技术特征与成就。中国大运河是人类运河工程史上不可缺失的重要篇章。

通过对比，可以看出中国大运河水利工程的创造性和典范意义。

（一）世界农业文明时代运河（灌溉）工程的基本技术特点

1. 历史悠久，与以农业为基础的生存方式密切相关，持续使用时间很长，对本区域的文明进程有深刻的影响。

2. 农业文明时期的运河（灌溉）工程体现出更多的地方适应性，其用材也更加偏向于竹、木、土砖、石料等。

3. 由于古代文明间的交通并不发达，因此水利技术之间的交流和相互影响并不普遍，因而不同地区间技术的独特性更加明显。

4. 中东与南亚地区的水利工程，多以灌溉工程为主体功能。

（二）中国古代水利工程的普遍特点

1. 中国的水利工程（包括大运河）较之世界上其他地区的技术来说具有特殊性和原创性，这首先是根据中国特殊的气候与水文特点决定的。降雨量在地区、季节之间的分布极不平均，这导致南北方地区河流特性的巨大差异，以及自然河流年流量的巨大反差，无论是天然河流的使用还是人工运道的开设，都需注重四季水源的调配问题。在夏季须有防洪工程，并有水库等工程积蓄多余水量；到了旱季，则注重节水以确保河道流量。

2.水利工程在国家事务中具有极为重要的地位，治水成就是历代帝王最被颂扬的功绩之一，这样的观念甚至可以上溯到远古传说时代。季风气候带来的洪涝灾害，以及以黄河为代表的中国北方高含沙量河流造成的淤积、溃堤灾害频发，使水利工程的防灾减灾功能变得十分重要，与国计民生息息相关。因此，有史以来，重要水利工程均由国家组织兴建并进行维护。

3.水利工程技术特征往往与河流治理密切相关，在这个过程中，为了应对每年都要产生的洪水风险，岁修成为一种重要传统；就地取材以进行低成本、常态化的维护，并与工程的应急性质相适宜也成为一种工程技术特色，如夯土、埽工的采用。同时在长期与洪水斗争的实践中，也总结并验证着中国自古以来的传统哲学观念——因地制宜，因势利导。

（三）与工业革命时期遗产运河比较

与工业革命时期遗产运河相比，中国大运河代表了农业文明阶段的工程技术成就。发端并形成于农业技术体系之下的大运河使用有限的土、木、砖、石乃至芦苇等材料，在没有石化动力只能依靠人力、畜力的时代，在没有现代测绘与泥沙动力学等科学技术的支撑下，依靠空前的想象力与长时期的实践积累，完成了在广大空间范围内的水利资源勘察与线路规划，实现了多项技术发明与大型枢纽工程。现存的大运河遗产充分见证了中国大运河作为人类农业文明时代杰出的运河工程在建造与管理维护方面所取得的成就。

中国大运河是跨区域、跨年代、构成复杂的巨型文化遗产。它的独特性在《国际运河古迹名录》中已明确指出："中国的大运河则是第一条实现'穿山越岭'的运河。""大运河尽管已经过了其黄金时代，但它仍然在继续使用中，而且仍然是世界上最长的运河。"从运河规模与线路长度来看，大运河毋庸置疑是世界范围内空间跨度最大的运河。它跨越海河、黄河、淮河、长江、钱塘江五大流域，十余个纬度的范围，包含了众多的河道、湖泊、水工设施和相关遗产，甚至"工业革命以后的许多现代运河也无法在规模与长度上与大运河相比"。

从始建年代与延续使用时间来看，中国大运河是人类历史上最为古老的人工水道之一，它从隋代（公元7世纪）第一次大沟通的形成至今持续演进超过1400余年，其源起甚至可追溯至公元前5世纪的春秋时期；大运河也是世界上延续使用时间最长的运河之一，并且最为可贵的是，迄今许多河段仍保持了运河的实质性的水利与航运功能，部分河段仍然延续着千百年来在广大国土的南北之间调运物资的作用，这是对运河工程成就的最有力证明。

与工业革命时期水利遗产相比，中国大运河的工程系统的集成程度不同。由于大运河线路空间跨度广，各区段面临的水资源、地貌条件不同，应对的问题不同，因而诞生了多种类型、深具个性特点的工程案例。这些不同的区段有机组合成整体，共同发挥作用，才能使大运河长年保持全线通航，因而在运河工程技术整体的系统性上，集成性体现得更为突出。

三、大运河水利工程的价值

大运河是解决水与人、水与水、水与地理环境之间关系的系统性工程。大运河穿行于五大流域之间，把这些流域联通起来。在这些水系与大运河交汇区域，大运河运用地表水系、地下水资源及自然地形地貌，对其他水系或趋之、或避之、或资用之、或防备之，实现贯通全国的目的，可以说是自然水系人工化的集大成者。很多运河与自然河流交汇区域是水资源利用、水力学规律认识和应用、灾害防治三大问题交织及矛盾集中之所，为解决上述问题而在大运河重要节点进行的工程实践则成为大运河技术价值的突出表现，并展示了当时世界上最先进的工程设计水平。如解决通惠河段水源问题的北京人工河湖水系水源工程、解决河道比降过大问题的通惠河与会通河的梯级船闸工程、解决会通河山东段水源问题的汶上南旺运河越岭的分水枢纽工程、解决清口一带运河渡黄问题的淮安清口枢纽工程、解决清口及清口以下黄河尾闾淤积问题的淮安高家堰"蓄清敌黄"的大坝关键工程、解决黄河北泛运河的苏北宿迁淮安段的堤防系统工程、实现太湖与运河分离的沿太湖塘路工程等。中国大运河工程技术的多样性、复杂性和系统性反映了大运河沿线及周边地区异常复杂的自然地理环境，其因地制宜、因势利导的工程技术措施也反映了"适应自然、改造自然"的文化传统。在大运河全线贯通和长期使用的过程中，大运河水利工程作为一个技术整体，共同展现了大运河这一具有中国文明特点的工程技术体系，显示了农业文明时期大型工程的最高成就。

关于中国大运河在水利工程方面的文化价值，中国文物学会大运河专委会会长张廷皓先生在《珍视中国大运河遗产的丰富价值》一文中这样分析中国大运河作为人类伟大工程具有的主要特征：

"大运河是综合水科学、水利技术、自然条件，以及社会经济、政治、文化等要素的集成性工程。大运河经由勘查、规划、设计、决策、施工、使用的集成过程，通过经济保障、组织管理、运行制度的集成方式，实现了各种要素的综合配置。大运河漕运、灌溉、排洪等综合功能的实现，取决于上述各种要素配置的科学性和合理性。中国大运河的兴衰史，就是一部这些要素综合的历史，什么时候政权强大、主客观要素完备且配置合理，大运河就兴盛，反之大运河就衰败。

"大运河是具有超广时空尺度的连续性工程。运河是陆上人工建造的以水为介质的交通线路，这一基本属性决定了运河必然是由连续不断的河道所构成，因此连续的线性是其属性所表现的基本工程特征之一。中国大运河纵贯我国中东部地区，穿越五大流域，历经隋唐宋元明清，其发源甚至应追溯到公元前5世纪的春秋时代，足见其时间、空间尺度之大。但是，运河河道的人工连续负地貌特性很容易混同于自然河流，故往往不能受到人们应有的重视。

"大运河是适应社会和自然变化而不断进行更新改造的动态性工程。动态性是大运河的常态：水系在变、河道在变、水情在变、治水理念和方略在变、管理机构在变，运行机制也在变，历代的此类记载比比皆是。大运河遗产不但体现了其变化的常态，而且其历史的真实性、完整性也寓于变化之中。运河的动态性，是自然水系变迁的结果，是灾害预防和应激反应的结果，是技术、材料更新的结果，其变化'本乎时势'。

"大运河是解决水与人、水与水、水与地理环境关联问题的系统性工程。大运河由水道工程系统、运河水资源调配与控制系统和运输管理系统组成，必须统筹按照水源、引水、排水、蓄水、行运等功能建造单元工程，以实现大运河的漕粮转输、商业运输、灌溉、防洪等功能目标，因此大运河是一项复杂的系统工程。这一特征在大运河枢纽工程和关键工程区段体现得尤为显著，如数量众多的梯级船闸工程解决的是北运河、会通河比降过大问题，南旺济运分水工程解决的是运河山东段水源问题。虽然枢纽工程所解决的问题不同，但都保证了大运河系统功能的实现。"

第二节　大运河水工设施简介

大运河是农业文明时期水工程的百科全书，其水利工程包括水工设施、桥梁、码头、仓储等多种类别，水工设施中就有水源工程、闸坝工程、船闸等多种形式。

一、大运河水源和供水工程

运河离不开水，没有水就不能行船。运河水源供应是中国大运河正常运行的基础，无论是北方还是南方，水源是修建运河成功与否的关键工程，运河的水源和供水工程都是建造者必须首先考虑的问题。在大运河2000余年的发展进程中，主要的供水工程有六类：引用天然河流供水、运口水源供水、利用湖泊水柜供水、引用泉水供水、多沙河变清水河供水、利用潮汐供水等。

（一）天然河湖与运道合一的供水工程

早期的运河因技术条件所限，通常尽可能地利用天然河流、湖泊来获得水源，从而令水道变得弯曲迂回。由于自然河湖水系的不稳定性，其淤滩与顶冲、水位的上涨与回落都会对运河航运造成极大影响。中国大运河最早的河段邗沟在建造时，由于当时生产力水平不高，建造者聪明地运用了自然河道，借湖行船，同时在开挖人工河道时也巧妙地引用了天然河流供水。会通河的南旺枢纽就是通过复杂的水利系统，引大汶河、小汶河的水为运河供水，使运河的河脊南旺有了足够行船的水，形成了七分朝天子、三分下江南的运河河水流向，使明代以后的大运河实现了全线贯通。明代前期徐州段运河河道的一个显著特点就是黄、运合一，大运河借黄河行漕，等到后来南阳新河、中河的开凿，才改变了这一局面。时至今日，大运河在微山段仍旧有湖中运道，利用天然的河流供水。

（二）运口水源工程

随着漕运重要性的提高、运河水量节制工程的兴建和逐渐完善，运河水道逐渐取直，其与天然河道的联系便主要集中在运口，运口通常是天然河道与运河中转的交通枢纽，故也成为运河水源工程的关键节点。近两千年来，在黄河、长江、海河流域的巨量输沙造成的河口淤积作用下，渤海、黄海、东海的海岸线均有不一的推进，这反映出较之现代，历史时期地处运河与江河汇合处的运口可以获得较大的江潮接济以补充运河水源。在运河与长江、淮河相交的运口，以及浙东运河上，引潮济运工程和港口至迟在东晋时已经诞生，至唐宋已相当完善。

（三）运河水柜

中国大运河上的水库主要用于航运，也称为水柜，是古代调节运河供水的蓄水工程。通常采取筑坝拦水或在运河两岸洼地筑围堤蓄水的方式，设闸控制，当运河缺水时放水入运河，运河水大时放水入水柜。特别是发生洪水时泄水入水柜蓄存，待运河需水时回注。利用湖泊水柜为运河供水最突出的例子就是淮扬运河。淮扬运河从开挖古邗沟时就主要

图3.3　古代借湖行船的高邮湖

图3.4　北京什刹海也是运河水柜

图3.5　大运河最北端的水源地——白浮泉

依靠沿途的湖泊作为水源或者直接借湖行船，因此邗沟又称为"湖漕"。其工程特点是要处理好湖泊供水与泄洪的关系。北京什刹海也是典型的运河水柜。还有借用毗邻或连通的天然河流补给运河的工程，如北运河便借用了潮白河作为水源，通济渠北段利用黄河作为水源，会通河开通时利用汶水、泗水作为重要水源。

鉴湖是长江以南最早的运河供水水柜。鉴湖又称镜湖，具有防洪、灌溉、航运等多重功能。鉴湖是东汉时会稽太守马臻主持修建的，拦蓄山北诸小湖水形成东西狭长的水库，故又称长湖。鉴湖堤长130里，东起曹娥江，西至小江，中有南北隔堤，将鉴湖分为东、西两部分。据《水经注》记载，鉴湖沿湖有放水斗门69座，历代有所增减，作为给运河补水或泄洪的通道。

（四）引用泉水作为运河水源

中国大运河利用泉水作为水源的工程很多，尤其是在北方河湖水资源缺乏的地区。北京的白浮泉和会通河上的引泉工程都是典型的代表。

大运河文化十讲

据蔡蕃先生在《北京古运河与城市供水研究》一书记载，通惠河的水源共计有昌平白浮泉等十大泉水。这些泉分布在瓮山泊西北五六十里的燕山山麓，通过引水渠——白浮瓮山河尽收其中，最终汇入水库瓮山泊，为运河及北京城市供水。其水利工程有筑白浮堰、凿六渠、修筑白浮瓮山河。

（五）清水河替代多沙河供水

用清水河替代多沙河解决水源问题的南旺枢纽工程是一个典型的案例。

开凿于元明两代的会通河工程是公元13世纪前地形高差最大的越岭运河。会通河北起临清，与南运河、卫河相接，南接黄河运口，是大运河全段的关键河段，它穿越大运河全线地势最高的一段——山东地垒，是地形高差最大的河段，南北端点与全段最高点南旺高差约30多米。通过水源工程、节制闸群，成功实现了多条河流的水源调配和水道水深的控制。因会通河的开凿，构成了北京至杭州距离最短的南北走向的大运河。会通河的水道和水源工程规划，以及水资源调度管理，代表了在没有石化动力的水运时代，大运河杰出的技术成就。

位于大运河全段最高海拔处的南旺引水与分水工程是大运河会通河段最重要的水源工程，它通过疏汶集流、蓄水济运、泄涨保运、增闸节流等措施，科学地达到了引汶、分流、蓄水的目的，从而保证了大运河会通河段的畅通运行。始建于明初至中期的南旺工程是世界运河工程史上较早的一座大型综合性水源工程，比欧洲早期运河建造史上最有影响

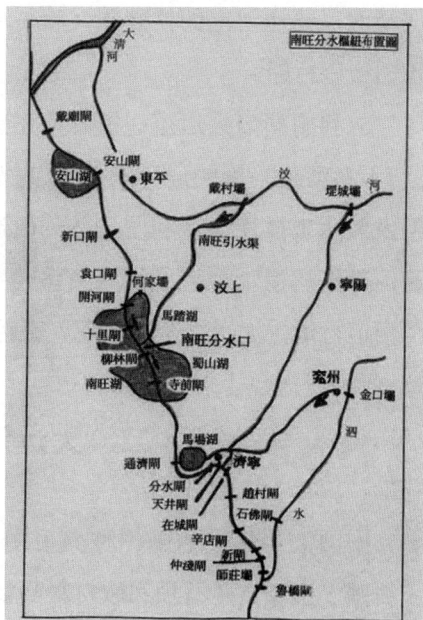

图3.6 济宁南旺分水枢纽布置图

图 3.7　南旺分水枢纽分水口

力的为法国米迪运河提供水源的黑山引水与分水工程早了约 200 年，它创造性地通过筑坝、引水、蓄水、分水等一系列互相配合的工程措施，利用地形地势等自然条件，完成对大运河水源流量与流向的定量控制，长期性地解决了为大运河全线最高河段供水的问题，保障了大运河在之后 300 余年的顺利通航，代表了大运河蕴含的卓越的地理测量、水利设计、施工等工程技术，是中国古人具有超凡创造力的见证，将中国运河的水利工程成就推向了历史顶峰。

（六）利用潮汐补水

大运河还有利用潮汐为运河补水的工程，如东晋邗沟上的欧阳埭和明清时仪扬运河上的拦潮闸，就是利用长江的潮汐为运河供水，提高水位后得以行船。

从利用湖泊为运道，发展为完全避开天然水系形成完全的人工河道（与天然河道平交的运口除外），风浪之险渐少，航行线路趋直。大运河的发展历史体现了从利用自然到改造自然的过程，淮扬运河扬州段三堤两河的格局清晰展现了河湖关系的变迁历程。中河段则是运河摆脱借黄河河道行运、大运河全段实现人工控制的标志。

二、大运河上的闸坝

中国大运河上的闸坝种类很多，其中按建筑材料分有木闸、石闸、土石闸、土坝、砖石坝和软材料闸坝等。

（一）土坝工程

由于土方工程所需的人力资源巨大，且土体性质不好掌握，因此公元 18 世纪前欧美的运河工程并未使用大型土方工程。但在中国大运河的修建工程中，土方工程是最重要的工程手段之一。土方工程施工自战国时代就有规范的技术规定，主要有土壤含水量的掌握和施工工具的配置、施工季节的选择、夯筑的程度等，鉴于土方工程所需人力众多，在工程组织管理方面也有明确规定，甚至包括质保与惩罚措施等。在宋代，河防土工施工曾有过专门的规范，在《河防通议》中也有很多记载。

图 3.8　淮扬运河高邮段的一湖两河三堤

特殊的夯土工艺充分利用了土的特性，通过大量的人工夯筑，使土体成为坚固耐用的工程材料。中国古代的夯土技术非常发达，大运河上很多堤防、险工均为夯土筑成。

中国大运河的通济渠商丘南关段，发现的夯土驳岸高度达 5 米以上，直至现在仍然致密坚硬。商丘夏邑段河堤遗址，规模巨大，两侧河堤均为 25—30 米宽，除采用夯土外，还密集使用了树桩对大堤土体进行加固，充分显示出隋唐宋时期对土体材料性质的掌握与夯筑技术的运用。

淮扬运河扬州段运河故道的夯土河堤完好保存了历史形态，清晰展现了运河以土筑堤的方式渐渐从自然湖泊中分离，并与现代运河并行数

图 3.9 通济渠商丘南关段

百年的历史演进过程。清口枢纽的堤防体系缕堤、遥堤、格堤等全部由夯土建成，至今主要堤防的土体结构仍在地面上清晰可见，规模十分宏大。中国大运河上重要的水坝——戴村坝与洪泽湖大堤，起初均为土质，后期改为土体外砌石的结构体系，工程规模巨大，也是古代大型土方工程的典型实例。位于南运河的夯土险工，是在运河弯道处为防止水流冲击，采用夯土的方式进行护岸工程，充分证明了夯土工艺的坚固性与科学性。

（二）砖石坝

砖石坝中典型的水坝工程包括南旺枢纽的戴村坝与清口枢纽的洪泽湖大堤。

戴村坝是南旺枢纽的组成部分，它用于拦蓄汶河水经引河（小汶河）供给运河使用。大坝分三部分——主石坝（始建于公元 15 世纪初）、太皇堤（1904 年）和三合土坝（1822 年）。主石坝又分三段，各段坝顶高度不同，坝身砌筑方法不同（两侧为砌筑，中间为堆筑），分级漫水，既保证了引河持续供水，又能排洪防溢。戴村坝规模宏大（总长度 1500 多米，主石坝长 443 米），设计巧妙，石工砌筑精密，重达 1—6 吨以上的巨石，采用束腰扣榫结合法连接，非常坚固。三部分既各自独立，又相辅相成，互为利用，互为保护，形成了"三位一体"的独特布局，展现了水坝工程规划设计的巧妙构思，以及在运河运行期间的演进历史。

洪泽湖大堤是明清两代治理黄、淮、运交汇枢纽——清口枢纽工程的关键工程。16 世纪中后期开始在先前基础上大规模筑坝，使洪泽

大运河文化十讲

图 3.10 清口枢纽——洪泽湖大堤

湖形成人工水库，之后在蓄清刷黄的理念指导下，洪泽湖大堤被不断加高加长加固，以抬高洪泽湖水位，并抵御风浪冲击，防止洪水溃决。自 1680 年到 1751 年的 171 年间，共持续筑堤 70.4 公里，其中砌筑直立式条石挡浪墙长 60.1 公里，高 8—9 米，底宽 50—150 米，顶宽 10—30 米，蜿蜒曲折，所用石材为玄武岩条石，据测算，共有 60 万立方米之多，规模巨大，甚为壮观。当时洪泽湖大堤曾抵御的洪水水位高达 18 米左右，湖的面积达 4000 平方公里左右[1]。洪泽湖大堤的坝工技术代表了当时高水平的水利规划和施工技术的成就。

（三）埽工

中国大运河水利工程历史悠久，具有鲜明的个性特点，其中以软性材料为主的临时性工程最为常用。软性材料主要指竹、草、秸秆、木等，临时性工程主要包括护岸、围堰、减水泄洪坝等。此类工程具有就地取材、施工方便、拆除容易、适应河床变形、防渗性能好等优点（高含沙河流中）。代表性工程案例包括草土围堰，即以麦草、稻草和土料为主要材料构筑的临时性挡水施工围堰；竹木笼堤坝，以都江堰为代表，即以竹篾或木构架编制笼，装入散石，形成大体积的构件，提高堤坝抗冲稳

---

[1] 据中国地理与湖泊研究所，对康熙十九年（1680 年）淮河大水淹没泗州城后残留的滨湖砂堤推算。

定性，等等。目前在中国大运河上留存较好的主要是埽工遗存。

埽工在清口枢纽工程中有较多应用。埽工具有显著的优点，它是水下工程，但是可以水上施工，能在深水情况下（水深20米上下）施用，可用来构筑大型险工和堵口截流，但又可以分段分坯施工；具有良好的柔韧性，便于适应水下复杂地形（尤其是软基）；在多沙河流上使用，便于泥沙充填进埽体，凝结坚实。但埽工也存在缺陷，主要是梢草、秸料和绳索等易于腐烂，需要经常修理更换、花费较多。古代生产力较低，石料加工不易，尤其缺乏水下胶结材料。埽工适应这一特定情况，在两三千年间一直是重要的水工构件。在现代小型防洪工程、引水工程以及施工围堰工程中仍有应用。清口枢纽经考古发掘发现的黄河堤防

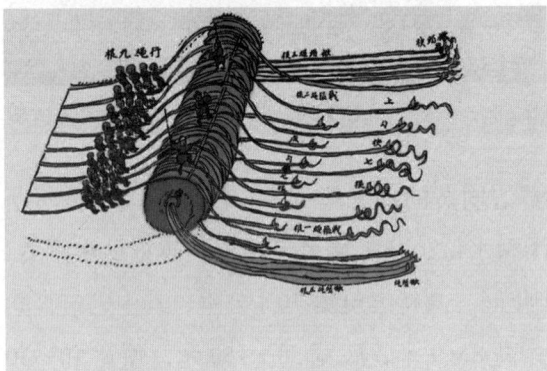

图 3.11　埽工中的卷埽

采用了埽工的护岸工程，其材料、工艺清晰可见，是中国古代埽工技术的典型例证。

（四）"三湾抵一坝"

从闸坝的功能看，中国大运河还有一个创新之举，那就是"三湾抵一坝"。在一些水流湍急的地方，船只容易倾覆，通过人工工程，将运河筑成一个个连续的弯道，减缓水流的速度，以方便行船。为了解决水量变化较大给航运带来的困难，南运河在自然河道的基础上，通过人工弯道，以蜿蜒曲流的河道形态对航道水面坡降作出调整，将河道纵比降减缓，降低流速，便于行船，不建一闸而实现航道水力特性的调整，同时满足干流行洪的需要，并有效地提高了通航质量。其综合工程效益被归纳为"三湾抵一闸"。

南宋年间，由于黄河改道夺淮入海，把泥沙大量推向淮扬运河扬州

大运河文化十讲

段，改变了现在古运河扬州城区段原先南高北低的地势，变成了北高南低，而且在扬州城南 10 公里内的落差竟达 5 米。如果挖成直道，就得筑堰修闸，否则难以保证水面平稳。古人经过不断地探索实践，发明了将河道迂回曲

图 3.12　扬州运河三湾

折的解决办法，解决了不置闸堰条件下的水位落差问题。明万历二十五年（1597 年）四月，江都（今扬州）运河南门二里桥一带因蓄水困难，水流直泻，影响盐船和漕船的安全行驶。巡盐御史杨光训令扬州知府郭光复进行整治，将原本平直的河道改为曲折式的河道。从二里桥河口起，向西 165 丈（550 米），再折向南 410 丈（约 1367 米），又折回东 165 丈，总计四五里，从姚家沟汇入大运河扬州城区段。这样就形成了扬州运河三湾。

三、大运河上的船闸与越岭运河

与农业文明时期重要人工水道工程（灌溉工程）相比，中国大运河体现出基于航运功能需求的鲜明特征与技术成就。基于以保障航运功能为目的，中国大运河具有一系列独特的工程实践，如单闸、复闸、梯级船闸、升船斜面、弯道工程等，以维系船只在不同高程水平面的通过。复闸与越岭运河是大运河开创性的技术成就，在世界运河工程史上具有重要意义。

中国大运河上有始建于公元 11 世纪的复闸实例——长安闸；始建于

公元13世纪末的梯级船闸实例——位于会通河上的阿城上下闸与荆门上下闸；以及数项单闸实例——通惠河北京旧城段的澄清上闸、中闸（始建于公元13世纪末）；位于南旺枢纽，用于调控运河水量的闸群柳林闸、十里闸、寺前铺闸（始建于公元15世纪末）；位于湖中运道的利建闸（始建于公元16世纪）；位于清口枢纽用于调控里运河水位的清江大闸（始建于公元15世纪）。这些实例以丰富的类型与长久的时间跨度证明了大运河在船闸工程方面取得的成就，并共同体现出中国式"叠梁闸"的样式与技术特点。

（一）复闸

复闸起源于公元10世纪时的大运河。嘉兴的长安闸是建于1068年的复闸实例，是世界上现存最早的复闸实例，并与撰写于1072年的文献相印证（[日]成寻：《参天台五台山记》）。位于江南运河段的长安闸由3座闸门和其之间形成的两间闸室以及两座水澳组成。长安闸具有完善的工程设施，达到了引潮行运、蓄积潮水、水量循环利用的多重工程目的，具有保障程度较高的输水功能，是这一时期中国水利技术领先世界的标志性工程。欧洲类似复闸较为肯定的例子则出现在约300年后（[英]李约瑟：《中国科学技术史》），虽然无法验证在13世纪至14世纪蒙古帝国时期的欧亚文化交流是否使中国的复闸技术对欧洲发挥了影响，但复闸的发明的确是大运河在世界运河工程史上的一大成就，代表着当时在水运工程与管理方面的最高水平。

在元代，建石闸的工程十分艰巨，建一座石闸往往需要几年的时间。有时工匠达500人，一座闸需要3000多块大料石，用铁锭把料石锁成一体。在清代，对石闸有了官方统一的建设规范。

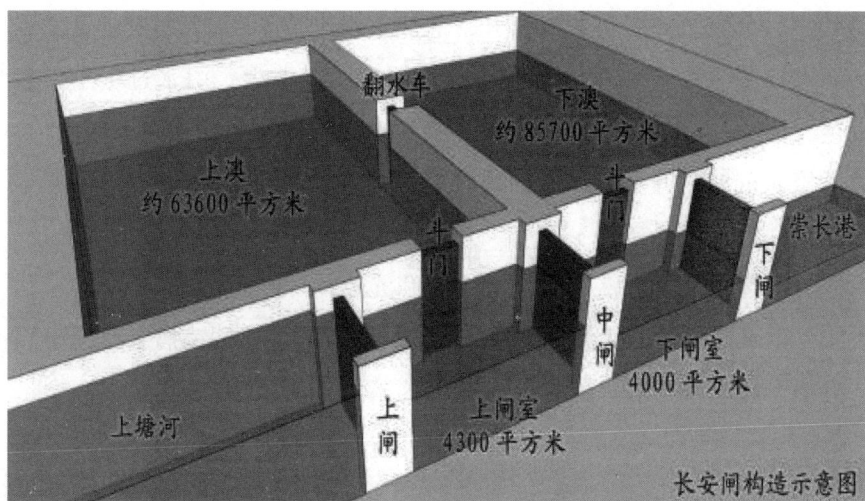

图3.13　长安闸构成示意图

（二）越岭运河

会通河是公元13世纪前跨越地形高差最大的越岭运河，跨越大运河整体最高点，其两端与中部高差约30米。通过水源工程、梯级船闸工程，成功解决了越岭运河的水源调配与水道水深控制的问题。会通河的建成比欧洲最早的越岭运河早了100多年。其梯级船闸工程几乎先于欧洲最早的类似工程300多年，在世界上最早的以满足航运需求为目的的水源工程中，南旺枢纽水源工程与米迪运河水源工程（1667—1771年）相比也早了200多年。

四、大运河与河湖交叉工程

为了让运河与自然河流顺利交汇，中国大运河建有运口工程等。在线路规划上，初始借助自然水系以求便利，后来逐步摆脱，实现完全的人工控制，以保障船只的安全。

（一）中国大运河与河道立体交叉

宋代在东京汴梁建设的跨汴河的大渡槽，向五丈河供水，渡槽是活动的，每次船舶到了将渡槽打开，漕船路过十分不便。"太祖建隆二年（964年）春，命左领军卫士将军陈承昭率水工凿渠，引水过中牟，名曰金水河，凡百余里，抵都城西，架其水横绝于汴，设斗门，入浚沟，通城壕，东汇于五丈河。"（[元]脱脱:《宋史·河渠四》）到了元丰五年（1082年），有大臣提出：金水河透水槽阻碍上下汴河的船舶，宜废止。这个渡槽使用了100多年后废除。宣和元年（1119年），为了增加宫廷供水，重又引索河，架渡槽，导入天源河。此外，在河南唐县有建于熙宁五年（1072年）的跨越泌水的渡槽。

图 3.14　淮安水上立交工程

今天，在淮安段中国大运河与苏北灌溉总渠交汇处，建设了现代化的水上立交工程。

（二）中国大运河与河道平面交叉

中国大运河与河道的平面交叉工程以清口枢纽工程为典型，清口枢纽位于黄河、淮河与淮扬运河北段、中河交汇的位置，是明清两代为解决运河会淮穿黄的难题而建设的大型综合性水利水运枢纽。

运河与黄河关系密切。一方面，黄河是运河的水源之一；另一方

大运河文化十讲

面，运河借黄行运，治理黄河就是治理大运河。针对黄河夺淮改变了淮河水系的状况，为解决大运河与黄河的交叉问题，清口枢纽集成了与水动力学、水静力学、土力学、水文学、机械等相关的经验型成果，建筑了水流制导、调节、分水、平水、水文观测、防洪排涝等大型工程，成为枢纽工程组群，完整体现了明代著名水利工程专家潘季驯"筑堤束水、以水攻沙、蓄清刷黄、济运保漕"的工程意图，是人类伟大创造精神的成果。因为黄高运低，为缩小黄运之间的水头差，而采取弯道，故有"三湾顶一坝"之说，今淮阴西南的一段运河，与黄河之间就变成"之"字形弯道。同时在淮安与马头镇之间不断开凿引河，以人力、畜力牵挽，漕船才能出闸过黄。在"蓄清敌黄"的治黄保运方略指导下，潘季驯除主持重修了高家堰并完善加固了相关配套水利水工设施外，还对里运河段入淮口（南运口）和黄河北岸运口（北运口）进行改迁，使之远离黄河，并在运口内建立多种水利设施，节制水位防止淤塞。而后来的淮安三闸则是在盘旋的河道之间筑三座船闸，逐级提升运河水位，在与黄河交汇时与黄河水位相平，从而让漕船顺利地渡过黄河。

（三）中国大运河船只翻坝工程

"中国人很早就意识到，如果坡道的坡度适中，就有可能将运河中航行的平底船拖上斜坡，使之到达高水位。根据这样的原理，人们发明了并行滑船道，包括一组倾斜的石结构护墙，供船只在上面拖行。"（《国际运河古迹名录》）升船斜面是管理较为简单、对水源要求不高的解决船只在不同高程的水道上行驶的方法。运河船只经过湖泊区时，若湖堤高度为3至4米，经常采用在斜坡上铺上泥水，减少摩擦，直接用人力推转绞车或用畜力拖拉过坝。在现代升船机使用前，在江南运河上使用这样的过坝方式非常多，如著名的长安三闸工程至今还留有升船坝遗址。

图 3.15 长安升船坝旧址

五、大运河纤道及护岸工程

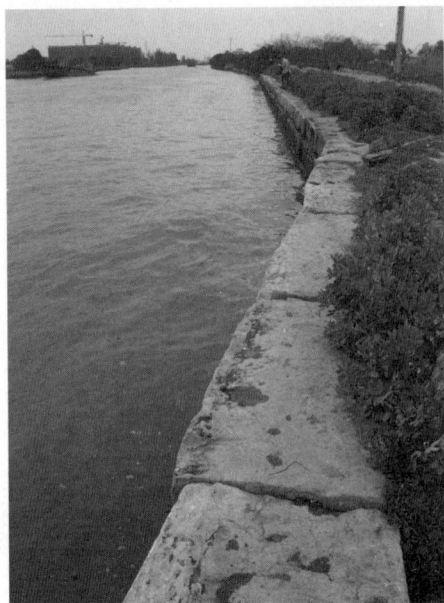

图 3.16 吴江古纤道

中国大运河上的附属设施还有码头与纤道。纤道是古代以人力背纤为行船提供动力的通道，是运河船运的重要辅助设施。

（一）吴江古纤道

吴江古纤道旧称"九里石塘"，是吴江塘路的一部分，位于吴江区松陵镇南，长约1500米，始建于唐元和十五年（820年），宋庆历八年（1048年）增石维修，元至正六年至七年（1346—1347年）复以巨石修筑。修筑时所垒的巨石由石工凿成统一尺寸，用长 1.8—2.2 米，宽 0.6 米、厚 0.4—0.5 米的青石砌筑，路基用直径 10—12 厘米的杉木梢打入土中。

明清时期，吴江古纤道既是运河河岸又是纤道，还被充作驿道，是水陆并用的交通要道。吴江古纤道为江南古塘路中最重要的一段，其构筑的科学性、实用性、美观性，成了后来许多塘路效仿的典范。

吴江古纤道曾有一个辉煌的名字，叫"九里石塘"。这"九里石塘"长约 9 里，3 至 5 米宽，既是河岸又是纤道，还被充作驿道，是水陆并用的交通要道。这里两面临水，曾是绝妙的风景。

据介绍，九里石塘的所在地原先是运河与太湖的混合地，从运河往西，是大片的太湖浅滩洼地，太湖水大时，水会漫过浅滩与运河交汇。由于风急浪大，船行不便，翻船覆舟是常事。因此，筑堤修路，成了古代吴江人的共同愿望。

然而要在吴江这样地势低洼、土质松散、湖荡密布的地方筑堤修路，实在不是件容易的事。直到唐元和年间，苏州刺史范传正顺应民意，经过精心准备，塘路修建工程正式开工，不过谁也没想到，这一修便是断断续续的数百年，吴江人付出了极大的代价。宋庆历八年，增石修治，元至正六年至七年间，复以巨石修筑，至此，九里石塘才真正完成，所以九里石塘又名"至正石塘"。

九里石塘堪为江南古塘路中的佼佼者，成了后来许多塘路效仿的典范。建造好的九里石塘，就像一座人造的"水中长城"，一面临太湖、一面临运河，终于使河、湖分开，消解了风浪冲力，方便了船行，也使太湖东岸、运河堤西的大片沼泽洼地逐渐变成肥沃的良田。

（二）绍兴古纤道

绍兴古纤道位于绍兴市柯桥区的柯桥街道、湖塘街道地界的萧绍运河上，是绍兴独有的桥、路相结合的古道。古纤道是大运河与天然河流交汇处的工程设施，是古代以人力背纤为行船提供动力的通道，是运河船运的重要辅助设施。

古纤道又称官塘，旧称新堤、运道塘、武林孔道等。在萧绍运河中，有些河段河面较宽，风急浪高时，有碍船只正常航行，需步行拉纤。近岸处弯弯曲曲，拉纤十分不便，古人便兴建了一条与运河并行的长桥——纤道桥。古纤道全长7.7公里，始建于西晋。当时开凿西兴运河后，即逐渐在岸边形成纤道。唐元和十年（815年）进行大规模修整。明弘治年间改用石砌纤道，形成现有规模。

古纤道有单面依岸和双面临水两种类型。前者用条石错缝平砌间丁石或用条石顺丁垒砌，其上横铺石板为路面。后者又分为实体纤道和石墩纤道，其中实体纤道用条石错缝平砌间丁石，上铺石板；石墩纤道的做法是每隔2.4—2.8米，用条石错缝干砌桥墩，上置石梁，计281洞。纤道上还每隔里许间以石拱桥或石梁桥，以通行船只。

古纤道蜿蜒曲折，逶迤多姿，道上有梁桥、拱桥多座，有"白玉长堤路，乌篷小画船"的景观，极具江南水乡特色。纤夫使用纤道，既提高了航运效率，又确保了纤夫的生命安全，在没有机械动力的过去，不失为一种天才的创造。

随着交通运输事业的发展，运河上来往船只已由昔日的人力驱动变为机械驱动，古纤道的功能演变为观光旅游、欣赏水乡景色等。

（三）大运河护岸工程

图3.17　绍兴古纤道

为解决泥沙问题，有在通济渠柳孜运河遗址所展现出的"木岸狭河"的处理方式，即采用将木桩密集排列打入河中的方法，使河床束窄，水深加大，水流加快，以改善航运状况，并起到将断面宽度缩窄后冲刷河床、减轻淤积的作用。这一处理方式体现了在隋唐宋时期，古人就已认识到泥沙问题与河流流量、流速的关系。

元明清时期黄、淮、运交汇，情况更加复杂，为解决黄河在运口淤垫倒灌问题，规划建设了清口枢纽工程。规划层面采用"束水攻沙""蓄清刷黄"的理念，体现出对泥沙科学的认识。清口枢纽以堤防体系建设为核心，一方面约束水流提高流速，用于冲刷河床积淤；另一方面筑堤防洪。后期则发展为"束水归槽"的理念，采用放淤固堤的方式，以泥沙的淤积形成束水河槽，体现了对泥沙科学更加深入地理解与把握。德国著名河工专家、河工模型试验创始人恩格斯教授（Hubert Engels，1854—1945年）先后于1932年和1934年两次进行黄河下游动床模型试验，验证了350年前潘季驯治黄理论的正确性。中国16世纪对河流泥沙运动力学的掌握与实践，是重大的科学成就。

在堤防体系建设过程中，就地取材，夯筑土堤，同时采用了应对泥沙非常有效的埽工护岸技术，使植物裹挟泥沙，更易对堤案进行加固，从而达到防波护堤的目的。从规划思想到工程实践，充分体现出因地制宜、因势利导等富有中国文明特征的工程技术特点。

六、大运河泄洪工程

大运河的泄洪工程有泄流堰、月河、减水河以及"清水口"工程等。

现存洪泽湖大堤的头坝是典型的溢洪堰，为了在洪水上涨时减轻大堤压力，大堤还设有数座溢洪堰，历史上曾一度达到数十座之多。现位于洪泽湖大堤上的头坝（信坝），是保存最为完好的溢流溢洪堰遗址之一。溢洪堰顶部平时被临时土坝覆盖，水位上涨时冲去土坝即可达到泄水功效。头坝的设计，运用了草土等临时性材料，以适应不同情况下的功能要求，体现出材料应用的巧妙，以及功能设置的系统性思考。

泄水闸以宣泄淮扬运河洪水的刘堡闸（始建于公元16世纪后期）为

代表。刘堡闸是明清时期淮扬运河沿线宣泄洪泽湖洪水的数个减水闸之一，当时淮河入海口为黄河所夺，只能通过淮扬运河的减水闸向东疏导入海。刘堡闸证实了明清时期泄水闸的形制、构造与规模，是保障运河顺利穿黄而建设的一系列水工设施的重要组成部分，体现了水利规划思想方面的系统性与综合性。

在长期的实践过程中，大运河调控水量水深的工程措施不断发展更新，从基本的斗门、堰埭、单闸，到水柜、梯级船闸、复闸，调节水位差和维持航道水深的能力显著增强。长安闸的复闸工程、会通河的梯级船闸工程，是单体水深水量控制工程理念的逐步提升。而在南旺枢纽中，将吞吐水量的水柜、调节水柜与航道之间水深关系的斗门、分水口南北两端的单闸统一协调运作，组成将单体工程效能发挥到最大化的枢纽工程，实现对于水量的流向、流量的精确化控制。这是对水工设施效能认知与规划设计思想的一大进步。

第三节　大运河沿线著名的水利工程遗址

历史上大运河曾有过众多著名的工程，现存的有解决水位落差的平津堰遗址，有解决水源缺乏问题的长安三闸遗址和南旺引水工程遗址，还有解决黄河、淮河、运河交叉技术的清口枢纽遗址。

一、平津堰遗址

位于扬州高邮明清运河故道。历史上由于蜀冈一带地势较高，为了保证大船的通行，唐元和五年（810年），凿深了蜀冈附近的运河，结果造成"河益庳，水下走淮"的不良局面。为了防止河水下泄，当时的水利专家李吉甫率民夫拦河筑堰，这就是平津堰。堰成以后，实现了"以泄有余，防不足，漕流遂通"的目的（[北宋]宋祁、欧阳修、范镇：《新唐书》卷五三）。目前，在高邮湖西侧尚存一段石堤，据说是平津堰遗址。这些石堤长约 8 米，共 11 层。高邮文物部门对遗址的主体进行了保护性

图 3.18　平津堰遗址

修复，并在其旁边修建一条长 110 多米、宽 1.5 米的木栈道。

二、长安三闸遗址

长安闸位于今浙江省杭州市西北 12.5 公里的海宁县长安镇境内。江南运河的南端运河水源靠钱塘江支流接济，运河自北向南为顺水，但"水益走下，故治闸以限之"（[宋]潜说友：《宋元方志丛刊·咸淳临安志》）。长安闸共有三门二澳。三门形成的两间闸室："自下闸九十余步至中闸，又八十余步至上闸。"即两个闸室长度分别长约 140 米和 130 米。傍运河西岸为水澳："两澳环以堤，上澳九十八亩，下澳百三十二亩。（河）水多则蓄于两澳，旱则决注闸。"（[宋]潜说友：《宋元方志丛刊·咸淳临安志》）日本僧人成寻于熙宁五年（1072 年）八月二十五日乘船过长安闸，对当时的情况有过记载："申时，开水门两处出船，船出了，关木（叠梁闸的

图 3.19　嘉兴长安闸

闸板）曳塞了，又开第三水门关木，出船。次河面水下五尺许，开门之后，上河落，水面平。即出船也。"描述了船闸运行的情况。南宋时长安有闸兵 20 人管理，属当地政府管理，进出的船只都要缴纳过闸税。元初长安闸一度废弃，"两澳为民所侵"，但这套闸门一直用到清中期（阙维民：《长安闸的历史变迁》）。

三、南旺分水引水工程遗址

元朝开凿的大运河，最艰难的一段就是在山东境内只有 120 多公里的会通河，由于翻山越岭整整花了 36 年才凿通，修筑了 30 多座闸坝用以解决水位落差问题。但是，会通河的根本问题却是水源缺乏和分水制高点选择的错误。元代由于把会通河的分水制高点错选在不是水脊的济宁附近的会源闸，结果导致往北引水困难，水源不足，河道搁浅，终元一代，漕粮北运还是以海运为主。这个困扰大运河漕运的梗阻问题到明初提上了议事日程。明永乐九年（1411 年），工部尚书宋礼采用汶上老人白英建议，开始修建南旺分水引水枢纽工程。首先在汶上县筑戴村坝截汶水；然后开挖小汶河，使汶水至南旺分水口；接下来导泉补源，即收集疏导汶上县东北各山泉汇入泉河至南旺分水口；最后在小汶河流入运河的"T"字型水口修筑石头护坡，建分水拔剌（鱼嘴），使其南北分水，即所谓的"七分朝天子，三分下江南"。南旺分水引水工程以疏浚三湖为枢纽，把坝址合理选在汶河济运较为理想的制高点戴村，符合水往低处流的自然规律，至南旺水脊分水，抓住了"引、蓄、分、排"四个环节，操作上蓄泄得宜，运用方便。该工程具有高度的科学性，是我国大运河史上的一个伟大创举，堪与都江堰相媲美。从此，大运河的船舶运输畅通了近五百年。

位于大运河全段最高河段的南旺枢纽，以筑坝提升自然河流水位的方式，为运河行船提供持续有效的引水，是在严酷的自然条件下，科学设计和系统管理的规模宏大、高效节约的运河水源工程，保障了大运河持续畅通地运行了四个多世纪，比为法国米迪运河提供水源的黑山水源工程早两个多世纪，是世界范围内较早建设、成功有效解决运河供水问题的大规模水利工程设施。17世纪访问中国的英国使团在路过南旺时曾发表过如此的感想："当时运河的设计者一定是从这个高度统筹全局的。他站在这块地势很高的地方，运用匠心设计出来这条贯穿南北交通的巨大工程。他计算出从这里到南北两个方向的地势斜度，沿路河流所供给的水源，设计了许多道水闸，同时还估计到由于开闸放船所损失的水量可以由地势比这里更高的汶河的水补充过来，汇流之后分为两个不同方向的支流。"（张国刚：《英国马戛尔尼使团》）由此足见南旺枢纽的技术价值之高、代表性之显著。

四、清口水利枢纽遗址

清口水利枢纽位于淮安清口。大运河北上，淮河西来，黄河南下，三者在今天的淮安清口交汇，形成了世界上罕有的大江大河平交格局。中国大运河南下北上的漕运船队，要在这样复杂的水系格局下，特别是汛期黄河洪水泥沙的威胁下，保持漕运的安全畅通，是极其困难和极具风险的挑战。这一难题一直困扰了大运河数百年。历代也为解决这一难题，千方百计，兴筑不断，形成了一套系统的工程措施，基本维持了运道的畅通。这些措施主要是：通过开伽河、中河，使运河逐步脱离黄河的直接干扰；不断加修高家堰大堤，拦

图3.20　清口枢纽

截淮水尽出清口，并辅以引河等措施，约束运河冲刷清口和三河交汇区域黄河淤沙，保持运口的畅通；不断改建、完善交汇处的运口码头，避免黄河洪水的直接冲击和泥沙的淤积，以至码头不断前移、清口不断后退，运闸十分复杂；在交汇地域的黄河堤岸和高家堰大堤大量增建减水闸和滚水坝，确保不断淤积的河床和洪泽湖在黄、淮汛期高水位下不致危及运道和里下地区河道的安全。不断完善和维护这套工程体系，成了明代后期和清代治河及保证漕运措施的重点工程和中心任务，耗费巨大的国库民力。在当时的科技、经济水平下，人与自然持续殊死较量了500年。这在世界治河史和航运史上都是绝无仅有的。

清口枢纽工程是明清时代大运河的中枢，运河沿线的战略要冲，以及漕运的重要交通咽喉，其完善的工程体系集中展现了中国传统水（河）工建筑的主要结构形式，是工程规模最大、运用时间最长的水利枢纽工程，代表了中国农业文明时期水利工程设计和坝工建设的最高水平。同时，清口枢纽通过对整个工程体系的整体规划，利用一系列水工建筑的建设，解决了泥沙淤积、通航水深不稳定等种种问题，在建造过程中所采用的技术代表了16世纪中国调水、调沙技术的世界水平。

第四讲

运河转漕达都京，策马春风堤上行

——大运河漕运文化

大运河最初开凿的目的是为了军事，后来成为漕运的主要手段。漕运成了中国大运河能够存在 2000 多年的历史动因。漕运是一个历史的概念，专指历代封建王朝将征自田赋的部分粮食通过水路运往京师或其他指定地点，供宫廷消费、百官俸禄、军饷支付和民食调配，是我国历史上一项重要的经济制度。漕运是解决中国南北社会和自然资源不平衡的重要措施，实现了在广大国土范围内南北资源和物产的大跨度调配，沟通了国家的政治中心与经济中心，促进了不同地域间的经济、文化交流，在国家统一、政权稳定、经济繁荣、社会发展等方面发挥了不可替代的作用，产生了重要的影响。

图 4.1　清代原济所绘《万里艎艘图》，反映古代漕运制度

第一节　漕运文化的概念及内涵

　　据《辞海》解释："漕运者，水道运粮也。"中国古代向农户征收地租和田赋，在很长时期内，采取征收粮食、布匹、丝绸等实物的办法，漕运就是利用水路将这些实物运送到京师、军营等地方。漕运是中国历

史上特有的一种现象，它是由国家政府组织和管理，利用水路（河道或海路）调运专门物资（主要是粮食）到首都（或其他由国家政府指定的重要军事政治目的地）的专门运输体系，它有着严密的制度保障，并始终以高成本运行，体现出高度的政治性。它是古代中国这个中央集权国家最根本的需求之一，也是最主要的赋税方式和治理国家最主要的统治手段。漕运是一种有效的政治与经济制度，它在广大的国土范围内进行资源的调度、控制和再分配，满足国家战略储备、应急救灾需求，调整社会结构，推动经济发展，维系稳定中央集权，是人类在农业文明时代重要的制度文明成果之一。

一、大运河漕运产生的历史条件和前提

《说文解字》诠释："漕，水转谷也。"追溯本意，漕运即是通过水路运转谷物的一种形式。很早以前，我国民间便已利用沟渠和自然水道转运百物，但都不能称之为漕运。漕运是古代中国集权政治和小农经济结合的产物。全国性统治中心的确立、中央到地方官僚体系的形成、庞大的军事体系以及全国性社会秩序的建立，促使王朝必须建立一个有序的、有保障的、以粮食为主体的物资供应体系。然而，以农立国的经济特性，使统一的集权王朝在建立物资供应体系时，不得不面对广泛而分散的小农经济。古代中国的国家政治中心和军事中心大多坐落在北方，而由于气候的变化，中国的经济中心自南北朝后（公元5世纪至6世纪末）逐渐由北方地区转向南方地区，因此在从公元5世纪到20世纪初的1000多年中，中国都处于经济中心与政治军事中心分离的局面。为了紧密联系南方地区的经济中心与北方地区的政治军事中心，保证南方的赋税和物资能够源源不断地运往北方，满足政治军事中心的需求，对于中国历代政府来说，开辟并维持一条纵贯南北的运输干线就成为极具战略重要性的政治举措和统治需要。为了实现这一目的，古代中央政权大多选择内陆水运的方式，以中国大运河作为较为安全、快捷的运输通道，

不惜投入巨大的人力物力，不断修建维护运河河道、水工设施、运输储存设施，制定与之配套的相应管理体系，逐渐建立起一套完善的政治与经济管理制度，专门负责调运国家战略物资，保证通过大运河进行持续、畅通的运输。这种由国家政府组织和管理，利用水路（主要是大运河水运，偶尔也采用海运）调运专门物资（主要是粮食）到首都（或其他由国家政府指定的重要军事政治目的地）的专门运输体系被称作"漕运"。

漕运贯穿整个封建社会乃至半殖民地半封建社会，始于秦汉而终于晚清，是以中央集权政治为母体、以封建自然经济为土壤的产物。中央集权封建国家的建立，使幅员辽阔的中国开始以统一的新姿态出现。统一的中央集权国家拥有庞大的官僚机构和军事组织，这些机构与组织作为消费集团不劳而食。然而，封建社会经济是自给自足的自然经济，生产者的劳动产品主要用于自己的消费，而不是用以交换和售卖。因此，全国性的商品尤其是粮食商品市场难以形成，封建王朝大量的粮食消费无法通过市场以交换和购买的方式得到满足，只有采取行政手段来解决这一棘手的问题。

图4.2　淮安漕运总督府

中国的黄河、长江、淮河等河流多为东西走向，而没有一条南北走向的大河，这种地理上的缺陷，造成了我国经济文化发展的不平衡。在水路运输占主导地位的时代，十分需要一条沟通南北的水运干线，使封建国家可以借助中央集权，在全国范围内征收粮赋，并加以转运。大运河的开凿便在这样的背景下产生，它经历了一个由短到长、由局部到整体的不断完善、不断扩大的过程，时间持续上千年之久。

二、大运河漕运的历史发展阶段及特征

漕运的发展轨迹与整个封建社会的政治经济动向密切相关。秦代转运的粮食主要用于攻胡掠地。秦南攻越地，在南方开凿运粮渠道，深入越地。汉代，漕运用于战争也颇为频繁。汉初，"漕转山东粟以给中都官，岁不过数十万石"。（[西汉]司马迁：《史记·平准书》）不过，随着经济的恢复、河渠的开凿及政府的重视，元狩四年（公元前119年），河漕已达四百万石，元封元年（公元前110年），致粟山东一度高至六百万石。这一方面说明汉代的漕运规模和发展程度，"一岁之中，太仓、甘泉仓满"，"民不益赋而天下用饶"（[西汉]司马迁：《史记·平准书》）；另一方面也表明当时漕运的不稳定性。秦汉时期，由于社会政治、经济制度处于起步阶段，各项措施都还在摸索中进行，因此，漕运也只是雏形，尚无定制，缺乏统一的组织和计划，还没有从其他部门分离出来形成独立的经济系统。秦汉两朝均定鼎西北长安，当时，全国的经济中心在北方，漕粮多半取自黄河下游地区，漕运则经由横贯中原的黄河和渭水，因而漕运方向大致为东西向，漕粮多为军事费用，漕运随需而作，因此体现出无常制、无常时、无常额的特征。这一时期，由于南方尚未开发，因此南方的漕运活动并不突出，但汉代漕运的地域范围已经包括江南。

三国两晋南北朝时期，封建经济中心已出现南移的端倪。但就漕运

制度而言，这个时期发展甚微。但是，随着南方经济地位的提高，江南已引起了统治者的关注，进而认识到这一地区的经济作用。如西晋时，陈敏奏曰："南方米谷皆积数十年，时将欲腐败，而不漕运以济中州，非所以救患周急也。"（[唐]房玄龄等：《晋书·陈敏传》）因此，一些统治者开始注意沟通南北水路交通并漕运南方粮食。曹魏正始二年（241年），开广漕渠，"又通漕运，每东南有事，大军泛舟而下，达于江淮"（[西晋]陈寿：《三国志·魏书》）。广漕渠的开发，沟通了北方与江淮地区的水路联系，江淮地区日受重视。北方政权对两湖一带漕粮的运输途径有两种：一种是通过江淮达汴（河）、黄（河）；另一种是经由"沔、汉达江陵"（《晋书·杜预传》），溯汉水，运抵北方。南方政权则就地取材，对本地的漕运工作极为重视。南齐时，萧衍令郑绍叔督江湘粮运，以"汉口路通荆雍，控引秦梁，粮运资储听此气息"（[朝鲜]崔溥：《锦南先生漂海录》），这说明江南地区的经济地位日益提高。

唐宋时期是漕运的大发展时期，由于运河的开通以及经济重心的南移，漕运方向由东西向转为东南西北向。漕运渐趋稳定，有相应的成法、固定的职官和额定的年漕量，漕运成为一个较完整的经济体系。元代，由于种种原因，主要采用海运的形式运输漕粮，所以这是一个漕运发展中的特殊时期。明清时期是漕运制度的完善期，基于历代的积累和统治者的重视，在此期间漕运的组织、机构、政策都达到十分严密和健全的程度；明清漕运涉及的范围很广，由于社会经济的变化，漕运不断发挥诸多的社会功能；此时，漕运重心已完全落在南方，漕运方向转变为南北向。

图4.3　全漕运道图

三、漕运的衰落及原因

清朝末期，伴随着西方资本主义势力的不断涌入，清帝国日趋衰落，1851 年爆发的太平天国起义迅速席卷了东南大部分地区，拦腰切断了北上的漕运线，在经济上卡住了清政府的脖子。在漕运中断的形势下，清政府被迫将南方漕粮的大部分改为银钱征收，用作镇压起义的军饷。其余部分则委托商船从海道北运。1855 年黄河改道后，运河山东段逐渐淤废，从此漕运主要改经海路。太平天国运动失败后，漕粮折征款项仍为湘、淮军阀及地方所有，并不上交朝廷，漕运逐步走向衰落。

1872 年，洋务派在上海成立了轮船招商局，逐渐将剩余漕运的业务揽走。至此，与以往相比，漕运规模大为缩小，而且从原来的纯粹由政府组织和经营的方式转为政府出资、商人承运的新形式，与一般商运已无太大差别。这表明传统的漕运已走向末路。1901 年，清政府下令停止运河漕运，将漕粮改为现钱征收，但仍留下了十余万石的宫廷用米。1904 年，撤废漕运总督，漕运也随之寿终正寝。一些漕运的设施粮仓、钞关也成为文化遗产，大小码头则继续发挥作用，成为商业运输的码头。

四、大运河漕运的历史作用及文化内涵

对于自隋代至清代的多个朝代，漕运都是重大的国家事务，是古代中国这一巨大的农业帝国保持顺利运行的基本保障之一。在漫长的历史时期里，漕运这一独特的制度和体系，跨越多个朝代，稳定地延续了1000 多年，对古代中国的发展产生了巨大的影响，形成了近 2000 年的文化传统。

（一）漕运形成和改变了中国大运河的线路

隋代和元代大运河实现两次大沟通时，尽管具体的线路走向有很大差别，但目的都是实现政治中心与农业生产中心的径直化连接。隋唐大

运河便是以长安、洛阳两大都城为核心，其两翼分别伸向华北平原和长江中下游平原，这是因为上述两大平原地区是当时中国主要的产粮中心，而华北平原更是军防战略要地；元代大运河实现第二次贯通时，北方农业因唐安史之乱后的连年战乱而遭到严重破坏，长江中下游平原地区特别是苏湖地区成为国家粮食生产的绝对主力，为便于漕运，运河选线亦趋于正南正北向。另外，值得注意的是，自隋代至清代，苏湖地区一直是古代中国主要的产粮中心，在漕运背景下亦始终为漕粮征运的主要起点，故途经该地区并将该地区与国家政治中心连接的淮扬运河、江南运河也成为大运河十大河段中延续使用时间最长、历史文化价值最为丰富的两大河段。

（二）漕运建设和维护了运河河道水工设施及漕运附属设施

在漕运过程中，漕粮被装载于漕船上，漕船运行于运河河道上并受到各类水工设施的控制，为确保漕运的顺畅、快速、安全，历朝历代不断疏浚、改造河道，修葺、更新各类水工设施，并不断发展完善漕运管理设施。明清时期政府就在元朝建立的大运河基础上不断整治修葺，陆续新建、改建了多处河道和水工设施；明代还在运河枢要之地淮安建立了总督漕运公署，代表朝廷协调南粮北运工作。为确保漕粮在漫长的转运过程中不受潮发霉变质，漕运过程多采用多次停靠转运的方法，并在转运停靠点附近建立中途转运仓场，在漕运起讫点附近设立漕粮存储仓窖。作为漕运的重要附属设施，运河粮仓的出现丰富了大运河遗产的类型，丰富了大运河的内涵与外延。

（三）漕运推动了运河沿线及周边地区的经济文化交流

唐宋以后，漕运额度日渐固定，因为漕船返回时可以携带其他物品，除漕粮外的其他物资运输的种类日渐丰富，运河沿线及周边地区的民众间自发的商贸交流活动日渐增多。从事商贸活动的商人来自五湖四海，风俗习惯各不相同，也把不同民族、不同地域的文化带入运河沿线各地区，促进了上述地区的民族融合与文化交融。伴随商贸活动频度与强度的逐步增加，一些位于漕运关键节点的城镇聚落也逐步沿河发展壮大，天津城的兴起、苏杭城市的发展便是其中的典型例证。

13世纪末至19世纪，元明清三朝在北京建都，北运的南粮大增，无论通过海运或河运，漕粮航运均须经过三岔口来转运，因此极大地促进了天津的城市发展与商业繁荣，并在周边的运河沿岸形成了杨柳青等一系列古镇，促进了区域经济与社会的发展。宋代的苏州城更是以水系为脉络、河道为骨架，塑造了杰出的双棋盘式格局，将大运河之水引入家家户户门前，形成了独特的"水陆相邻、河街平行"的居住模式。伴随农业、丝织业的发达，加之漕运带来的便利和商贸机会，使苏杭两地在宋代即被誉为"天上天堂，地下苏杭"，以形容其富庶与美丽。明清时期，苏杭两地更是成为工商业极为发达的地区。

当然，漕运除借由商贸活动对运河沿线城市的产生发展带来影响外，还直接被纳入对隋唐洛阳城、元大都城等位于漕运端点的历代都城的规划设计之中，将漕运的便利、皇室的需求与城市的景观统筹考虑，从而诞生了在世界城市规划史上具有典范意义的城市，并通过漕运带来的经济繁荣，使之成为人口超过百万的大都会。

沿中国大运河持续运行的漕运系统，促进和加强了中国东部经济区域的发展和繁荣，稳定了中国的政治经济格局，保证了国家统一和安全，对古代中国大一统观念的产生和传播起到了重要作用，更加强了地区间、民族间的文化交流。随着制度的完善和规模的扩大，漕运逐渐突破其早期以政治功能为主体的窠臼，发挥着越来越广泛的社会功能，成为维护王朝稳定和制衡社会的重要手段，消弭诸如重赋、灾祸以及物价波动等造成的社会不安定因素。同时漕运在促进南北文化交流和区域社会开发等方面也有着不可忽视的作用。

从7世纪初隋朝政府建立纵贯中国南北的漕运体系以来，一直到

19世纪漕运终止的1000多年中，沟通中国政治中心与经济中心的大运河一直是漕运首要的运输通道。以至于在很长

图4.4　杭州段运河仍可见到漕运时代的遗迹

时间里，大运河都被称作"漕河"。中国历代政府通过修建维护运河河道、水工设施、运输储存设施，并制定与之配套的相应管理体系，保证了通过大运河进行持续、畅通的粮食、物资运输，实现全国资源的调配，保证了北方政治、军事中心的供给。在这个过程中，漕运逐渐形成了超越时代的延续了1000多年的国家传统。

依托大运河持续运行的漕运这一独特的制度和体系，跨越多个朝代，运行了1000多年，是维系封建帝国的经济命脉，体现了以农业立国的集权国家独有的漕运文化传统，显示了水路运输对于国家和区域发展的强大影响力，见证了古代中国在政治、经济、社会等诸多方面的发展历程，在历史

图4.5　通州漕运博物馆

大运河文化十讲

078

时空上刻下了深深的文明印记。

第二节　漕运文化遗存

漕运运行了 2000 多年，在大运河两岸留下了众多的漕运遗存，有漕运管理机构遗存，还有漕运码头和粮仓遗址。

一、漕运管理机构遗存

（一）淮安总督漕运公署遗址

总督漕运公署遗址位于江苏省淮安市淮安区老城中心，毗邻原淮扬运河河道，是明、清两代主管南粮北调等漕运工作的朝廷派出机构，是统管全国漕运事务的漕运总督的官署建筑群。

淮安自明初就是连接南北漕运的转输中心，淮安的经济发展与漕运是密不可分的。为了适应漕运之需，明政府特设漕运总督于淮安，督理漕政。钞厅即榷关，是征民间商税之所。运河以商路通畅，淮安的盐及大量的南北杂货转输都要经过淮安榷关。明代朝鲜崔溥所著的《锦南先生漂海录》中记载了作者于明成化年间沿运河北上，途经淮安所见的"钞厅""常盈仓""漕运府"等情况，佐证了淮安总督漕运公署遗址的历史重要性。

淮安总督漕运公署，始建于宋乾道六年（1170 年）。公元 12—13 世纪（元代时期），这里是淮安路总管府。公元 14 世纪时（明初）陆续改为淮安府署、淮安卫指挥使司署。明万历七年（1529 年），改为漕运总督府。直到 19 世纪末 20 世纪初（清末）迁并裁撤漕运总督，此处公署逐渐废弃。

考古发掘工作表明，整个遗址呈长方形，南北长 133 米，东西 30.55 米，整体分为东、中、西三路，中轴线上由南向北依次为大门、仪门、大堂、二堂、大观楼、淮河节楼、后院等，与南面的北宋镇淮楼、北面的淮安

图 4.6　淮安漕运博物馆

府署在同一条中轴线上。另外，遗迹下 3 米处发现有宋元代文化层。目前大堂、二堂、大观楼遗址已按原状保护。

现存部分建筑房基、础石等遗址已经完成保护工程，并对外展示开放，可完整呈现建筑群的总体格局。同时，在北侧建起了漕运博物馆向世人介绍漕运文化。

（二）扬州两淮盐运使司衙署

两淮指的是淮南、淮北，两淮盐运使司在扬州。两淮盐运使掌握江南盐业命脉，向两淮盐商征收盐税，下辖淮安分司、泰州分司等。

"两淮"是个方位地理概念，一解为"淮南""淮北"之合称，泛指今日苏皖两省淮河南北的地方，是纵向概念；一解为"淮东"、"淮西"之合称，分别代指苏皖两省江淮之间的地方，是横向概念。就江苏来说，"淮南"的范围大致和"淮东"重合。

图 4.7　扬州两淮盐运使司衙署

"盐运使"为官名。始置于元代，设于产盐各省区。明清相沿，其全称为"都转盐运使司盐运使"，简称"运司"。其下设有运同、运副、运判、提举等官，有的地方则设"盐法道"，其长

大运河文化十讲

官为道员。这些官员往往兼都察院的盐课御史衔，故又称"巡盐御史"。他们不仅管理盐务，有的还兼为宫廷采办贵重物品，侦察社会情况。

现扬州两淮盐运使司衙署仅存门厅，为省级文物保护单位，位于市区国庆北路。坐西朝东，悬山结构盖筒瓦，面阔三间，进深五檩，门厅两侧筑有八字墙，门前有石狮一对，保存完好。2001年已整修，作为东圈门历史文化街区的西入口景点。

（三）阿城盐运司

阿城盐运司位于山东聊城阳谷县阿城海会寺西侧，亦称运司会馆、山西会馆，是聊城运河沿线仅存的古代盐业管理机构遗存，也是明清时期聊城运河经济繁荣的见证。现存建筑有山门、前殿、后殿、配殿等，南北长72米，东西宽47米。

盐运司建筑技法精湛，大殿柱础雕刻精细传神，木

图4.8　阳谷县运河边的盐运司

构件制作精巧，彩绘流畅生动。2009年8月划归文物部门管理，文物主管部门对盐运司进行保护、维修。目前，盐运司大部分已修缮完毕，但仍有部分彩绘未恢复。现为山东省级重点文物保护单位。

作为大运河重要的附属遗产，盐运司不仅是聊城运河沿线仅存的古代漕运管理机构遗存，也是明清时期聊城运河经济繁荣的见证。

二、漕运遗存之运河码头

漕运就需要码头，在中国大运河沿线布满了各类码头遗存，有的是漕粮运输的码头，有的是中国大运河上各类物资销售的码头，还有皇帝

南巡时留下的御马头。

（一）邵伯马头

自从邗沟贯通江淮，邵伯就成为南北往来的必经之路，船舶往来日渐繁盛，因此在邵伯镇明清大运河故道两侧形成了大量码头。公元18世纪时，修建邵伯运河东岸大堤，同时自北向南修建了竹巷口码头、大码头、朱家巷码头和庙巷口码头共四座现在仍然存在的码头，总称邵伯马头。

这四座码头不仅是往来大运河南北的客商在邵伯镇的主要停靠之处，

图 4.9　昔日的漕运码头成了老百姓家用的码头

也是邵伯镇及大运河以东地区进行对外货物贸易的主要场所。邵伯镇在清以前的繁荣，很大程度上依赖于这四座码头。

1936年运河改道之后，这些码头也被逐渐废弃，现作为遗址展示。

（二）扬州御马头

除了漕运码头，还有一类码头叫御马头，是皇帝南巡时上岸的码头。清代皇帝南巡到扬州时，都在扬州天宁寺西园的行宫内居住，而天宁寺前的码头就是上下龙舟的码头，也称御马头。

乾隆皇帝南巡六次，五次住在天宁寺。当时的码头还很简单，乾隆

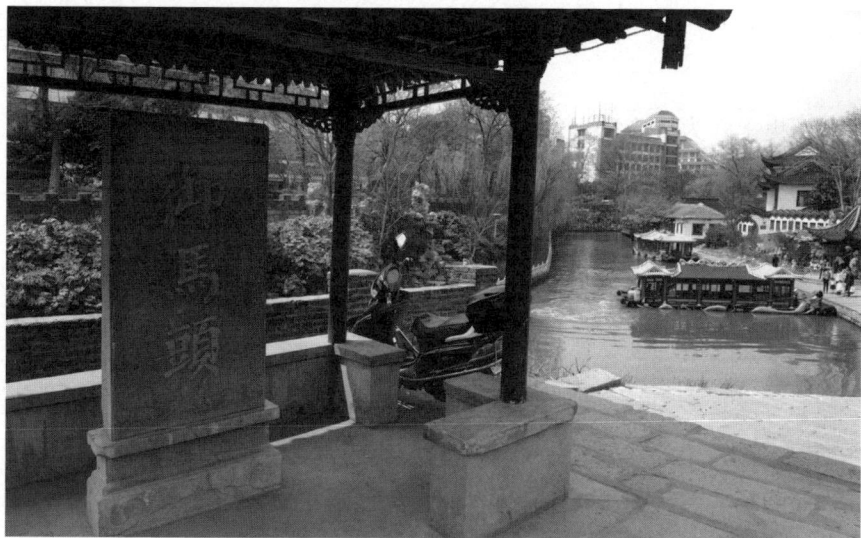

图 4.10 扬州御马头

十八年（1753 年），扬州盐商于天宁寺西园兴建行宫，三年而成，宫前建码头，乾隆游瘦西湖于此登船，题"御马头"，码头及周边的河堤均为青石所砌，历经 200 多年风雨，完好无损，现码头位于冶春茶社旁，为扬州著名的"乾隆水上游览线"的起点。

（三）塘栖御马头

杭州塘栖古镇上也有一个御马头，塘栖镇位于杭州市北部，与湖州市的德清县接壤，大运河穿镇而过，使其成为苏、沪、嘉、湖的水路要津，历朝历代以来，塘栖均为杭州市的水上门户。乾隆数次下江南都曾在塘栖码头上岸，而且现今还存有乾隆亲笔题写的御碑。塘栖人专门建了一个御碑亭，存放御碑。码头旁就是著名的广济桥。

图 4.11 塘栖御马头

三、运河粮仓

历史上，为适应漕运的需要，中国大运河沿线建有众多的粮仓。运河上的仓储设施展现了不同历史时期，在大运河关键节点设置的仓储设施体系规模和形制，不仅见证了大运河作为国家漕运通道的主体功能，也展现出隋唐时期和明清时期的粮仓建造与粮食保存技术。

现存粮仓遗址主要有两类：一类是隋唐运河沿线的含嘉仓、回洛仓、黎阳仓等，这类粮仓修建于隋代和唐代，粮仓都是向地下挖掘后，建在地面以下的；第二类是元明清大运河沿线的富义仓、南新仓，这类粮仓建设于明清时期，是建于地面上的砖木结构建筑。

大运河沿线的唐代皇城中的含嘉仓、隋代的回洛仓、隋沿用至宋代的黎阳仓仓窖，都是国家性漕运粮仓。含嘉仓仓窖个体储量惊人（发现时尚遗存 25 万公斤粮食）；回洛仓仓城保存完整，规模宏大，仓窖已探明数量达 200 余个，仓城面积为 22 公顷；黎阳仓沿用时间由隋至宋达五个世纪，见证了由地下仓至地上库的粮食仓储方式变化过程。仓城内的水道与码头遗迹，体现了运河水道可直达仓城内部进行漕粮装卸的历史场景。

（一）含嘉仓

含嘉仓是隋炀帝建东都洛阳城时在城东所建，供东都百官、皇室之需。含嘉仓的规模有粮窖 400 座以上，每座粮窖存储约 50 万斤粮食。据此推断，含嘉仓可储粮 12.5 万吨，并沿用至唐末。

含嘉仓 160 号仓窖位于隋唐洛阳城皇城内，是含嘉仓迄今发现的最完整、储量最大的仓窖遗存。含嘉仓建于隋大业元年（605 年），与通济渠开凿于同一时间，唐以后正式作为东都洛阳的大型粮仓沿用。据文献记载，唐天宝年间，全国储粮约 1200 万石，仅整个含嘉仓的粮食储量就达到 580 万石。

1970 年洛阳博物馆对含嘉仓遗址进行了钻探和重点发掘，确认含嘉仓城的东西宽 612 米，南北长 710 米，总面积 43 万平方米，探出粮仓 287 座，发掘粮窖 40 余座。据统计，含嘉仓共有圆形仓窖 400 余个。大窖可储粮 1 万石以上，小窖也可储粮数千石。据《中学教学实用全书·历史卷》介绍："唐天宝八年总储粮量约为 5833400 石。仅唐德宗贞元十四年（798 年），一次出粜粟就达 7 万石。其主要积江淮之米，西运至太原仓，以实关中。"储存粮食最重要的是防潮湿。含嘉仓储粮的窖都在地下，最深为 12 米，一般为 7 至 9 米。粮窖口大底小，窖口最大直径为 18 米，一般为 10 至 16 米。窖底夯实后，用火烘干，周壁和窖底铺设草、木板、糠、席等物，然后储粮，粮入窖后，上面铺席、堆糠、垫草。窖顶为圆锥形，最外层是厚厚的黄泥。整个仓窖防潮、密封、温度又低，能很好地保存粮食。据《中国古代最大的粮仓——含嘉仓》一文介绍："在已发掘的仓窖中，出有刻字砖，记载仓窖位置、粗粮来源、入窖年月以及授领粟官的职务、姓名等。砖文所记大都是唐高宗、武则天和唐玄宗时期，有调露、天授、长寿、圣历和开元等年号。粮仓储存的粮食品种有糙米、粟、小豆等。其来源有苏州、徐州、楚州、润州（镇江）、滁州、邢州（河北邢台）、冀州（河北冀县）、德州、濮州（山东濮县）和魏州（河北大名）等地。其中一个窖里，存有北宋时放进的 50 万斤谷子，至 1969 年考古发现时大都颗粒完整。"

图 4.12 含嘉仓 160 号仓窖遗址

图 4.13 含嘉仓遗址出土的刻铭砖

（二）回洛仓

回洛仓是隋代大运河沿线的大型国家性漕仓之一，位于洛阳北七里，是隋代洛阳周边最重要的粮食仓储。它全面反映了隋代漕运粮食储藏的情况，是隋代大运河漕运情况的实物见证。

图4.14　回洛仓仓窖遗址

回洛仓始建于隋大业二年（606年），《隋书·食货志》记载："炀帝即位……始建东都……每月役丁二百万人。徙洛州郭内人及天下诸州富商大贾数万家以实之。新置兴洛及回洛仓。"《资治通鉴》卷一八〇记载："炀帝大业二年十二月，置回洛仓于洛阳北七里，仓城周回十里，穿三百窖。"

回洛仓后毁于隋末农民战争，使用时间较短，之后逐渐荒废被埋于地下。回洛仓遗址位于隋唐洛阳城宫城以北3.5公里，今洛阳市北郊瀍河区邙山南麓，现为村民的耕地。2004年6月，在第一拖拉机厂东方红轮胎有限公司整体搬迁改造工程中，考古钻探人员发现仓窖71座、古代道路3条、古代墓葬数百座。截至2013年1月，考古人员已布大小探方11个，发掘总面积4000平方米。

据史书记载，回洛仓的粮食到了唐贞观年间依然可以食用，因此回洛仓保存粮食水平之高让后人叹为观止，仓窖的制作工

图4.15　回洛仓遗址

艺一直令外界着迷。中国大运河申遗成功，回洛仓成为世界遗产后，洛阳文物部门正在建设一座仓窖博物馆。

（三）黎阳仓

黎阳仓是隋代永济渠沿线规模最大的官仓，与洛口仓齐名，是隋代运河漕运的历史见证。位于河南省鹤壁市浚县伾山街道办事处东关村东，地处大伾山北麓，东邻黄河故道，东北距黎阳城遗址约 1 公里，西距卫河约 1.5 公里。遗址因地处大伾山山麓，总体呈南高北低地形。遗址多处断崖有砖瓦残块叠压，地表发现有绳纹瓦、方格纹瓦、绳纹陶片、带菱形花纹的薄砖、带有"官"字印记的布纹板瓦、带有装饰图的筒瓦碎块等。

2011 年 12 月，河南省文物考古研究所对黎阳仓遗址进行发掘。截至 2012 年 6 月底，共发掘大小探方 25 个，探沟 4 条，发掘总面积2252 平方米。据《探访浚县古文明之黎阳仓遗址》一文介绍："通过勘探发掘，已摸清黎阳仓仓城平面布局近正方形，东西约 260 米，南北约280 米，总面积约 78800 平方米；已探明粮仓中心区仓窖 84 座（其中发掘仓窖 2 个），占仓城面积的 4/5，仓窖直径多在 8—14 米之间，按平均容积计算，黎阳仓总储粮量超 3000 万斤，可供 8 万成年人吃一年。出土陶、瓷标本残片万余件，编号在册出土文物 400 多件，其中建筑材料板瓦、筒瓦占 90% 以上，带'官'字款板瓦 200 余件。"

通过出土的陶瓷标本和地层叠压关系看，自隋朝建立起，黎阳仓横跨隋、唐、宋三代，沿用了 600 年，开皇三年（583 年）置，利用黄河向京师长安转运关东粮

图 4.16 黎阳仓发掘现场

食。黎阳仓规模很大，宋代张舜民《画墁录》记载："余曾过大伾，仓窖犹存，各容数十万，遍冒一山之上。"元代汲郡王恽《游东山记》记载："遥径北麓，穿苍（仓）城，按观隋唐廪制。"杨玄感在黎阳仓起兵反隋、瓦岗军攻占黎阳仓、宇文化及与瓦岗军争夺黎阳仓大战等一系列重大历史事件，更使黎阳仓名垂青史。唐、宋两代沿用黎阳仓，利用大运河漕运河北粮储以供应京师。政和年间（1111—1118年）黄河改道，黎阳仓渐废。

大运河申遗成功后，鹤壁市文物部门对黎阳仓进行了整体保护与展示，建了考古展示大棚，向世人展示黎阳仓的独特工艺。

（四）南新仓

南新仓位于北京东四十条22号，是明清两代的皇家仓库之一。据《皇家粮仓》一文介绍："明永乐九年（1411年），征调30万民工疏通元代的河道，开展漕运，使江南粮食得以源源不断地运至北方，为此，后来在通州及北京逐步修建了包括南新仓在内的许多粮仓。清代仍实行南粮北运，官家仓廒仍盛。每院仓房的主要建筑有：廒座、龙门、官厅、监督值班所、官役值班所、科房、大堂、更房、警钟楼、激桶库、太仓殿、水井、辕门、仓神庙和土地祠等。清初时南新仓为30廒，后屡有增建，到乾隆时，已增至76廒。清乾隆中期以后，贮粮日益减少。到道光年间，该仓贮粮比清初大幅度减少。民国时，南新仓改为军火库，中华人民共和国成立后成为北京市百货公司仓库。由于近数十年新建频仍，又拆了几座仓，现剩9廒。"

如今，北京南新仓被辟为南新仓文化休闲街，街区占地面积2.6万平方米，建

图4.17　南新仓旧址

筑面积 3.2 万平方米，步行街总长千余米。由南新仓古仓群、仿古建筑群和南新仓商务大厦底商组成。南新仓文化休闲街主打文化创意牌，在"皇家粮仓"上演的厅堂版昆曲《牡丹亭》，吸引昆曲爱好者纷纷前往观看。

（五）富义仓

富义仓是江南运河杭州塘运河沿岸保存较完整的古代城市公共仓储建筑群，位于杭州市拱墅区运河主航道与支流胜利河的交叉口附近，便于粮食的收储与转运。

富义仓始建于清代光绪年间，占地约 2.36 公顷，是清代国家战略粮食储备仓库。原有四排仓储式长房，现尚存三排，基本格局尚存，卸货的码头仍在，是杭州城北部地区重要的仓储建筑群，见证了历史上米市、仓储和码头装卸业等经济业态曾经的发展、繁荣。

图 4.18　富义仓

杭州市对富义仓的利用主要是作为历史文化的展示，南面是反映接驾文化的御马头，往北是佛教文化气息浓厚的香积寺和大兜路历史文化街区，东为特色临水古街——胜利河美食街，西则与运河特色画舫"乾隆舫"隔河相望。

目前，富义仓被用作创意文化产业园，从单纯的古建展示供游人参观到打造以体现"运河文化""仓文化""旅游文化"的富义仓创意空间。富义仓创意空间以富义仓百年的建筑为基础，保留原有风貌，以保护和合理利用原有建筑和实物为原则，致力于将富义仓打造得更生活、更时尚，让百年古仓恢复朝气与活力。

四、漕运驿站

作为漕运的遗存，还有一种形态就是驿站，现今中国大运河上保存完好的驿站只有一座，就是高邮的盂城驿。

明代迁都北京后，作为陪都的南京和北京之间的交通往来十分频繁。因此在北京和南京之间沿大运河建了46座水陆驿站，每隔30公里左右建一座驿站，供传递官府文书和军事情报的人或来往官员途中食宿、换马，也用于短途的漕运。高邮盂城驿是明代北京、南京之间的重要驿站，位于高邮南门大街馆驿巷13号，占地面积约16000平方米，房屋整体坐北朝南，整体格局保存较好。据记载，驿站鼎盛时期厅房100多间：正厅、后厅各5间，库房3间，廊房14间，马房20间，前鼓楼3间，照壁楼1座，驿丞宅1所；驿马65匹，驿船18条；马夫、水夫200多人。

盂城驿是目前大运河沿线保存较好、规模较大的古代驿站遗存，驿站位于高邮南门大街的历史地段范围内。高邮南门大街现既存肌理清晰的街巷体系及业态丰富的老字号，又有水陆并行的对外交通，汇聚了运河市镇典型的街巷空间要素。

盂城驿开设于明洪武八年（1357年），后不断加建，逐步形成了明清时代大运河沿线规模最大的古代驿站。

盂城驿现存部分保存完好，门厅、3间西耳房、5间后厅基本完好，正厅柱础完好，现作为邮驿博物馆对外开放。洪武八年（1375年），在高邮城南门外建盂城驿，永乐年间，知州王俊重修。

南门城外的皇华厅，先后由康熙五十七年（1718年）知州张德盛重修；嘉庆十四年（1809

图 4.19　盂城驿

年），知州冯馨将现身加高四尺后，重建并增修差房3间；道光二十年知州朱荣桂重建，州署专派一名吏目负责，驿舍迁入城内州正堂西偏北行三十步的州署马厂（今马棚巷处），用马神堂3间、东西马棚各12间改建而成。

辛亥革命后，盂城驿奉命撤销。

中华人民共和国成立后，盂城驿用作居民住宅，1985年盂城驿在文物普查中发现，1993年高邮市人民政府主持修缮，修复了驿站的主体建筑，与南门古街组成了古朴的明清民居建筑群。修复后的盂城驿现已辟为邮驿博物馆。

1996年，盂城驿被国务院公布为第四批全国重点文物保护单位。

第三节　因漕运产生的运河漕帮、盐帮

延续了2000多年的漕运，还催生了我国古代社会的两个帮会组织，那就是漕帮和盐帮。

一、运河漕帮

漕帮因漕运而来，在雍正初年取得合法地位，在取得合法地位后迅速发展壮大，改组后又转入地下。漕帮由雍正四年（1726年）翁岩、钱坚及潘清三人所创。徒众皆以运糟为业，故称粮船帮。大江南北，入帮者颇众。漕帮是中国民间的统称，漕运停止后，漕帮发展成青帮，是清初以来流行最广、影响最深远的民间秘密结社之一。

明清两代依靠大运河南粮北调，供应京师和边防，维持漕运近600年。围绕着漕粮的征收和运输，生长出一套盘根错节的潜规则体系。因漕运会集在一起的踩工、海员、纤夫构成了在大运河上讨生存的一个特别群体，这就是漕帮形成的社会基础。在漕运中，各地的运军和漕船，

按所属地域营卫划分为差别的"帮",如德州帮、兴武三帮、凤中二帮、赣州帮等名目繁多,数以百计。每帮所具有的漕船数目多少不一,多的有七八十艘,少的不外乎二十多艘。

据帮内文献记述:"雍正帝通令各省,挂榜招贤办理漕运。翁、钱、潘三位祖师得到这个消息后,心中大喜,便到抚署揭了黄榜。那时河南抚台是田文镜。三位祖师见了田巡抚,说了来历,便条陈整顿漕运办法。田巡抚大喜,当与漕督同本上奏。雍正帝当旨谕,饬三位祖师归漕河总督张大有节制,并听命于勘视河工钦差何国宗指挥。三位祖师便辞别田巡抚,来到清江浦,请见张漕台及何钦差。张何二人,即命三位监造粮船,并督理浚河修堤工程。三位祖师,复请张何二人转奏,请恩准许开帮收徒,以便统一粮务。清廷批准所请。"

漕帮有三个特点:一是成分单一。以无产的青壮年男性船工为主,并吸纳了一部分底层读书人;二是组织严密。有残酷的漕规、家法,和江湖义气维系着体系的严肃性;三是准军事化。旗语、暗语和帮规,侧面表现漕帮的准军事化部署。这些特点,为日后发展为陆上主流黑社会组织提供了良好的基础。漕帮有严格的帮规,倘有人犯了"十大帮规"的第三条"不准扒灰倒笼",这是"十大帮规"中的"死刑"一条,处置是缚在铁锚上烧死。

漕帮内又分为各个帮派,山东漕帮至清康熙年间号称"十帮半",有济宁前、后帮,临清前、后帮,东昌前、后帮,德州头、二、三、四帮;江苏则有二十一帮,漕帮以"江淮四"(在江苏二十一帮以内)为首。关于打旗就有严格规定:"江淮四头帮在无锡兑粮。平常打八卦旗,初一十五打杏黄旗;进京打黄色龙旗,出京打淡黄色凤旗。金顶金丝盘龙桑枝雀杆,上红下黑,三道紫金箍,清门锡壶顶,阴阳紫金所,如意头子,刘海戏金钱,双披红花,顶四飘带。"

漕帮各个帮派之间还有协约。据山东临清发现的《协公济约碑记》记载:"合同议约,协运豫漕,山东德、临、平、任六帮,同事二百六十八人。曹晖等缘念乡里,有守望相助之谊,帮亲亦宜有休戚相

图 4.20 协公济约碑

图 4.21　漕帮入帮仪式

关之道。"

　　漕运在光绪二十七年（1901 年）完全停止，漕帮被迫上岸，到运河沿线发展，凭借其严密的组织性和江湖义气，成为运河沿岸地区的准军事化黑社会组织。民国后，漕帮正式改称清帮（青帮）。清帮在上海被称为青帮，出现了张啸林、黄金荣、杜月笙等大亨，一手遮天，直到民国结束。

二、运河盐帮

　　盐帮的由来，有其特殊的历史背景和意义。中国古代的盐，从开采到贩卖都是由官府控制，有明确的法律规定，私人不准进入这一领域。但有的朝代国家缺钱时，如果有商贾之流主动捐款，甚至主动承包完成工程，一些君主就颁发其一个贩盐许可证，准许其贩卖运输官盐，甚至还可以得到徭役减免等豁免。这就逐步演变为私人贩盐，为盐帮形成提供了条件。

　　盐帮建立于汉朝的江淮流域，趁着汉武盛世的经济富足大行其道，四处贩盐得以蓬勃发展，因此最初的盐帮是正式得到官府认可的贩盐帮派。由于封建社会的法制不完善，官员间的相互勾结，官盐管理部门和

图 4.22　扬州盐宗庙供奉的是盐业祖师夙沙、胶鬲、管仲

盐帮之间产生了千丝万缕的关系，于是就有了所谓的"私盐"。

　　盐帮之兴，自汉朝起于江淮流域，贩运活动路线分南北和东西两线，南北线路一般沿大运河北上至漠北；东西线路一般沿长江直到西北青藏地区。自古以来，盐铁官营，而且在封建社会，官僚体系腐化堕落，官员们往往利用垄断盐业贸易的特权牟取私利，盐价极高，利润十分丰厚。江南一带的富商巨贾多是草莽之辈，往往一起贩运私盐以牟取私利，这些私人的贩运团伙就被称为"盐帮"。

图 4.23　扬州徐园

盐帮成员也产生于为私盐业主产盐的盐丁及运输盐的船工中，元末明初的义军领袖、地方割据势力之一的张士诚曾是盐帮出身，至正十三年（1353 年），因受不了

盐警欺压，张士诚与其弟士义、士德、士信及李伯升等 18 人率盐丁起兵反元，史称"十八条扁担起义"。

辛亥革命时的扬州军政分府都督徐宝山就是一个贩私盐的盐帮首领。清末，徐宝山在仪征十二圩独占山头，长江流域上自芜湖下抵江阴等城市，千余里都是他的领域，船只多达 700 多条，弟兄上万人。1911 年辛亥革命爆发后，徐宝山抛弃清政府，率部并动员往日兄弟一起投身革命，任扬州军政分府都督。1912 年元旦，中华民国临时政府成立，徐宝山被任命为第二军上将军长。孙中山辞去中华民国临时大总统后，徐宝山投靠了袁世凯，据说被革命党人炸死。扬州瘦西湖的徐园就是徐宝山的私人园子，后来成为祭祀徐宝山的祠堂。中华人民共和国成立后被收归国有。

第五讲

商胡离别下扬州，忆上西陵故驿楼
——大运河商业文化

中国大运河文化不仅代表乡土文化，而且代表以交流、开放、融合、进步为特点的商业文化。中国是一个传统的农耕文明社会，自古以来政府采取重农抑商的政策，而运河区域却是商业繁荣的特例。大运河的开通，将沿线城镇连为一体，带来了南北经济文化的全方位交流。运河促进着商业的发展，改变了古代中国人"轻商"的观念，带来了实用主义的商业文化。大运河也带动了中外经济文化的交流，中国与东南亚国家的经济交流都是通过海上丝绸之路加上大运河来实现的。物资的交换带来了运河地区商业的繁荣，形成了一个个商品集散地和商业城镇。本讲重点介绍大运河商业文化的产生及运河上的商船、运河钞关及钱庄、运河会馆、运河商帮等内容。

第一节　大运河商业文化的产生

农业文化是中国传统文化，古代中国几乎各个地域文化都因此呈现出农业文明的厚重垒积之状。但是，运河区域文化却是一个例外。大运河文化最根本的特征是交流。大运河首先是为了漕运而修建的，大运河的原始功能是运输，而货物运输与人的流动带来了文化的交流，这才有了大运河文化，并给大运河文化打上了鲜明的商业文化烙印。南方的大米、茶叶、丝绸、陶瓷被带到北方的家中，北方的松木、煤炭、皮货、大豆出现在南方的集市。运河促进着商业的发展，改变了古代中国人"轻商"的观念，带来了实用主义的商业文化。

安作璋先生在《中国运河文化史》一书中写道："中华民族的文化是多元一体的文化，其所以存在着文化上的多元化，是由于各个区域地理环境的不同造成的自然条件的差别，经济发展水平不同引起的社会条件的差异，生活习俗不同所带来的文化背景各异，军事上的封建割据所形成的政治上的隔绝，这一切都足以造成区域文化的不同特色。随着运河的南北大贯通和迅速开发，运河区域的社会经济达到了前所未有的兴盛与繁荣，这不仅为运河区域文化带来的发展提供了雄厚的物质基础，而且也促进了南北文化、东西文化的交流和中外文化的大交流，使各种地域文化和外来文化相互接触、融会、整合，形成独具特色的运河文化。"作为中国传统文化的构成部分，运河文化与中国传统文化的核心价值是一脉相承、高度契合的，而运河文化中商业性的城市文化正是中国传统文化资源中的现代性因素，是中国文化现代性转化的内在根据之一。

大运河造就了运河边众多商业城市。尤其在宋朝有"天下转漕，仰此一渠"之说。洪迈《容斋随笔》记载："商贾如织。故谚称'扬一益二'，谓天下之盛，扬为一而蜀次之也。"宋元之时，扬州商业繁盛依然著称于世。是时，"百川迁徙贸易之人，往往出其下，舟车南北日夜灌输京师者居天下之七"。清朝将漕、盐、河称为"东南三大政"，扬州兼三者之利，号称东南第一大都会。同时，清代对漕船携带土宜的限制逐渐放宽，土宜数额伴随商品经济的发展屡次增加，为扬州带来各种物资，使扬州成为当时全国商品经济最为发达的城市。扬州作为中国运河时代商业文明的代表，在众多的古诗词中可以找到佐证。杜甫的《解闷十二首》："商胡离别下扬州，忆上西陵故驿楼。为问淮南米贵贱，老夫乘兴欲东流。"就说明了扬州的商业繁华。

像扬州一样，大运河沿线还有许多商业城市，如苏州、杭州、开封、淮安、临清等。苏州作为粮食、丝棉织品贸易中心，被称为"天下四聚"之一，市场上不仅有全国各地的各种名优特产，还有大量的外国商品。临清古镇得益于大运河的漕运发达迅速崛起："地居神京之臂，势扼九省之喉"，繁荣昌盛达 500 余年，成为江北五大商埠之一，有"繁华压两京"、"富庶甲齐郡"之美誉。明代大运河全面通畅后日趋繁盛，四方物资必集于此，人口急遽增长，集市繁荣，手工业发达，一跃成为区域性商业贸易中心。作为北方最大的粮食市场，临清每年的贸易量达千万石之巨。此外，还有不少的盐店、典当店、皇店、官店、旅店、塌房等。大大小小的商业街市几乎遍布全城，店铺种类、数量繁多。明清时期城内店铺在五六百家以上，如加上各种类型的市集商贩、作坊店铺，临清各种商业店铺可达千余家。商业的兴盛还带动了手工业的发展。临清的制砖业、毛皮手工业十分发达，砖窑多达380余个，工匠近万名。临清工商业的繁荣给人留下深刻印象，明代著名的传教士利玛窦曾说："临清是一个大城市，很少有别的城市在商业上超过它。不仅本省的货物，而且还有大量来自全国的货物，都在这里买卖，因而经常有大量旅客经过这里。"

而今，在这些运河商业城市都留下了众多的商业遗存，其中最具代表性的有运河钞关、运河会馆和运河商帮。

图 5.1　运河商业城市扬州

第二节　运河上的商船

大运河地区因水运发达，自古以来就是商业发达的地区，春秋时两位商界先祖子贡和范蠡，一个在菏水沟通的黄河、济水、汶水一带经商；一个出生在吴越地区，在定陶一带经商，都是在水运发达的地区。运河将许多自然水道联通后，使原有相对孤立的经济区域开始密切结合起来，使原有相对封闭的各地市场交织在一起，形成了一个全国性的水运交错的市场网络。水路交通载重量大，价格低廉，为商业发展提供了十分有

图 5.2　大运河航运图

利的条件。大运河全线贯通后，运河作为南北交通大动脉，不仅是朝廷漕粮的运输线，而且成为沟通南北经济的主要通道。通过运河，"燕赵、齐梁、秦晋、江淮之货，日夜商贩向南；蛮海、闽广、豫章、南楚、瓯越、新安之货，日夜商贩而北"（李鼎：《李长卿集》卷十九）。通过运河，南北经济交流日益频繁，商品流通空间活跃。不仅运河南北两地的经济联系大大加强，而且也扩大了与全国各地的经济往来，市场规模不断扩大。运河上的船成为经商的主要运输工具。

一、漕船是怎么夹带商品的

　　最早的运河是用于漕运的专用通道，商船是不能在运河上行驶的。漕运的运输队伍完全由中央政府征调的役夫构成。他们是轮番服劳役的劳动者，而非长期性的职业运输者，如汉代的服役漕卒、关东的应役民户等。这些劳动者被迫操挽舟船，迫切希望早日完成任务，返回家园，主观上无意，也不可能从事长期有规律的私货贸易活动。到宋、明、清时期，随着漕运量的增大，政府也允许漕船夹带一些其他货物，如陶瓷、煤炭、米盐茶马酒等物品。由于古代漕运的船只运漕粮物资都是单程的，因此漕船回程时都是空船，一般都要带些回纲，一方面为了压舱，另一方面也给运户一些补偿。由于中国南北方经济的差异性很大，经济互补性也比较强，客观上有加强南北商业交流的需求，虽然大运河开凿的主要目的是为了漕运，但漕运中的私货运销活动却刺激了沿岸地区的商业发展。

宋朝初年，汴河上便出现运卒、艄公利用漕船贩运私货和替商人搭载货物的现象。政府随即默认了这种贩运活动，并多次下令禁止沿河税务机构拦检漕船。但到元丰年间，一些机构为了扩大商税收入，严查过往漕船，对私货征收过税。同时，又设置专船承运客商货物，断绝运输者揽运途径。这一新法的实行，减少了运输者的收入，引起了他们的激烈反抗，"虽加刀锯，亦不能禁其攘窃"；而且每盘查一船，全纲其余二十九船"皆须住岸伺候"，严重影响了漕船航行。据《宋史论稿》记载，元祐七年（1092 年），扬州知州苏轼上奏激烈地批评盘检漕船之弊，要求恢复旧制。宋政府采纳了苏轼的建议，但对漕船所带私货的数量却明确加以限制，限定每船携带一分私货。从此，运输者利用漕船运销私货的权力得到了公开认可。北宋末年蔡京当政时不许各漕船转官盐私卖，漕船回程空载，回纲没有收入，因此造成很多船民毁舟盗卖以解决每天的吃饭问题。明清时期，运军与水手的收入除了政府发给的漕运行程中的粮食外，还通过贩卖漕船夹带的一些土特产来获得。后来运军为多装载商货，私自将漕船加长，承载量达到 3000 石，超载的漕船只能勉强通过运河闸座，并且经常因超重而搁浅漂流。

二、运河上的商船是怎么做生意的

运河中专门用于商业买卖的商船，最早出现在江南运河段。从隋唐时代开始就实行了漕粮分段转运的办法，江南的漕粮一般只要运到设在扬州、真州附近的水次仓，再由专门的船队转运到京城，因此江南运河上的漕船相对少一些，这里成了商船运输的天堂，也促进了江南地区商业的繁荣。明清时期，大运河更是南北商业交流的大动脉，运河北段也允许行驶商船，这些商船一般由民间打造，运载量不如漕船，但运载的货物却更加丰富，有粮食、水果、棉花，也有陶瓷、丝绸、布匹。到了清代，运河上的商船也十分壮观。朝鲜使臣李遇骏记载他在通州见到有一种南方来的商船，这是上、下两层的楼船，十分壮观。他在

图 5.3　湖丝重镇南浔镇

《江南楼船记》中写道："船制极精致，设二层，下层载物，上层设门扉。入其中，四面开窗，窗皆贴琉璃。其中设椅桌、器玩、笔床、茶炉、名画、法书，板壁簾楹，皆涂丹腹，映水照耀。又有内室厨房馔龛，间架井井。"这些南来北往的商船满足了沿线城镇的需求，并催生了一座座商业城镇。江南运河支流頔塘运河沿线的南浔镇，由商船往来销售辑里湖丝，明清时期为江南蚕丝名镇，涌现出一批丝绸巨商。

这些富商大贾的商船来往于运河之中，以货利为业。有的商船虽然没有官船的威风，却十分宏大豪华。《唐国史补》描写了俞大娘船的盛况："然则大历、贞元间，有俞大娘航船最大，居者养生送死嫁娶悉在其间。开巷为圃，操驾之工数百，南至江西，北至淮南，岁一往来，其利甚博，此则不啻载万也。"这种豪华的大商船，属于少数富商大贾。一般商人只拥有或雇用普通船只，或是靠搭乘顺路船只来往于各地。《集异记》里有个故事说：开元初，李勉做浚仪尉，任期满时，沿汴水到广陵游玩，船到睢阳，有位年老有病的波斯胡人请求搭船去广陵，但船到泗水上时，波斯胡人病危，临终前，他送给李勉一颗价值百万的宝珠。李勉却将这颗宝珠放入死者口内，一并葬在墓中。以后，李勉到扬州，找到这位胡商的儿子，让他从父亲的墓中取回了珠宝。从这个故事中我们可以看到当时在大运河上经营的波斯胡商已很多，人们沿着运河旅行也是常事。

在大运河南端的浙东运河，因连接海上丝绸之路，商船主要是做转口贸易的。随着南宋海外贸易的发展，运河出海口、东南沿海的港口成为新的贸易中心，特别是明州（宁波），凭借经姚江、曹娥江与杭州联系起来的水路以及浙东运河，当时实际上成了大运河的南端终点。来自中国东南的远洋大帆船大多在宁波卸货，转驳给能在运河中通航的小帆船，再由这些小船转运到杭州等运河沿线。而长江下游地区的产品则运到宁波集中出口。宁波港和浙东运河，实际上为大运河提供了河海联运、接轨内外贸易的优良水道与港埠，是大运河连接世界大通道的南端国门。浙东运河曾经成为南宋王朝对外贸易的重要通道，瓷器等出口产品通过浙东运河运往宁波，再通过海上丝绸之路运往海外。日本、越南、高丽等地的产品也通过浙东运河运往京城。

明清时期，运河上的民船、商船、货船等民用船只不可胜计。明代官员李东阳在《重修吕梁洪记》中写道："东南漕运岁百余万艘，使船往来无虚日，民船贾舶多不可籍数。"这些商船的运载量虽不如漕船，但装载的货物却纷繁复杂，既包括粮食、水果、棉花，也包括瓷器、丝绸、布匹、杂货等。商船开拔后，必须在沿线各地设置的钞关缴纳税收，并接受朝廷户部官员的监察，以防止食盐等违禁物品的走私。当时因商船与民船在运河上航行时常会遭受漕运军丁与钞关胥吏的勒索，所以很多船户在起航时会招揽赴任或旅行的官员坐船，以寻求庇护，官员不但不用付船费，而且还可以得到船主的银两。

第三节　运河沿线的商业机构

有了商业经营行为就要缴税，大运河上的商船怎么缴税？自古以来，各朝政府都在运河上设置了一些商业管理机构和服务机构。钞关是明代征收内地关税的税关之一，又称榷关。设置钞关旨在征收船税，临清、杭州两关也兼收货税。明宣德四年（1429 年），因商贩拒用正在贬值的大明宝钞，政府准许商人在商运中心用大明宝钞缴纳商货税款，以疏通大明宝钞，并趁机征税，这些征收商货税款的税关得名"钞关"。明代禁海，大运河是全国商品流通的主干，全国八大钞关有七个设在大运河沿线。从北至南依次为：崇文门（北京）、河西务（清代移往天津）、临清、淮安、扬州、浒墅（苏州城北）、北新（杭州）。万历年间运河七关商税共计31万余两，天启年间为42万余两，约占全国八大钞关税收总额的90%。清初运河七关全部保留下来，清代前期运河诸关关税在全国关税总额中仍占一定比重。

一、运河第一钞关

　　明代八大钞关中，收税最多的是临清钞关。临清运河钞关是公元15—19世纪时期（明清时期）在大运河航线上设立的一个专门针对运河上来往的商用载货船只征收船税的机构，隶属于户部。

　　自明代初期开始，临清是黄河以北运河沿岸南北货物的重要集散地。《漂海录卷二·三月十四日》记载："在两京要冲，商旅辐辏之地。其城中及城外数十里间，楼台之密、市肆之盛、货财之富、船舶之集，虽不及苏杭亦甲于山东，名于天下。"因此，明代政府于明宣德四年（1429年）在此设立向民用商船征税的机关。至明代万历年间，临清钞关年征收船料商税银8万余两，居全国八大

图 5.4　临清运河钞关

钞关之首，占全国钞关课税额的四分之一。临清钞关见证了通过大运河

进行的规模巨大的水路运输量与繁荣的贸易活动。

临清运河钞关原为一组建筑群，依次为河口正关、阅货厅、"国计民生"坊、关堞、仪门、正堂等。南北三进院落，置设穿厅、船料房、鼓铸坊等，占地4万平方米，厅堂坊舍室400余间。现存有仪门，南、北穿厅，公堂，巡拦房，船料房，官属舍房等80余间古建筑。临清钞关是研究明清经济生活、运河城市的形成与发展及中国税务史的宝贵实证资料。

二、扬州运河钞关的收税商品

扬州钞关在城南运河边，现在已没有地上建筑，地面上有一块巨石上写有"钞关"。当时的钞关是船舶集中的地方，有商船，也有客船。每每到了漕运的高峰期，"帆樯如林，百货山积"（[明]朱怀干修，盛仪纂：《嘉靖惟扬志》，卷二十七）。等待过关的行商往往在钞关附近的官店、私店内居住，附近商业和服务设施应运而生并迅速发展，形成了古时称"埂子口"的商业街。

图5.5 扬州钞关遗存

明代扬州关是明朝运河沿线的七大钞关之一，而清代扬州关又是户部著名的二十四关之一。明清时期选择扬州作为征收商品流通税的榷关，是与扬州发达的水运和繁荣的商品贸易分不开的。据清关税档案统计，清代前期，扬州关的年均货税在 18 万两白银以上，在二十四关中排名第二。

在《清宫扬州御档》的相关奏折中，明确记载经扬州钞关流通的商品种类繁多，尤以粮食、杂货等项为大宗。从扬州关的流通情况看，各地交流的商品种类琳琅满目，由南方销往北方的主要是各种手工业产品，由北方销往南方的主要是粮食和各种经济作物。扬州关主要是针对过关的米豆、棉花、饼、梨枣及杂项零星货物收税。

作为大运河沿线最重要的城市之一，来自各地的商品要在扬州关中转，扬州为来自各地的货物提供了一个很大的消费市场。同时扬州关也将运河沿线发达的工商业城市有机连接在一起，形成了手工业市场、粮食市场和原料市场的一种互动互利的交换机制，促进了运河南北地区间经济的发展，扬州钞关也在相当程度上维持了清代前期扬州的大运河中心城市地位。

三、运河的第一钱庄

古代行商随身带着银两作为结算货币，随着生意越做越大，随身携带银两已很不方便，于是出现了为商人从事银钱兑换、存放款等业务的商业信用票号，即钱庄。当铺、钱庄、票号被称为金融三姐妹。在运河沿线也有众多的钱庄。

大运河畔的商业城镇——南阳古镇就以钱庄出名。南阳古镇是微山湖上与古运河形成的一块孤岛，形成"岛在水中、河在岛上、镇在湖内"的独特景象。古运河从镇中间穿越，成为货物集散的重要商埠。南阳古镇兴旺昌盛达 600 余年，被称为明清时期运河的四大名镇之一。

清同治六年（1867 年），南阳镇设立了靳岗天主教洋票。光绪二十三年（1897 年），秦子和等 4 人集资 3 万元银圆，在县城内开设恒盛源钱庄，兼营布匹，年周转额近 100 万元银圆，成为当时最大的钱庄。光绪三十四年（1908 年），聚成中、复成仁、聚长兴、心诚等钱庄相继开业。

南阳现存的钱庄遗址为号称"运河第一钱庄"的胡记钱庄。胡记钱

图 5.6 南阳镇的清代钱庄

庄创建于清朝中期，是南阳古镇最早、也是现存唯一的钱庄建筑。它由胡家典当生意发展而来，在运河上南来北往做生意的南北商贾也经常把贵重物品和多余银两存到胡记当铺。后来当铺慢慢地发展成钱庄，经营与票号相同的业务。由于胡家在大运河沿线的夏镇、济宁、徐州、镇江、扬州等设立了 30 多家分号，所以称为"运河第一钱庄"。

胡记钱庄为典型的四合院格局，由前厅、账房、银窖、银库、正房等几部分组成。墙上钱匾上写着"承诺守信"，还有四个大铜钱上分别写着"一本万利""日进斗金""汇通天下""通财惠民"。目前钱庄整个院落保存完好。

四、高邮同兴当铺与和珅的关系

做生意在资金周转不灵时，有些商人会典当货物，获取周转资金，待有钱时再将货物赎回，这就产生了当铺。运河沿线因商业发达，当铺

图 5.7 高邮同兴当铺

众多。在淮扬运河城市高邮的北门大街，就有一座建于清代早期的同兴当铺，相传为乾隆时的权臣和珅的私产。

根据《高邮州志（三续）》记载，乾隆年间高邮有 6 家当铺，同治年间增至 11 家，其中规模最大、最为出名的是同兴当铺。高邮同兴当铺的房屋坐北朝南，占地面积约 3300 平方米，建筑面积 2700 平方米。高邮当铺采用合院式布局，建筑为传统砖木结构，青砖墙体、小瓦屋面，硬山顶。高邮当铺外看像一座方形城堡，房屋四周是高大的风火墙，东西留有宽大的巷道和两边房屋隔开，整个楼房给人以森严神秘之感。风火墙，巡夜值班的更房，多口消防水井设施，构成了完整的防火防盗体系。当铺共有房屋 80 余间，另有水井 5 口，供防火之用。存厢楼又称首饰房，俗称走马楼，位于当铺的中心，是存放金银首饰和贵重物品的地方。前厅底层正中设大门，外有石库。

和珅倒台后，同兴当铺转为民当，并数易其主。清末民初马士杰成为当铺的最大股东，后由何梓独家经营。民国十六年（1927 年），当铺遭军阀孙传芳部抢劫而破产停业。后由宰姓"朝奉"等筹资复业。日军占领高邮时关闭。

2014 年，在大运河申遗过程中，作为运河遗产的一部分，高邮当铺受到当地政府的重视，进行了整修，现作为当铺博物馆对外展出。同兴当铺为研究清代运河沿线的典当制度及民居建筑提供了实物资料。

第四节　大运河会馆文化

什么是会馆？会馆是外来人口的民间组织，是地缘共生的乡土关系在异地的维系纽带。会馆原本有两个含义：一是指旅居异地的同乡人在一个城市共同设立的机构，建有馆所，供同乡同业聚会、寄寓之用的馆舍。二是指同业或同地域的商人相聚议事、交易的场所。在这个意义上，会馆是同一地域的商贾交际聚会的重要场所，亦称公所、同乡会等。本讲讨论的会馆是第二种含义的会馆，即商贾交际的场所。

一、大运河会馆的分布

大运河会馆的形成原因是河运发达带来的商业繁荣，商贸兴盛，商家云集，商事众多，同一地域或同一行业的商人需要一个载体相聚议事、交易，在这种历史条件下，会馆应运而生。

大运河沿线会馆众多，时至今日，中国大运河著名的商业城市都有会馆遗存。如今，运河沿线一座座铅华洗尽的百年老屋星罗棋布，见证着当年的商旅如织，帆樯如林，车马如龙。对于素以商业繁华著称的古城扬州来说，众多的会馆不但记录着它开放的历史，展示着它多元的文化，也是对后人进行人文关怀的教材。

下面就简要介绍下几个重要城市的运河会馆。

1. 北京的会馆。 北京最早的会馆是建于明永乐年间的北京芜湖会馆。明清两代北京会馆繁荣，"各省争建会馆，省设一所、府设一所，甚至大县亦建一馆，大小凡四百余所。"据统计，到民国时期北京尚存会馆402所。现存北京十大会馆遗存分别是：安徽会馆、湖南会馆、湖广会馆、绍兴会馆、中山会馆、贵州会馆、阳平会馆、江州会馆、浏阳会馆、晋冀会馆。

2. 天津的会馆。 天津最早的会馆是闽粤会馆，后来出现山西等地商人公建的山西会馆，更多的是运河沿线城市商人按地域而建的河南会馆、安徽会馆、江苏会馆等。

3. 扬州的会馆。 历史上的扬州，因为大运河与长江在此交汇，盐商聚集，富甲天下，各地富商云集此地，建了不少商会和会馆，如岭南会馆、安徽会馆、旌德会馆、江西会馆、湖北会馆、湖南会馆、陕西会馆、浙绍会馆和四岸公所、钱业会馆、盐务会馆等。

4. 淮安的会馆。 明末清初，山西、陕西、安徽、江西、福建等省大批商人纷纷来淮投足盐业，并逐渐定居淮安。到了乾嘉时期，生意鼎盛，商

大运河文化十讲

人日益增多，为了联络乡谊，进行商业竞争，他们建立了很多会馆。润州会馆位于淮安城西东枚里街，清嘉庆年间镇江商贾出资公建，现存青瓦砖房多间。今为淮安市文物保护单位。

5. **苏州的会馆**。苏州现存十大会馆，分别是全晋会馆、嘉应会馆、潮州会馆、盛泽济东会馆、山塘冈州会馆、陕西会馆、汀州会馆、安徽会馆、显子巷安徽会馆分馆、常熟徽州会馆。

图5.8 北京湖广会馆

6. **杭州的会馆**。杭州的会馆比较独特，有很多行业会馆，如杭州钱业会馆、杭州丝绸会馆。

二、大运河会馆的特点

（一）依水而建

运河边的城市水运发达，商业繁荣，做生意主要靠水运，因此，各地会馆主要是建在水边，与水运密切相关。如著名的运河边的聊城山陕会馆，扬州古运河边的南河下有个会馆群，现存10处会馆遗存，分别是岭南会馆、安徽会馆、湖北会馆、湖南会馆、浙绍会馆、四岸公所、钱业会馆、场盐会馆、盐务会馆、徽州会馆。苏州平江路作为大运河历史街区有个会馆弄，全晋会馆就坐落在这里。宁波的庆安会馆就建在中国大运河的入海口——三江口，同时又与海运文化相结合，供奉海运之神妈祖，成为妈祖庙。

（二）以地域而建

会馆大多数是由同一个地域的商人出资公建，会馆的地域性特征十

图 5.9 聊城山陕会馆

图 5.10 扬州四岸公所

分强烈。运河沿线很多城市都建有山西会馆、全晋会馆、岭南会馆等，湖广会馆在北京、天津等运河城市都有。还有一种情况是多个地区商人共建一个会馆，山陕会馆作为山西和陕西商人的会馆，运河沿线多个城市都有，如聊城有山陕会馆，扬州有山陕会馆，开封还有山陕甘会馆。扬州四岸公所则是指清代、民国初期湘（湖南）、鄂（湖北）、赣（江西）、皖（安徽）四省盐务通商口岸联合办公之所。

（三）以行业而建

还有一些会馆不是由某一地域的商人公建的，而是某个行业的商人出资公建。如扬州的盐务会馆、场盐会馆、银业会馆。扬州盐商分场商、运商、食商，分别从事产盐、运盐、销盐的业务，场盐会馆是产盐的盐商聚集的会馆。天津有浙江的纸帮会馆、商船会馆。这里重点介绍杭州的绸业会馆。杭州素有"丝绸之府"之美称。随着杭州丝绸业的发展，

大运河文化十讲

一种为满足行业聚议和解决纠纷需要的组织——行会，及其建筑——行业会馆，也应运而生。杭州最早的丝绸行会出现在清嘉庆二十二年（1817年），并于忠清巷建立了行会议事之所——观成堂。

图 5.11　扬州场盐会馆

三、大运河部分会馆介绍

（一）宁波庆安会馆

庆安会馆位于浙东运河沿线，既是会馆，又是祀神的庙宇，供奉航海保护神妈祖的妈祖庙。庆安会馆既反映了大运河沿线因运河而发展繁荣的贸易和工商业情况，代表了由于漕运维护修建的大运河的衍生影响；又反映了大运河与海上丝绸之路的关系，也是运河沿线文化传播与发展的见证。

宁波庆安会馆始建于清道光三十年至咸丰三年（1850—1853年），由甬埠行驶北洋的舶商组织修建。现保存完好，作为全国首家海事民俗博物馆对公众开放。会馆里的两座古戏台尤为引人注目。

图 5.12　宁波庆安会馆内的戏台

（二）扬州岭南会馆

岭南会馆坐落于扬州市新仓巷4号至16号之间，是清代广东盐商们在扬州议事聚集的场所。岭

图5.13　扬州岭南会馆被改为民居客栈

南会馆建筑特色明显，是扬州现存规模最大、布局最完整的会馆建筑群。

岭南会馆坐北朝南，会馆原占地面积近5000平方米，屋宇近百间，现尚存老屋50余间，原组群布局由东、中、西三路住宅并列，中间夹两道深巷相隔相通，现存中、西两条轴线。

中轴线上，前有照壁，大门为砖雕牌坊门楼，入内有照厅、大厅、住宅楼。岭南会馆保存有"岭南会馆章程"等石刻、"岭南会馆界址"石额，具有很高的建筑艺术、历史价值。岭南会馆匾墙内的四组角花，堪称扬州遗存中的角花之最。2011年，岭南会馆按照建筑原有的形制、风格进行了全面维修，尽全力恢复岭南会馆昔日的风貌。

岭南会馆与清代一位名人魏源有关，魏源故居与它相距不远。道光年间魏源辞去两江总督幕中职务后回到扬州，常去岭南会馆走动，与龚自珍、林则徐、包世臣等一帮"经世"之士纵论于会馆。这一切，为他《海国图志》这一巨著的完成打下了基础。

（三）聊城山陕会馆

聊城山陕会馆位于聊城城区的南部，始建于清乾隆八年（1743年），是山西、陕西的商人为"祀神明而联桑梓"集资兴建的。据说当时建了66年，共耗银9.2万多两。在全国现存的会馆中，聊城山陕会馆的建筑面积不算很大，但是其精妙绝伦的建筑雕刻和绘画艺术却是国内罕见。山陕会馆的戏台是最热闹的戏台，大大小小的戏班都来这里演出，每年春节、端午、中秋三节更要演戏娱神，让老百姓免费观看。

山陕会馆1807年曾立一块《山陕会馆接拔厘头碑记》，碑中可以读到这样的语句："从来可大而不可久者，非良法也，能暂而不能常者，非美意也……"字里行间让人读出了山陕商人坦然从商、目光远大、精于管理、讲究信义的商业素质与人格，这大概是他们成功的最

图 5.14　聊城山陕会馆中的戏台

大秘诀。建设会馆的过程本身就体现了晋商善于理财、严格管理的特点，会馆里有 19 块碑碣，不仅记载了会馆置地、建设、重修所用的银两开支数目，而且在 8 块石碑的背面刻上了所有商号的捐款数目，相当于现在的一个"财务公开栏"。这些都反映了山陕商人的特点：精于管理，讲究信义，目光远大，既一掷千金，又朴诚勤俭。这也是晋商从明朝始迅速崛起的一个重要原因（山西戏剧研究所：《晋商会馆》）。

（四）开封山陕甘会馆

开封山陕甘会馆是大运河上又一处著名的会馆。它是在明代中山王徐达后裔的府第旧址上兴建，以砖、石、木雕艺术的"三绝"享誉全国，是中原地区明清时期建筑艺术的代表作。据说，建于清乾隆年间的山陕甘会馆，起初是山陕两省的富商为扩大经营、保护自身利益而筹结的同乡会会址，后又加入甘肃籍商人，遂名"山陕甘会馆"。

韩顺发所著的《山陕甘会馆的"三雕艺术"》介绍了山陕甘会馆的三绝：砖雕、木雕、石雕。

商人之雅，不同于宫廷，有别于闺阁，总有一些市井俗气。所以山陕甘会馆三绝"砖雕、木雕、石雕"除了传统的佛教故事，传奇人物题材之外，还带着浓郁的商人气息。会馆的照壁上分布着精致的砖雕，其中两组吸引了记者的注意：一组是一本打开、一本合拢的账本，寓意账户只进不出；另一组则是传统的双龙戏"珠"，然

图 5.15　开封山陕甘会馆

而奇就奇在这龙戏的并不是传统的明珠，而是一只头朝下的"喜蜘蛛"，会馆工作人员向记者介绍，这是商人表达美好憧憬的意思，在古代中国民俗"喜蜘蛛"本有"喜"的意思，头朝下代表"喜到了"；蜘蛛吐丝结网，则寓意商人们的人际关系脉络四通八达。于是在这精致的砖雕艺术下，隐藏的满满都是商人的世俗之雅。

除了砖雕艺术之外，山陕甘会馆"三绝"中的另外两绝"石雕"与"木雕"的艺术造诣让采风团啧啧称奇。会馆之内的大殿和厢房檐下的桁、枋、雀替、挡板、垂柱等几乎遍布木雕装饰。采取的雕刻手法有圆雕、半圆雕、高浮雕、浅浮雕、悬雕、透雕等多种技法。在人的视点与雕刻面的关系上创造了焦点透视、散点透视、破时空透视等艺术形式，广泛利用有限的空间，通过起位升降、线条流畅、光影处理等造成的视点错觉，达到了非常巧妙的艺术效果。值得注目的是大殿檐下的龙型木雕，据会馆工作人员介绍，金龙口中所含的珠子与龙的舌头之间的距离仅有 1 毫米左右，却悬挂了 200 余年不曾脱落，足见工艺之精湛。

（五）苏州全晋会馆

全晋会馆位于中国苏州城内东部平江路中张家巷，是旅居苏州的山西商人所建的会馆建筑，也是苏州保存最为典型、完整的一处。全晋会馆始建于清乾隆三十年（1765 年）。光绪五年（1879 年），山西商人重建新馆。占地面积约 6000 平方米，坐北朝南，分为中、东、西三路。

会馆最初的作用是在苏州的外地人联络乡情和集会、议事的公共场所。18 世纪以后，会馆也逐步成为商人们存货、居住和议事的重要场

大运河文化十讲

所，并逐步演变为工商业行会组织，促进了不同地区间经济文化频繁交流。全晋会馆是 19 世纪大运河南北经济文化交流的实物见证。

全晋会馆原位于山塘街半塘桥畔，后在咸丰十年（1860 年）毁于兵燹。光绪五年（1879

图 5.16　苏州全晋会馆

年）至民国初，在苏州的晋商在平江路中张家巷另建会馆。这座全晋会馆陆陆续续修了 30 多年，才有了今天的规模。

全晋会馆自 1958—1984 年曾先后被多家工厂使用，部分建筑则散为民居。1982 年，苏州市文物局启动了对中路、西路建筑的全面大修，并移建正殿，重建庭园，复原了当年山西富丽堂皇与苏州精雕细镂建筑风格相融合的会馆旧观。1986 年 10 月，全晋会馆辟为苏州戏曲博物馆并对外开放。2003 年 11 月，中国昆曲博物馆在此挂牌。

第五节　运河中的商帮

一、产生运河商帮的原因

伴随着运河商业的发展，到明清时期商品行业繁杂和数量增多，商人队伍日渐壮大，竞争日益激烈。商人把天然的乡里、宗族关系联系起来，互相支持，和衷共济，成为市场价格的接受者、市场价格的制定者和左右者。同时社会上也需要有一个组织，来规避内部恶性竞争，增强外部竞争力。商帮就在这一特定经济、社会背景下应运而生。

随着运河商品经济的发展，运河上开始产生商帮。明代我国主要产生了五大商帮，分别是晋商、徽商、浙商、鲁商、粤商。五大商帮中晋商出现最早，主要指山西及陕西的商人，他们以盐业、茶叶、票号为主，其中票号最为出名。在晋商称雄的过程中，一共树立了三座丰碑，分别是驼帮、船帮和票号。徽商即徽州商人，又称为"新安商人"，俗称"徽帮"，是旧时徽州府籍的商人的总称。徽商最兴盛的时期在明代，经营范围以盐、典当、茶、木材为主，其次是米、谷、丝绸、纸、墨、瓷器等。浙商一般指的是浙江籍的商人，先后产生过湖州商帮、绍兴商帮、温州商帮、台州商帮、义乌商帮等。明代时，江浙一带是我国经济较为发达的地区之一，商品经济发达，也产生了我国早期的资本主义萌芽，后来到了清代，浙商成为我国民族工商业的中坚之一，极大地推动了我国工商业的近代化。鲁商是明清时期山东的商业群体，他们以"德为本，义为先、义致利"的商业思想著称，具有深厚的历史渊源和强大的生命力。粤商主要指广东的商人，粤商主要从事贸易和运输。这五大商帮尽管形成和兴旺的时间并不相同，但他们先后支配了我国明代以来的民间贸易，并在一定程度上影响了全国的经济，构成中国民族商业的主干力量。这五大商帮中与大运河关系密切的有晋商、徽商和鲁商。因为浙商、粤商主要从事海上商业，在运河沿线经商的不多，这里主要介绍晋商、徽商和鲁商。

二、运河上的商帮

（一）纵横运河南北的晋商

通常意义的晋商指明清 500 年间的山西商人，晋商经营盐业、票号等商业，尤其以票号最为出名。晋商的兴起，首先是明朝"开中制"政策的实施，为晋商的发展提供了契机。由于晋南一带地窄人稠，外出经商成为人们的谋生手段，晋中商人当时已遍及全国各地，北京城曾流行这么一句话:"京师大贾数晋人。"

随着商业竞争的日趋激烈,为了壮大自己的力量,维护自身的利益,晋商的商业组织开始出现。起初由资本雄厚的商人出资雇用当地土商,共同经营,成为较松散的商人群体,后来发展为东伙制,类似股份制,这是晋商的一大创举,也是晋商能够经久不衰的一个重要原因。

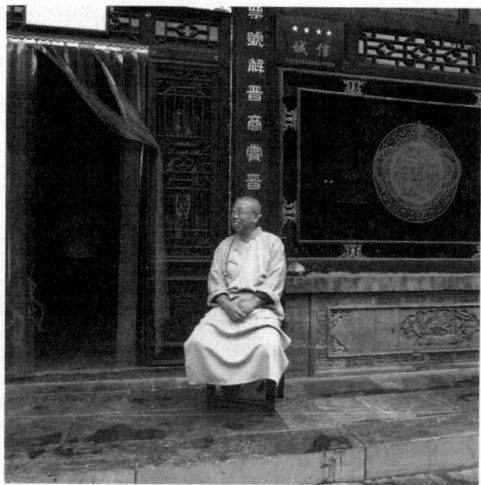

图 5.17　山西平遥的晋商

运河沿线是晋商经商的主要地区,据专家考证,从 1656 年到 1888 年,晋商建在全国各地的会馆有 500 余座。而如今保护相对完好的晋商会馆有多座在运河沿线城市,如北京阳平会馆、苏州全晋会馆、聊城山陕会馆、河南社旗山陕会馆、江苏徐州山西会馆等,其中大多数已成为国家级重点文物保护单位。

(二)崇文尚儒的徽商

徽商,即徽州商人、新安商人,俗称"徽帮",是徽州(府)籍商人的总称,为运河三大商派之一。

徽商来自徽州,包括歙县、休宁、婺源、祁门、黟县、绩溪六县,徽商在宋代

图 5.18　徽商故里——安徽屯溪老街

开始活跃，全盛期则在明代后期到清代初期。徽商最早经营的是山货和外地粮食。如利用丰富的木材资源用于建筑、做墨、油漆、桐油、造纸，这些是外运的大宗商品，茶叶有祁门红、婺源绿名品。外出经商主要是经营盐、棉（布）、粮食等。

在大运河沿线，徽商经营多取批发和长途贩运。休宁人汪福光在江淮之间从事贩盐生意，拥有船只千艘。在运河名城扬州，据嘉庆《两淮盐法志》记载，从明洪武后期至清嘉庆前期，两淮共有陕西、山西、徽州籍科举职官 400 余人，其中徽州人更是多达 300 多人。徽商在促进商业发达的同时，同样也参与和促进了学术文化的建设和发展，从而取得物质、精神文明双丰收。不仅扬州如此，其他运河城市如苏州等地的徽商也是如此。

徽文化塑造了徽商的品格——崇文尚儒，以儒家文化来指导经商。最著名的就是胡雪岩，历经清朝道光、咸丰、同治、光绪四朝的乱世岁月，成为清朝历史上唯一的既戴红顶又穿黄马褂的红顶商人。歙县江姓乡绅江春更领导两淮盐业近 50 年，在扬州产生了很大影响。自乾隆中叶后，两淮盐业几乎被徽商所垄断。

（三）货真价实的山东商帮

山东商帮又称鲁商。大运河是一条沟通南北的重要水路运输通道，元明清大运河横贯山东，临清、济宁、德州、张秋成为大运河建成后发展起来的商业贸易城市。南北的商品在这里交换，装船运往更远的地方。大运河还把山东各地的商人联系在了一起，为形成山东商帮创造了条件。

我国历史上就有"鲁人多厚道"的说法。正因为他们的这种性格，给生意的成功带来了方便。在商业领域表现为货真价实，做生意不欺诈，并且服务周到，对客户礼貌有加，使他们的经营更具有竞争优势。山东商人十分注重所经营产品的质量，对商品质量严格把关，只有合格的产品才能够流入市场。即使遇到原料短缺的情况，他们也不会以次充好，宁

图 5.19　南阳清代钱庄中的鲁商牌匾
　　　　　"信用卓著"

图 5.20　南阳清代钱庄中的鲁商牌匾
　　　　　"以义为利"

愿花大价钱求购合格的原料，也要生产出合格的产品。也正因为这样，山东商人开办的店铺回头客很多。

第六讲

二十四桥明月夜，玉人何处教吹箫

——大运河建筑文化

中国大运河符合世界文化遗产标准中的标准四，即"可作为一种建筑或建筑群或景观的杰出范例，展现出人类历史上一个（或几个）重要发展阶段"。其实中国大运河就是一个巨型的建筑群，且不说众多的闸坝、码头、桥梁是建筑，就是一条条的河道也是人类在大地上留下的杰作，不过我们现在理解的建筑是从地平面往上建的，而大运河河道则是从地平面往下开挖，然后再用夯土或者砖石砌成渠化，用来通行船只的。这样的人工河道当然是建筑。作为建筑遗产，中国大运河留下了众多的建筑奇观。因为第三讲已介绍了大运河的水工文化，第七讲还要介绍大运河园林文化，本讲重点介绍大运河的桥梁、城门、住宅、由建筑群连接成的历史街区，以及大运河上的建筑材料。

第一节　大运河桥梁

《中国大运河申遗文本》中这样表述大运河的建筑成就：由于大运河的开通，中国大运河沿线地区交通便捷，经济繁荣，人口流动频繁，信息传递迅速，所以著名建筑鳞次栉比，建筑科技更为发达。作为中国南北经济文化交流以及中外经济文化交流的重要通道，大运河发挥了重要的桥梁纽带作用，而大运河上的一座座桥梁同时又是中国古代先民们勤劳智慧的结晶，是杰出的文化遗产。作为世界著名的建筑遗产之一，大运河沿线留下了众多的建筑奇观，而种类繁多的运河桥梁则是大运河上一道美丽的风景线。其中宝带桥、长虹桥、拱宸桥、广济桥、八字桥是列入世界文化遗产名录的大运河遗产元素，也是大运河沿线众多桥梁中最典型的代表。它们体现了古代中国桥梁工程设计与施工的卓越水平，具有极高的建筑价值和科技价值，体现了农业文明时期最高的桥梁建筑成就。

一、苏州宝带桥

苏州城被称为"东方威尼斯",平均每平方公里就有 15 座,而苏州的桥梁中最著名的要数大运河上的宝带桥。宝带桥位于苏州城南澹台湖边,澹台湖是太湖水流向运河与吴淞江出海口的主要通道。唐元和年间(806—820 年),苏州刺史王仲舒为保证漕运顺畅,决定造桥代道,在澹台湖上修筑长桥作为纤道,并带头捐献了一条据说是御赐的玉质宝带。当地豪绅深受感动,纷纷慷慨解囊,很快解决了建桥资金。为纪念这位刺史的义举,苏州百姓遂将此桥命名为"宝带桥"。

位于苏州南部吴江塘路上的宝带桥,始建于 816—819 年,亦有传说因桥身形似宝带,所以得名。1442—1446 年改建为 53 孔联拱石桥,沿袭至今。它是江南运河河岸上的桥梁与水门,长度超过 300 米,是多孔薄墩联拱石桥,代表了古代中国桥梁工程设计施工的卓越水平。

宝带桥为联拱桥,各孔拱形均属圆弧,接近于半圆形,孔高与孔径之比(即矢高比)接近 1/2,属于陡拱。陡拱不仅对墩、台产生较小的水平推力,而且桥孔的净空较大,便于行舟。为了避免这类柔性墩引起一孔受损波及全桥的情况,在北起的第 27 号墩,以两墩并成一墩,构成能承受单向推力的刚性墩,也就是制动墩。

各拱拱圈是由一条条弧形的板拱石并列砌筑而成,板拱石的端点之间设有横向长铰石,板拱石两端各琢有石榫,插入长铰石上预留的榫眼,相互结合。其独特的优点是,当桥拱发生温度变化、基础沉陷或承受不对称的活荷载时,各条板拱石的石榫能在长铰石的榫眼里作微小的运动,自动对拱圈的形状作微小的调整,使拱圈的受力有所改善。

宝带桥的建造,凝聚了我国古代造桥匠师的聪明才智,宝带桥的建造技术在当时是处于世界领先水平的,是中国古代杰出的建筑成就。宝带桥桥长 316.8 米,其中正桥长 249.8 米,南、北引桥长分别为 43.8 米和 23.2 米,桥梁全部用花岗岩条石干砌建成。正桥为 53 孔半圆拱联拱石拱桥,桥孔的孔径尺寸除了第 14、第 15、第 16 孔(从桥北端数起)

外，其他桥孔孔径均为4.6米，第14、16两孔为6.5米，第15孔为7.45米。这就使得整个桥形非常平坦，桥的最高处并不在桥正中间，而是在第14~16三孔联拱处，因三孔孔径加大而桥面隆起，且这三个大孔正对斜港河来水，既方便行船，又能使上游之水更通畅地流过桥梁，有利于泄洪。同时，这种不对称的布局也使桥型立面富于变化，桥狭长似宝带，桥身结构轻巧而富有曲线美，彰显古代匠人的务实精神和聪明智慧。宝带桥全桥所有桥孔都可通行舟楫，而14、15、16三孔净空较高，可通过大型船舶。

从建桥技术上说，宝带桥有许多独特的成就。首先，宝带桥拱券为纵连分节并列砌置，采用了"多铰拱"。关于宝带桥桥拱拱券的建造，著名桥梁专家茅以升先生在其著作《桥梁史话》一书中有过详细的介绍：将全桥拱券，用与桥同宽的长条石，将整个拱券分成若干隔间，在每个隔间内，用块石砌成一片片的弧形短拱，各片合拢，拼成短拱，与长条石一起，拼合成整体拱券。宝带桥的拱石尚有一特点，即每块石块之间均用榫头及卯眼拼接，因而在受到压力时可以微微移动，将不平衡之力自行调整。由于卯榫具有铰接作用，用这种块石砌成的拱，名为"多铰拱"。同时，砌合这些石块时，不用灰浆，成为"干砌"。

其次，科学合理地创造了柔性墩与刚性墩相结合的方法。其柔性墩上大下小、轻巧纤薄，桥拱的两端拱脚，砌在两个桥墩上，每个桥墩支持两个拱券的拱脚，相邻两孔拱脚间距仅10厘米，减轻了桥身的自重。桥中间第27号墩采用由两个桥墩并立而构成的刚性墩，体积大，能抵抗单向推力，一旦一端桥拱倒塌，可防止整桥连续倒塌。

图 6.1　苏州宝带桥

二、苏州灭渡桥

在苏州，横跨于大运河上的还有一座著名的桥——灭渡桥。灭渡桥位于苏州古城东南隅葑门外，据杨德辉的《重修觅渡桥记》介绍："该处为水陆要津，原没有渡船，昆山僧人敬修经过这里，无钱而受到百般刁难、奚落。为平暴利民，敬修和尚发誓建桥，会同里人陈珩、张光福等人，共同募集银钱，于元大德二年动工到大德五年建成（1298—1301年），取名灭渡，今讹称

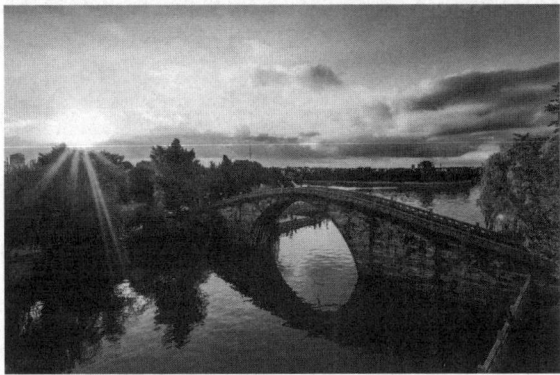

图 6.2 苏州灭渡桥

觅渡桥。该桥为薄型单孔拱式，东西走向，通长 81.3 米，净跨 19.3 米，矢高 8.5 米。原两坡各设 53 步石级。明代正统间苏州知府况钟重修。清同治间再修，1985 年又修，并恢复石栏。"

灭渡桥采用增大跨度而不作多孔设计，以适应水流湍急、过往船只体量大、往返频繁的需要；在拱顶与面石间不加填层，并尽量增加桥身坡长，使大桥平缓易行、高而不峻、稳重大方，堪称江南古桥梁中的成功作品。

三、嘉兴长虹桥

在我国，有 4 座长虹桥，分别是嘉兴长虹桥、云南长虹桥、北京长虹桥、台湾长虹桥。嘉兴长虹桥横跨于江南运河上，是嘉兴市最大的石拱桥，在嘉兴市郊区王江泾镇里街东南。它始建于明万历年间，清康熙五年（1666 年）重修，嘉庆十七年（1812 年）再修，太平天国时桥

图6.3 嘉兴长虹桥

栏石损毁，光绪六年（1880年）修复。

长虹桥是中国大运河上罕见的巨型三孔实腹石拱大桥，气势宏伟，形似长虹。桥全长为72.8米，桥面宽4.9米，东西桥阶斜长为30米，各有台阶57级，用长条石砌置。桥拱三孔，是纵联分节并列砌筑法的半圆形石拱。主孔净跨16.2米，拱矢高10.7米；东西两边孔净跨9.3米，拱矢高7.2米。桥边孔两侧有两副对联：一面为"劝世入善，愿天作福"；另一面为"千秋永庆，万古长龄"；中孔楹联一面为"淑气风光架岭送登彼岸，洞天云汉横梁稳步长堤"，另一面为"福泽长流物阜民安国泰，慈航普渡江平海晏河清"。长虹桥的造型如长虹卧波，天气晴明时，登桥远眺，北之吴江盛泽，南之嘉兴北门外隐隐可见。古人有"虹影卧澄波，登高供远瞻。南浮越水白，北接吴山绿"。长虹桥保存得很好。桥两坡各有57级石阶，用平整的长条石砌成，桥栏也是长条石，用石凿的榫卯连接，朝里侧凿成可供人休憩的弧形。

四、杭州拱宸桥

拱宸桥位于杭州北部的大运河杭州塘上，拱宸桥横跨大运河，是京杭大运河到杭州的终点标志，也是杭州城区最大的一座石拱桥。处于杭州市区大关桥之北，是三孔驼峰薄拱薄墩联孔石拱桥，全长98米，桥面中部宽5.9米，桥身高约16米，采用木桩基础结构，拱券为纵联分节并列砌筑。拱宸桥始建于明崇祯四年（1631年），现保存完整，仍在使用。

据《古今图书集成·杭州桥梁考》记载，由明末商人夏木江所倡建。此桥在清代几经毁坏重建。顺治八年（1651年）桥身曾坍塌；康熙五十三年（1714年）由浙江布政使段志熙倡率捐筑，云林寺的

图6.4 杭州拱宸桥

慧辂竭力捐募款项相助。雍正四年（1726年）右副都御史李卫率属下捐俸重修，把桥加厚2尺，加宽2尺，并作《重建拱宸桥记》。据《1860年杭州拱宸桥老照片》介绍：同治二年（1863年）秋，左宗棠率湘军及"常捷军"向杭城的太平军猛攻，由于拱宸桥桥心设有太平军堡垒，经战火洗劫，桥再次濒于倒塌。光绪十一年（1885年），在杭州人丁丙的主持下重修。19世纪末杭州开埠后，日本人在拱宸桥桥面中间铺筑2.7米宽的混凝土斜面，以通汽车和人力车。2005年，拱宸桥进行大修，将长3米、重2吨的护桥石更换。古老的拱宸桥，以更坚强的形象横跨在运河上。

五、塘栖广济桥

中国多处地方都有名为"广济桥"的桥梁建筑，在江南运河上就有常州的广济桥和杭州的广济桥。杭州塘栖的广济桥曾名通济桥、碧天桥，俗称长桥，位于杭州塘沿线的塘栖古镇

图6.5 塘栖广济桥

上，是大运河上保存较好的薄墩联拱七孔实腹拱桥，也是大运河上保存至今规模最大的薄墩联拱石桥。桥全长78.7米，面宽5.2米，矢高7.75米，中孔净跨15.6米。七孔为拱券纵联并列分节砌筑。

据说桥始建于唐宝历至林得年间。明代弘治二年（1489年）一个姓陈的僧人，为了建桥一直募捐到了北京，不仅得到皇太后的赏赐，也得到宫中的众嫔妃与朝廷大臣们的资助。据《塘栖志》卷三《桥梁》记载："通济长桥在塘栖镇，弘治二年建。"（1498年）。今桥为清康熙年间（公元17世纪末）重修。如今广济长桥势如长虹，造型秀丽，历经500余年仍雄踞大运河之上，保存完好。

六、绍兴八字桥

八字桥坐落于绍兴城河段运道上，位于浙江省绍兴市越城区八字桥直街东端，三河交汇处。始建于南宋（公元12—13世纪），后多次维修。八字桥为梁式石桥，主桥东西向，横跨稽山河，总长32.82米，桥洞净跨4.91米，宽3.2米，洞高3.84米。八字桥为我国早期简支梁桥中的孤例。建造者根据特殊地形，结合周边环境，因地制宜，合理设计了跨越三河、沟通四路、状如八字的桥梁，巧妙地解决了复杂的水陆交通问题，是根据特殊地形，结合周边环境，因地制宜的合理设计。

八字桥是根据绍兴城区运河支流多、水系发达的特点建造的。《嘉泰会稽志》记载："八字桥在府城东南，而桥相对而斜，状如八字故得名。"八字桥建在一个特殊的地段：东去五云门，北通都泗门，西可进入市中心，南近东双桥，地理环境复杂，位置重要。宋代的建筑师利用这里的天然条件，设计时把桥址选在三河交点的近处，正桥架在南北流向的主河上。这样，就形成了八字桥独特的交通格局：陆连三路，水通南北，南承鉴湖之水，往北通往杭州，过钱塘江进入京杭运河。

八字桥"特"在哪儿？一是它的落坡结构特殊。此桥有适应三街三河交叉的复杂环境要求的四向落坡设计。桥东为南、北落坡，呈八字形；

桥西为西、南落坡，
也呈八字形；桥两
端的南向两落坡也
呈八字形。这种桥
坡结构在中国桥梁
史上极为罕见。二
是桥中有桥的结构
特殊。八字桥南向
两落坡下各有一个

图 6.6 绍兴八字桥

桥洞，两桥坡成了两座小桥。这种设计方案，不仅解决了水陆交通问题，
而且建桥时不拆屋不改道，和周围原有的环境自然融会在一起，因此成
为我国桥梁建筑史上极为优秀的范例。古典园林专家陈从周先生称此桥
为"中国乃至世界上最早的城市立交桥"。

七、扬州五亭桥

五亭桥别名莲花桥，位于大运河的城区水系扬州市瘦西湖河道上，
建于莲花堤上，是扬州市的地标建筑之一，是中国古代十大名桥之一，
有"中国最美的桥"之称。五亭桥始建于清乾隆二十二年（1757 年），

仿北京北海的五
龙亭和十七孔桥
而建。该桥北起
于瘦西湖风景区，
上跨瘦西湖水道，
南至瘦西湖白塔、
月观，桥梁全长
57.99 米，宽 6.16
米至 18.77 米，桥

图 6.7 扬州五亭桥

身中孔拱圈跨度 7.13 米。

《扬州画舫录》记载五亭桥："每当清风月满之时，每洞各衔一月。金色荡漾，众月争辉，莫可名状。"中秋之夜，可感受"面面清波涵月影，头头空洞过云桡，夜听玉人箫"的绝妙佳境。中国著名桥梁专家茅以升教授曾评价说："中国最古老的桥是赵州桥，最壮美的桥是卢沟桥，最秀美的、最富艺术代表性的桥，就是扬州的五亭桥了"。

第二节　大运河上的城门

水城门是中国大运河上的创新工程，在运河遗存中，目前有两处水城门：一处是苏州的盘门；另一处为杭州的凤山水城门。

一、水陆城门盘门

盘门是苏州城墙西南角的水陆结合的城门，是苏州古代军事、水运的重要通道，位于江南运河苏州城区运河故道上，是连接大运河与苏州古城的一个重要节点。战时守城防御，汛期防洪泄洪，平时水陆通行。

盘门始建于公元前514年，因苏州城重要的军事经济地位，在后世不断得到维护和加固。现存盘门为元至正十一年（1351年）重建，经明清两代续修。

盘门由两道陆门、瓮城与水门组成，水

图 6.8　苏州盘门

门内设置两道水闸，起军事防御与调控水位的作用。门朝东南，水陆两门并列，包括两道陆门和两道水闸门。两道陆门间为略呈方形的瓮城。

　　苏州位于长江下游的多雨地区，又与运河相连，每年汛期都对苏州城产生影响，通过水门的设置，可以较好地解决城市的防洪、泄洪问题。盘门采用"面东背水"抹角的做法，避开了水流方向，避免了水流的直接冲击。结构上采取水陆两门错位并列，砌筑水、陆两道城门，并把它们巧妙地组合成一个整体。盘门是现存典型并具有地方特色的古代水陆城门，保存完好，作为遗址对外开放。

二、杭州凤山水城门

　　杭州凤山水城门是位于杭州中河——龙山河上的古代水城门，处于杭州古城南端，扼守江南运河通往钱塘江的水道。

图 6.9　杭州凤山水城门

　　杭州凤山水城门门洞由两个不同跨径的石拱券并联而成。南券中间有方形闸槽。两券间有石雕门臼，原有木质城门。

　　杭州凤山水城门始建于元代（公元 13—14 世纪），明清两代（公元 15—19 世纪）多次修缮、重修。现作为杭州城墙遗址的一部分对公众开放。

第三节　大运河名宅

　　古人都喜欢逐水而居，有河流的地方必有人居住，特别是南方的枕河而居的运河人家，沿着运河建房，逐步在运河沿线形成了一批名宅，有扬州的盐商住宅，有河南的康百万庄园、南浔的张氏宅第。

一、汪鲁门宅

汪鲁门宅位于扬州古运河边，始建于清光绪年间（1875—1908年），是江南典型的盐商大宅，建筑面积1700余平方米，布局规整严谨，体量宏大，用料考究，装修精致，是扬州现存面积较大的盐商住宅。

汪鲁门住宅的原房主是刘赓唐，民国八年（1919年），汪泳沂（字鲁门）以白银5500两和大洋9750元从刘氏手中购得。汪鲁门是安徽歙县人，后捐职南河同知。由于处理漕河政务得力，深得历任漕运总督器重，曾署理山阳县篆。与他人协作，呈请盐署于淮北苇荡左营地方，开铺盐圩21条，创建同德昌制盐公司，后改名为大德制盐公司，又主营扬

图 6.10　汪鲁门宅

州七大盐业公司。

汪鲁门住宅现存老屋面阔三间，在同一中轴线上，前后九进，分别为门楼、大厅、二厅、住宅楼等，总长115米。楠木大厅保存完好，在扬州盐商住宅中独一无二。为保护好这座住宅，扬州市遗产保护部门组织对汪鲁门住宅进行了维修，对本体部分进行了原状修复，对一些损伤

的木构件进行了修补，损坏的地面重新铺设，并对过去修复时不正确的门窗进行了纠偏。同时恢复了东侧火巷，重建了花园，拆除了南侧部分违章建筑，打通了汪宅与中国大运河的物理联系。中国大运河申遗成功后，汪鲁门宅又被用作扬州大运河盐文化展示馆。

二、卢绍绪盐商住宅

卢绍绪盐商住宅坐落在扬州老城区康山街 22 号，始建于清光绪二十三年（1897 年），是大运河扬州段现存规模最大的盐商住宅建筑之一，也是中国大运河沿线晚清盐商大型住宅的代表。原前后共有九进建筑，200 多处房间。现存建筑前后共九进，占地约 5000 平方米，主要建筑及园林有正厅、藏书楼、意园等。

据介绍，卢宅建于清光绪年间，当年兴建此宅耗银 7 万余两。它以绵延的建筑群落、精美的建筑风格成为诸多盐商住宅明珠中最耀眼的一颗。

图 6.11　作为淮扬菜博物馆的卢氏盐商住宅

卢氏盐商住宅临街朝南的大门气派而考究。门楣上的砖雕异常精美，虽经沧桑岁月，但仍可辨出砖雕上神态各异的人物活泼灵动，栩栩如生。置身其中，淮海厅、兰馨厅、涵碧厅、怡情楼，厅厅相连，厅堂阔大，可设宴百席，气派非凡。漫步宅内，从第一进到第四进，天井两侧分布着小型花园，假山、花草、布局风格各异，构思精巧。深入后院，意园里盝顶六角亭、石船舫、水池等相映成趣。卢宅前后进深达百余米，历史上占地面积 6100 多平方米，是反映扬州盐文化的重要古迹。从外表看，古宅青砖黛瓦与一般住宅无异，但置身其中，一种"藏富不露"的恢宏之气扑面而来。经过修复，不但古建筑获得了新生，往日盐商的富庶也得以重现。2023 年，卢氏盐商住宅作为扬州淮扬菜博物馆对外开放。

三、康百万庄园

图 6.12　康百万庄园

康百万庄园又名河洛康家，位于河南省郑州市下辖巩义市康店镇，始建于明末清初。康家大院是一处典型的十七到十八世纪封建堡垒式建筑。它背依邙山，面临洛水，因而有"金龟探水"的美称，与刘文彩庄园、牟二黑庄园并称全国三大庄园，同时又与山西晋中的乔家大院、河南安阳的马氏庄园并称"中原三大官宅"。

四、南浔张氏旧宅建筑群

南浔张氏旧宅是国民党元老张静江堂兄张石铭的私家住宅，位于江南运河湖州南浔镇段的頔塘故道旁，建于清光绪二十五年至三十二年（1899—1906 年）。

整座建筑群占地面积 5135 平方米，建筑面积 6137 平方米，各类建筑风格的房间达 244 间。旧宅坐西朝东，分为南、北、中三部分，前面数进为晚清中式建筑，南、中部后进为西欧巴洛克式风格的建筑群。宅内各种房屋建筑风格类型俱全，砖雕、木雕、石雕极为丰富；中式建筑中的装修部分大量采用西欧的材料及工艺；保存有大量书法名家的手迹，在江南民宅中极为罕见。

张氏旧宅将中西建筑形制相互穿插、融会贯通，体现了清末西风东渐的时代特征。它集东、西方建筑、文化、艺术于一体，具有较高的历史、艺术价值，堪称江南第一民宅。2001年被列入第五批全国重点文物保护单位名单。

图 6.13　南浔张氏旧宅

第四节　大运河历史文化街区

在南方，利用运河支流或城镇内的水系，将大运河之水引入家家户户门前，形成了独特的"水陆相邻、河街并行"的居住模式，大运河沿线因水系形成了一批历史文化街区，如苏州的山塘街、平江路，绍兴的八字桥街区，杭州的桥西历史街区。

一、山塘历史文化街区

大运河苏州段是江南运河最早开挖的运河段落之一。苏州古城自宋代以来形成的"三横四直"的主干河道系统存留至今。苏州水系造就了古城水陆并行、河街相邻的城市布局，并直接促成了享誉世界的苏州园林。这种水上园林城市景观，在大运河沿线城市中独一无二。其中，平江历史文化街区和山塘河历史文化街区较为完整地展示了运河城市水道

图 6.14　苏州山塘历史街区

体系原貌，反映出苏州这座运河古城的历史风貌，是水城苏州水陆并行、河街相邻的典型区域，代表了河街并行的苏州城"双棋盘"格局。河道与街道并行，在街道与河道相交会的地方，通过桥梁进行立体交叉，形成了水路立体交通的"双棋盘"格局，是公元13世纪石刻城市图《平江图》原真状态的缩影，是研究古代城市规划、城市建设的重要范本。

山塘河是大运河进入苏州古城的主干河道，北起白洋湾，南至阊门，长6200多米。山塘河与大运河连接贯通，是大运河水网的重要组成部分，是古代大运河苏州段的主干航道之一。"七里山塘"，河街相连。与河相伴相生的则是以河道为骨架、街巷相依附，是具有"水陆相邻、河街并行"特点的居住街区。

山塘街有着悠久的历史，早在中唐时期，大诗人白居易任苏州刺史时，看到当地百姓游览虎丘，都是从田间小道和塘沼中穿行，为了便利交通，"始凿渠以通南北而达于运河"。这渠就是山塘河。同时沿河筑堤，既可免行人涉水之劳，亦可阻挡流水侵袭。人们为了纪念白居易，将这条通往虎丘的路称作"白公堤"，也就是后来的山塘街。这条街全长3600米，故称作七里山塘。经过以后不断发展，至明清两代这条街成为苏州最繁华的地区之一。街区现仍保持着居住、商业等城市功能，并完好地保存了河道、堤岸、桥梁，以及相关历史建筑和街区的历史格局。山塘河历史文化街区现存文物古迹众多，有会馆、寺庙、祠堂、戏楼、牌坊、园林、名人墓、古桥、宅第等。位于山塘河西侧河岸边的虎丘云岩寺塔建于959年，因其独特的地理位置、建筑形制，成为大运河进入苏州段的航标性建筑。

二、平江历史文化街区

平江历史文化街区是位于苏州古城内东北部的一片城市街区，形成于公元 13 世纪之前，街区内的水系及街巷比较完整地保存了宋《平江图》和明末《苏州府城内水道总图》等古地图上所展示的城内水道体系干支河结构的原貌和前街后河、街河平行的水陆双棋盘格局。

平江历史文化街区自北向南街河并行，其河道为苏州城内主要水

图 6.15　苏州平江历史街区

系之一。平江河水系与护城河相贯通，街区内的通利桥、朱马交桥、胡厢使桥（又名胡相思桥）、唐家桥、新桥、雪糕桥等在公元 13 世纪《平江图》碑上均有记载。800 年来，平江河道、街巷、桥梁的位置、格局未变，是水城苏州水陆相邻、河街并行的典型区域，有着一巷沿河、二巷夹河、一街一廊夹一河等多种多样的城市独特布局。街区面积约 8.1 公顷，包括胡厢使巷河、大柳枝巷河、大新桥巷河、中张家巷河等多条河流，以及全晋会馆等多处建筑遗产，并保持着原有的居住、商业等城市功能。

三、清名桥历史文化街区

清名桥历史文化街区地处无锡旧城南门外古运河与伯渎港交汇处（旧称南塘地区），古运河穿其而过，受到运河航运与水系的直接影响。

清名桥始建于明代。刻于同治九年（1870 年）的《重建清名桥记》记载："清名桥，原名清宁桥，创建于明万历年间，重建于清康熙八年

图 6.16　无锡清名桥历史街区

（1669 年），清宁俗称清名，邑人敬避庙讳，徇俗而易今名。"

清名桥历史文化街区的发展始于宋代锡山驿的设置，以此作为契机，出现了众多商业、手工业作坊和住宅。明清时代，无锡南门外形成了众多的粮行堆栈，是清名桥历史文化街区的前身。

清名桥历史文化街区沿河分布长约 1.6 千米，以南长街、古运河、南上塘—南下塘为平行轴线，组织各巷弄，形成网络式的空间格局。历史街巷以古运河水弄堂和南长街、南下塘为骨架，垂直呈鱼骨状分布。

清名桥历史文化街区现存有大量古桥、古街、古建筑，是古运河水乡传统风貌的精华地段，是富庶江南漕运重地的见证，是无锡城区运河故道边因漕运而生的古代商业和居住区，反映了明清两代无锡城市发展和贸易繁荣的情景，代表了大运河与城市水系的巧妙连接形成的极具特色的城市格局。

四、杭州桥西历史街区

图 6.17　杭州桥西历史街区

杭州桥西历史街区位于大运河（杭州段）主航道西岸，是依托拱宸桥作为水陆交通要道的地域优势而形成的一个城市居民聚集区，其发展历史是运河文化的重要组成部分，是体现河、桥节点作用的重要区域，是反映大运河（杭州段）沿岸历史场景的重要区段，充分证明了杭州段运河对运河聚落的格局与演变有着重大的影响。

因为大运河，这一带曾经是杭州最热闹的商业区，形成了有名的"北关夜市"。传统街巷有桥弄街、桥西直街、如意里、吉祥寺弄、同和里、敬胜里、通源里等。现拱宸桥西历史街区格局保存完好，现存面积39.6公顷，仍作为杭州北部重要的居住区和商业区。

如今的桥西历史街区，北至杭州第一棉纺织厂保留仓库，南至登云路、西至小河路、东至京杭运河。东连拱宸桥的桥弄街的一侧是近代工业厂房，另一侧是传统商业店铺，保留了大量民居建筑：沿运河的住家与埠头、合院式的传统民居、民国时期的里弄建筑、20世纪五六十年代的简易"公房"、80年代的"筒子楼"等，几乎浓缩了近现代中国的建筑。目前，拱宸桥桥西历史街区已成为一个集中体现杭州清末至中华人民共和国成立初期，依托运河而形成的近现代工业文化、平民居住文化及仓储运输文化的文化复合型历史街区。

五、八字桥历史文化街区

八字桥历史街区位于绍兴古城北部，是依托绍兴八字桥与大运河的地域优势而形成的一个城市商业区，具有水陆双交通体系，是绍兴水城的一个缩影，反映了运河的开凿与变迁对运河聚落的格局与演变产生的重大影响。

八字桥历史街区

图 6.18　八字桥历史街区

面积约 19.66 公顷，街区内有八字桥、广宁桥、东双桥、纺车桥、龙华桥等古桥，居民临河而居，沿街穿行，形成了特有的江南水乡景观，是绍兴古城街河布局的典型代表。

六、南浔镇历史文化街区

南浔镇原为一村落，于南宋时期发展扩大，成为市镇。明清时期（公元 15—19 世纪）由于蚕桑业、手工缫丝业而发展繁荣，并依靠大运河支线——頔塘运河的交通便利，发展形成了基于頔塘运河的独特十字港架构格局。20 世纪初，南浔古镇依托大运河及周边地区发达的蚕桑与农耕经济，作为名甲天下的南浔辑里丝的主要产地和集散地，成长为国内最大的丝商群体，南浔也因此一跃而成为江南重要的商业城镇。

图 6.19　南浔历史文化街区

南浔镇历史文化街区现为南浔镇区内核心居民区，总面积 1.68 平方公里。街区内保留着明清历史风貌，较完整地体现了清末民初南浔古镇的街区格局和历史风貌。街区内相关建筑遗产保存完好，重要保护建筑作为博物馆向公众开放，其余民居建筑基本保持了原有的居住功能。

南浔古镇是因大运河（頔塘）而起源、发展、兴旺的市镇的典型例证。大运河及周边地区发达的蚕桑与农耕经济，依托大运河的水利和运输功能，支撑了南浔由一个小渔村发展成为一个历史上的经济重镇。

第五节　大运河特色建材

烧作砖瓦是古建筑中源远流长的行当，起源于商周，发展于唐宋，鼎盛于明清，特别是运河地区运输方便，砖瓦制作的技术更为发达。砖瓦窑作业成为运河地区的一项重要手工业。修建河堤需要砖头，营造北京皇宫、城陵需要大量的砖瓦。从运输方便出发，朝廷在运河沿线建立了一批窑厂，其中山东临清和江南苏州俱以烧制城砖出名。

一、临清贡砖建起了北京城

临清贡砖始于明永乐初期，分布在临清运河两岸的砖窑遗址不下200座。临清砖又名贡砖，它质地好，色泽适宜，形状各异，不碱不蚀，敲击有声，烧制时间由明永乐初到清代末，跨越了500年的发展历史。

明成祖朱棣为了迁都，用了10多年时间在北京大兴土木，营建皇家宫苑城池，临清砖官窑业即创设于此时。据了解，北京修建皇城所用贡砖，绝大多数都来自临清。临清贡砖撑起了北京皇城。临清贡砖烧制工艺十分复杂精细，所烧造的贡砖一般在50斤上下，重的有七八十斤。成砖后，要经过严格的检验，用黄表纸封裹，搭船解运至天津张家湾码头，经过再次检验合

图 6.20　扬州博物馆展出的城砖，上面刻有生产地的州名

格后，转运京师。北京故宫、天坛、地坛、日坛、月坛、各城门楼、钟鼓楼、文庙、国子监及各王府营建中所用的临清砖比比皆是，处处可见。明十三陵、清东陵、清西陵等皇家

图 6.21　临清贡砖烧制工艺

陵园建筑中所用的"寿工砖"，也由临清烧造。此外，南京中华门城墙、玄武桥、曲阜孔庙等处也相继发现临清砖，这些砖至今不碱不蚀，敲击有声。

二、苏州金砖为皇宫建筑专用产品

御窑金砖是中国传统窑砖烧制业中的珍品，明清以来受到历代帝王的青睐，成为皇宫建筑的专用产品。明代永乐年间，明成祖朱棣迁都北京，大兴土木建造紫禁城。经苏州香山帮工匠的推荐，陆墓砖窑被工部看中，由于质量优良，博得了永乐皇帝的称赞，赐名窑场为"御窑"。

所谓"金砖"，实际上是规格为二尺二、二尺、一尺七见方的大方砖的雅称。古籍《金砖墁地》有这样的解释："专为皇宫烧制的细料方砖，颗粒细腻，质地密实，敲之作金石之声，称'金砖'；又因砖运北京'京仓'，供皇宫专用，称之'京砖'，后逐步演化成'金砖'。"

到明代嘉靖时，金砖烧制进入全盛期。北京故宫的太和殿、中和殿、保和殿、天安门城楼以及十三陵之一的定陵内所铺设的就是御窑金砖，这些大方砖上有明永乐、正德，清乾隆等年号和"苏州府督造"等印章字样。

图 6.22　苏州金砖制作技艺

20 世纪 80 年代，在失传 70 多年后，苏州陆墓御窑开始抢救金砖烧制工艺，经过多年努力，这一主要靠窑户世家祖辈口述流传下来的传统工艺终于被"复活"，1990 年，北京故宫维修时首次用上新烧制的金砖。

第七讲

绝怜人境无车马，信有山林在市城

——大运河园林文化

中国大运河促进了沿线经济文化的发展，也催生了沿线园林艺术的成熟。中国大运河沿线园林的历史十分悠久，它的形成与大运河有着密不可分的关系，是运河沿线城市经济文化发展的写照。大运河园林集中表现了我国园林建筑艺术的精华，主要分为四大类：以颐和园为代表的皇家园林、以杭州西湖为代表的山水园林、以苏州园林为代表的退隐文人园林，以及南秀北雄相结合的扬州园林。

第一节　大运河园林的产生与发展

一、大运河带来密布的水网促进了运河园林的产生

运河离不开水，大运河沿线城市一般都位于水网密布的水乡，水系发达，无论是扬州、无锡、常州，还是苏州，古城水系都是大运河的支流水系，不仅承载着运输功能，也是城市居民的生活水源。大运河沿线的古城地形，一般都是西北高东南低，运河水由西北角注入古城，通过城市水网流经全城，再由东南角流出，为整个古城提供鲜活的生活、生产用水。扬州古城无论是唐宋时代运河穿城而过，还是明清时代运河绕城而行，大运河都是城市的主要水源和运输通道。而中国的园林总是离不开水，历史

图 7.1　扬州园林瘦西湖

大运河文化十讲

上扬州曾有"园林多是宅，车马少于船"之说。清代谢溶生在给李斗的《扬州画舫录》作序时介绍到描述清代扬州面貌："增假山而作陇，家家住青翠城闉；开止水以为渠，处处是烟波楼阁。"这一方面说明了扬州这座运河古城水系的发达，另一方面也充分说明扬州古代园林的兴盛。苏州是一座由大运河及其城区水系形成的水陆双棋盘格局的城市，运河与古城水系融为一体，大运河通过山塘河、上塘河、胥江汇入苏州护城河，并与苏州城内的水网河道相连。大运河水系造就了古城水陆相邻、河街并行的城市布局，并直接促成了享誉世界的苏州园林。

二、大运河沿线的经济发展促进了园林技艺的成熟

随着大运河的开通，运河沿线经济发达、文化繁荣，为园林的发展成熟奠定了基础。隋炀帝下江都时，在运河沿线风景胜地大建离宫别院，"自长安至江都，置离宫四十余所"。唐代建筑的离宫别院也不下20余处，其建筑均富丽堂皇，极尽豪华之能事。就园林而言，隋炀帝所建的洛阳西苑，又称会通苑，规模最为雄伟。唐高宗显庆年间（656—661年）又耗资3000多万贯在西苑内新建宿羽、高山二宫，壮观华丽，一时无比。唐代高官的一些私家园林也秀美繁盛。长安城南有樊川、杜曲，洛阳南郊有李德裕的平泉庄，周围十几里内有台榭100多处。牛僧孺在洛阳城内的宅园也占一坊之地。白居易晚年以太子宾客分司东都，在履道坊有一宅园，费时10年营建，占地10余亩，水池、石岛、小亭、竹径、楼馆、廊宇，布局精巧，匠心独运。诗情、画趣与山水、园林交融在一起，艺术品位高雅。

宋元时期城市经济繁荣，各个运河城市中布满许多大小不等、情趣各异的园林建筑。既有皇家园林、官府园苑，也有贵族官僚、富人们的私人花园，还有众多的园林式寺院庙宇庭院。北宋开封城内的皇家园林，大内御园有延福宫、艮岳等，皇城外则有琼林苑、玉津园、宜春园、含芳园等行宫御苑。琼林苑又称西青城，位于顺天门外道南，内有金明池，

皇帝游琼林苑主要是在金明池看龙船争标。龙船争标的盛况曾被画家张择端收入《金明池争标图》画中。

到南宋定都杭州，南宋君臣偏安江南，更是耽于山水，竞造园林，在西湖绿水黛山之间，各类御园、王府、园囿数以百计。如西湖之南有聚景、真珠、南屏诸园，北有集芳、延祥、玉壶诸园。天竺山下有下竺御园，城南有玉津园，城东有富景园、五柳园，等等。此外，在苏州、扬州等运河城市，也有大量的官私园林建筑。如苏州除沧浪亭、天平山、灵岩山、东西洞庭湖山等名山胜景建筑外，著名园林还有南园、网师园、狮子林等。

在大运河北端，以大都园林为代表，则体现出北方园林建筑的艺术特色。元代大都园林以太液池为代表。太液池位于宫城之西，以金水河为源，池中建有两个小岛，南北峙立。南面者称瀛洲，上建仪天殿。北面者称琼花岛，上建富丽堂皇的广寒殿，殿中有 12 根柱子，以金绘饰。太液池中还栽满芙蓉。池内有专造的龙船，供皇帝在池中往来游览。琼花岛后改称万寿山，山水相映，更增添光彩。在万寿山与瀛洲之间，还建有长 200 余尺的玉石桥。瀛洲东、西两侧亦建有长桥，与陆地相通。位于太液池之东还有一处灵囿，即皇家动物园，凡"奇兽珍禽在焉"。

明朝由于运河区域经济的繁荣，园林建筑又有了进一步的发展。当时运河区域的北京地区是政治中心，而江南地区则是经济中心，所以这两个地区的园林建筑无论在数量上还是在建筑水平上都居于全国的前列。

明代的都城北京，有许多著名的园林建筑。如故宫内的御花园，有二十几幢不同类型的建筑物，几乎占全园面积的三分之一。明代北京的私家园林

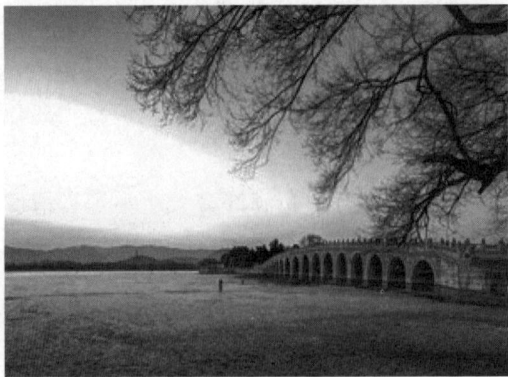

图 7.2 颐和园风光

大运河文化十讲

以官僚、贵族为主流，其中定国公园、英国公园、梁园、勺园、清华园等最为有名。

明代江南地区的运河园林最为兴盛。由于江南地区经济繁荣，再加上这个地区河道纵横，水网密布，气候温和湿润，适宜花木生长，而民间建筑技艺精湛，又生产观赏价值很高的石材，所有这些都为当地兴建优美的园林建筑提供了条件。明代是中国古典园林艺术发展史上的一个高峰。江南大部分的城镇都有私家园林建筑。

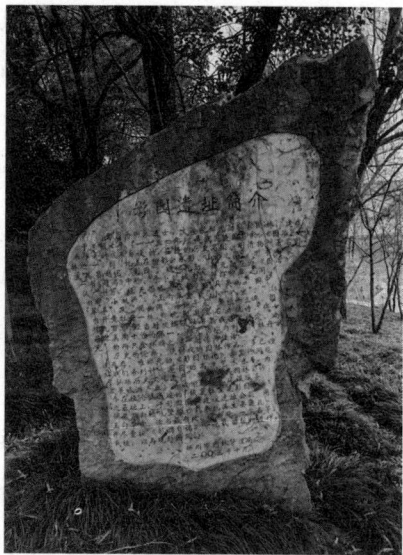

图 7.3　扬州影园旧址

扬州位于长江和大运河的交汇处，隋唐以来即是一座繁华的城市，私家园林数量很多。从明永乐年间修整大运河，开通漕运，扬州便成了南北水路交通的枢纽和江南最大的商业中心之一。全国各地的一些大商人聚集在此地世代经营，形成了很大的经济势力。经济的发展带来了园林建筑的繁荣。明代扬州的园林见于文献著录的有很多，绝大部分是建在城内的宅园和游憩园。这些大量兴造的"城市园林"把扬州的园林艺术推向一个新的境地。明末扬州望族郑氏兄弟的四座园林：郑元勋的影园、郑元侠的休园、郑元嗣的嘉树园、郑元化的五亩之园等，皆被誉为江南名园。

苏州城内河道纵横，地下水位高，取水方便。附近的洞庭西山是著名的太湖石产地，尧峰山出产上品的黄石，叠石取材也比较容易。因而苏州的园林建筑可与扬州媲美。除建于宋代的沧浪亭、建于元代的狮子林之外，明代又建筑了艺圃、拙政园、五峰园、留园、西园、芳草园、洽隐园等。苏州的拙政园是嘉靖时所建，全园以水池为中心，环池建有亭台楼阁，并用漏窗、回廊相互联系，造成亭台楼阁掩映于山水之间的景色。拙政园以植物之景为主，以水石之景取胜，充满浓郁的天然野趣，显示了简远、疏朗、雅致、天然的格调。

苏州附近的常熟、无锡、湖州等地也建有不少名园，其中最著名的当推秦少游的后代在无锡建造的寄畅园。此园的最大特点之一是能够充分和周围远近的美好景色搭配，把园外之景与园内之景天衣无缝地融为一体，是一幅以建筑物为主景的天然山水画卷。明末祁彪佳作《越中园亭记》，所记绍兴园林达几十处之多，城外东西南北也都有园林建筑。这些园林建筑小巧玲珑、别有洞天，具有很强的地方特色。

清代大运河区域有诸多旨趣幽雅、变化奇巧的园林建筑，其中皇家园林集中在北京，私家园林则以扬州、无锡、苏州、杭州等处为盛。康熙至乾隆年间，清代统治者先后在北京西北郊营建了香山静宜园、玉泉山静明园、畅春园、圆明园、万寿山清漪园等皇家园林，即著名的"三山五园"。私家园林除北京的几处园林式官邸外，尤以江南一带巨商大贾和书香世家所建园林为盛，著名的有扬州的个园，苏州的拙政园、留园、狮子林等。园林是建筑技术与艺术的结晶，无论是皇家园林还是私家园林，布局都以不对称为根本原则，以

图 7.4　扬州个园

"深远不尽"为极品，追求大小、虚实、藏露和深浅的互映，讲究"有法而无式"。运河区域的这些园林建筑体现了我国建筑技术的高度艺术化。

三、大运河沿线的文化氛围丰富了运河园林文化

大运河沿线城市园林的历史十分悠久。春秋时，吴国就开始建姑苏

台、馆娃宫，这是苏州园林建筑的开始；东晋顾辟疆所筑的辟疆园是江南最早的私家园林。南园及现在的沧浪亭始建于五代，当时，钱元轩在苏州以"好治园林"而出名。北宋末年，宋徽宗好奇花异石，在苏州广为采运。

图 7.5　苏州沧浪亭

到了明清两代，许多退隐官员都在苏州建造了园林。清末，有记载可查的大小园林有 270 多处，至今保存尚好的仍有 69 处。其中著名的有宋代的沧浪亭、元代的狮子林、明代的拙政园、清代的留园，被称为苏州四大名园。这些园林模拟自然景色，利用水面、奇石和花木，吸收了文学、国画、书法、雕刻、工艺美术等技巧手法，通过理水、叠山、绿化、建筑、陈设、装饰等形成以建筑为中心的综合艺术，创造诗情画意的城市咫尺山林意境，具有独特风格，集中表现出我国南方园林建筑艺术的精华。

扬州园林久负盛名，早在西汉时的藩国吴国、江都国、广陵国就开始在今天的扬州城建成了宫室林苑。著名诗人鲍照在《芜城赋》中就描述过吴王刘濞时宫室林苑的场景。扬州历史上有计划的造园活动可以追溯到南朝宋文帝元嘉二十四年（447 年），《宋书·徐湛之传》记载：南兖州刺史徐湛之于广陵蜀冈之"宫城东北角池侧"，"更起风亭、月观、吹台、琴室，果竹繁盛，花药成行"。如今瘦西湖小金山的"月观""吹台"等景点即是仿此遗意构筑而成。到了隋代，隋炀帝屡次巡游扬州，为了他纵情享乐的需要，地方官员在扬州大造离宫别馆，既有崇殿峻阁、复道重楼，又有风轩水榭、曲径芳林，将皇家建筑与山水园林巧妙地结合起来。可以说，扬州的园林发迹于宫廷苑囿。清代康熙、乾隆皇帝的数次南巡均以扬州为主要驻跸之地。两淮盐商为接待帝王南巡，大

图 7.6　杭州西湖十景之曲院风荷

建宫室、园池、台榭，城内园林名胜，甲于天下。据记载：清康熙南巡驻跸扬州，扬州先后建有八大名园，其中七座园林移到连缀历代城濠而成的瘦西湖两岸兴建，形成湖上园林。乾隆六次南巡驻跸扬州，"官商穷尽物力以供宸赏"，名园比比皆是，形成了瘦西湖二十四景，并形成了完整的水上游览线路（吴晓敏、范尔蒴：《扬州园林初探》）。现存扬州园林主要由湖上园林瘦西湖及城区的盐商私家园林何园、个园、汪氏小苑、小盘谷、二分明月楼等组成。

杭州西湖，旧称钱塘湖、西子湖，自宋代开始通称西湖。610 年以后，江南运河开通并与长江以北的运河相连，便利了杭州的交通，促进了杭州经济的发展，对西湖产生了巨大的影响。西湖的基本布局形成于吴越王朝（907—960 年）和南宋时期这两个朝代。五代十国时期，吴越王国建都杭州，在湖区周围修建了大量的寺庙，由于其地质特征，淤泥在西湖中迅速沉积，疏浚成为一项日常维护工作，927 年，吴越王钱柳建立了一支 1000 人的清淤大队，负责割草、深泉，并保存了湖的水体。清朝的康熙皇帝和乾隆皇帝沿大运河到南方巡游，多次在杭州停留，加快了西湖的改造和修复。康熙皇帝曾五次访问杭州，并写下了南宋"西湖十景"的名字。此后，"双峰穿云""秋月映湖"等景点便固定了位置供观赏。乾隆皇帝曾六次巡游杭州，创作诗歌，为"十景"立碑，还为"龙井八景"题名。现在的杭州西湖三面环山，湖体呈椭圆形，水面面积 5.06 平方公里，岸周长 15 公里。湖面由白、苏两堤分成外湖、里湖、岳湖、西里湖、小南湖五个部分。湖中有孤山、小瀛洲、湖山亭、阮公墩四岛。

第二节　大运河园林的特点

著名建筑学家陈从周先生在《陈从周园林随笔》中写道："中国园林如画如诗，是集建筑、书画、文学、园艺等艺术的精华为一体，在世界造园艺术中独树一帜。"在大运河沿线有一批享誉海内外的名园，既有北方的皇家园林颐和园，也有江南园林的代表苏州园林，还有兼具北方之雄南方之秀的扬州园林，更有秀甲天下的杭州西湖园林。它们各有不同的特点，集中了我国园林建筑艺术的精华。

一、皇家园林颐和园——造园艺术的集大成者

颐和园既是北京的地标，也是北京水利系统的重要节点，更是园林文化的集大成者。颐和园集中国传统造园艺术之大成，万寿山、昆明湖构成其基本框架，借景周围的山水环境，饱含中国皇家园林的恢弘富丽气势，又充满自然之趣，充分体现了"虽由人作，宛自天开"的造园准则。颐和园亭台、长廊、殿堂、庙宇和小桥等人工景观与自然山峦和开阔的湖面相互和谐、艺术地融为一体，整个园林艺术构思巧妙，在中外园林艺术史上地位显著。其效法自然的布局、诗情画意的构思、因地制宜的处理、以建筑为主的组景、园中有园的手法等造园艺术都分别在各个景点中有所体现。

颐和园诗情画意的构思、效法自然的布局、因地制宜的处理、以建筑为主的组景、园中有园的手法等造园艺术都分别在各个景点中有所体现。

图 7.7 颐和园全景图

表 7.1 颐和园各景点造园艺术对比

景点	艺术特点	代表元素	功能
万寿山	万寿山与昆明湖的湖、山、岛、堤及其上的建筑，配合着园外的借景，形成一幅幅移步换景的风景卷轴画	佛香阁、"云辉玉宇"牌楼、排云门、二宫门、排云殿、德辉殿、智慧海	主体建筑群
昆明湖	湖中一道长堤——西堤，把湖面划分为三个大小不等的水域，每个水域各有一个湖心岛，使昆明湖愈发神似西湖	西堤以及堤上的六座桥	主要湖泊
东宫门	六扇朱红色大门上嵌着整齐的黄色门钉，中间檐下挂着九龙金字大匾，上书"颐和园"三个大字	仁寿殿	皇帝主要活动场所
大戏楼	演神鬼戏时，可从"天"而降，也可从"地"而出，还可引水上台	戏台	专供慈禧看戏
清晏舫	两层船楼，船底花砖铺地，窗户为彩色玻璃，顶部砖雕装饰	大石船	唯一带有西洋风格的建筑
长廊	中国园林中最长的游廊	每根枋梁上都有彩绘，共有图画14000余幅，画中的人物画均取材于中国古典名著	列入"吉尼斯世界纪录"

景点	艺术特点	代表元素	功能
十七孔桥	园中最大石桥	石桥宽8米，长150米，由17个桥洞组成。两边栏杆上雕有大小不同、形态各异的石狮500多只	用以连接堤岛
文昌阁	城头四隅角廊平面呈"人"字形，中间为三层楼阁。中层供奉文昌帝君铜铸像及仙童塑像，旁有铜骡一个，极富特色	是中国古典园林中规模最大、品级最高的文物陈列馆	为清漪园的园门之一
谐趣园	园内共有亭、台、堂、榭十三处，并用百间游廊和五座形式不同的桥相沟通	以乾隆皇帝的诗句"一亭一径，足谐奇趣"的意思取名	仿无锡惠山寄畅园而建

二、苏州园林——退隐山林的文人寄所

苏州园林又称"苏州古典园林"，是运河园林文化的翘楚和骄傲。享有"江南园林甲天下，苏州园林甲江南"之美誉，被誉为"咫尺之内再造乾坤"。有人曾说：回避倾轧的官场、喧嚣的尘世，是苏州园林的起因；寻求返璞归真、悠闲养性的氛围，是苏州园林的意境；折射道家的哲学、文化的韵味，是苏州园林的底蕴；山水花木、亭台楼榭构成苏州园林的基因，粉墙黛瓦、栗柱灰砖染出苏州园林的基调。苏州园林在世界造园史上有其独特的历史地位和价值，以写意山水的高超艺术手法，蕴含浓厚的中国传统思想和文化内涵，是东方文明的造园艺术典范。苏州园林是城市中充满自然意趣的"城市山林"，身居闹市的人们一进入园林，便可享受到大自然的"山水林泉之乐"（姜师立等：《京杭大运河历史文化及发展》）。

苏州园林是浓缩的自然景观，使人"不出城郭而获山林之怡，身居闹市而有林泉之趣"；苏州园林更是珍贵的人文景观，建筑家、哲学家、诗人画家、平民百姓各自从中体味到了他们所寻觅的线条、哲理、诗情和韵律。把苏州园林平面地展开是一幅最逼真的山水画；身居园中品茗抚琴吟诗插花最富灵感；在对中国了解甚少的旅游者眼里，苏州园林是最好的博物馆。苏州园林虽小，但古代造园家通过各种艺术手法，独具匠心地创造出丰富多样的景致，在园中行游，或见"庭院深深深几许"，或见"柳暗花明又一村"，或见小桥流水、粉墙黛瓦，或见曲径通幽、峰回路转，或是步移景易、变幻无穷。至于那些形式各异、图案精致的花窗，那些如锦缎般的在脚下延伸不尽的铺路，那些似不经意散落在各个墙角的小品更使人观之不尽、回味无穷。著名的苏州园林有拙政园、留园、环秀山庄、网狮园、沧浪亭、狮子林、艺圃、藕园、退思园等。

三、杭州西湖——自然山水园林的代表作

杭州西湖由西湖自然山水、"三面云山一面城"的城湖空间特征、"两堤三岛"景观格局、"西湖十景"题名景观、西湖文化史迹和西湖特色植物六大要素组成。西湖秉承"天人合一"哲理，在十个多世纪的持续演变中日臻完善，成为景观元素特别丰富、设计手法极为独特、历史发展特别悠久、文化含量特别厚重的"东方文化名湖"。"园外有湖，湖外有堤，堤外有山，山上有塔，西湖之胜得之。"陈从周老先生一语道出了西湖风光与园林的和谐融合。

表 7.2　南宋西湖十景

景名	地点	人物	特点
苏堤春晓	南起南屏山麓，北到栖霞岭下，全长近三公里	苏东坡疏浚西湖，利用挖出的葑泥构筑而成	六桥起伏，为游人提供了可以悠闲漫步而又观瞻多变的游赏线

景名	地点	人物	特点
曲苑风荷	位于今灵隐路洪春桥附近，濒临当时的西湖湖岸	原是南宋朝廷开设的酿酒作坊	近岸湖面养殖荷花，每逢夏日，和风徐来，荷香与酒香四处飘逸，令人不饮亦醉
平湖秋月	位于白堤西端，孤山南麓，濒临外西湖	原是清末民初犹太冒险家哈同的私人别墅中的遗物	背靠孤山，面临西湖的外湖，景观沿湖一排敞开，包括御碑亭、水面平台、四面厅、八角亭、湖天一碧楼等建筑。三面临水
断桥残雪	位于杭州市西湖白堤的东端，背靠宝石山，是外湖和北里湖的分水点	位于白居易所筑白堤上	每当瑞雪初霁，站在宝石山上向南眺望，断桥的石桥拱面无遮无拦，在阳光下冰雪消融，露出了斑驳的桥栏，而桥的两端还在皑皑白雪的覆盖下
南屏晚钟	南屏山一带山岭由石灰岩构成，山体多孔穴，加以山峰岩壁立若屏障	吴越国主钱弘俶在南屏山麓建佛寺慧日永明院，形成佛寺群落，晨钟暮鼓	每当佛寺晚钟敲响，钟声振荡频率传到山上，岩石、洞穴等为其所迫，加速了声波的振动，钟声飞向西湖上空，直达西湖彼岸，碰上对岸由火成岩构成的葛岭，回音连起
柳浪闻莺	在沿湖长达千米的堤岸上遍栽柳树		在园中部主景区辟闻莺馆，营造柳丝飘舞，莺声清丽的氛围
花港观鱼	分为红鱼池、牡丹园、花港、大草坪、密林地五个景区	乾隆题诗刻于碑阴："花家山下流花港，花著鱼身鱼嘬花。"	南宋时，内侍官卢允升曾在此蓄养五色鱼以供观赏怡情，时称"卢园"，又以地近花家山而名以"花港"
雷峰夕照	初名黄妃塔，又称为西关砖塔	明代倭寇纵火焚塔，使这一景永久消失	吴越国王钱弘俶为庆祝黄妃得子而建
双峰插云	天目山余脉遇杭州西湖而分驰南北形成南山、北山		其中的南高峰与北高峰古时均为僧人所占，山巅建佛塔，遥相对峙，塔尖入云，时隐时显，远望气势非同一般
三潭印月岛	又名小瀛洲，与湖心亭、阮公墩合称为湖上三岛	三潭印月景观富层次，空间多变化	有造型各异的亭子四座：开网亭、亭亭亭、康熙御碑亭、我心相印亭

　　"上有天堂、下有苏杭"，"天下西湖三十六，就中最好是杭州。"表达了古往今来的人们对于杭州西湖的由衷赞美。西湖拥有三面云山、一水抱城的山光水色，以"浓妆淡抹总相宜"的自然风光秀甲天下。

　　《杭州西湖文化景观申遗文本》中对西湖的评价："在千余年自然与

第七讲　绝怜人境无车马，信有山林在市城——大运河园林文化

图 7.8　西湖风光

人文交融的演变过程中，西湖景观积淀了丰富的历史文化因素，留下了与中国传统的佛教文化、儒家文化、道教文化直接相关，或见证了重要历史事件的一系列文物古迹。西湖由此成为一个湖山胜景与丰富文化遗迹交相辉映的文化景观，为世界风景湖泊所罕见。这些类型多样的文化古迹是西湖悠久历史文化的实物例证，反映了不同文化元素对西湖文化景观形成和发展所起到的重要作用，不仅有力地证明了西湖文化景观文化价值的真实性、完整性和延续性，还充分展示了西湖文化景观内涵的多样性与丰富性。"正如唐宋两代的文学家和学者所描绘的那样，西湖极为清晰地展现了中国景观的美学理想，对中国乃至世界的园林设计影响深远，不少地方以湖、堤造型，摹习西湖的"和谐之美"。西湖的核心要素仍然能够激发人们"寄情山水"。

西湖是历史上最能体现中国传统文化核心价值的审美实体，是东方审美体系中最具经典性的文化景观。西湖的原真性、独特性和唯一性，就是与世界上以自然景观著称的湖泊相比，西湖的人文景观是最多的；与世界上以人文景观著称的湖泊相比，西湖的自然景观是最美的。西湖是自然美与人文美完美结合的典范。

图 7.9　杭州西湖：中国山水画的景观

四、扬州园林——南北融合的园林佳作

扬州园林不仅历史悠久，而且以其独特的风格在中国古典园林中占有重要地位。扬州园林 2000 多年的历史走向，大体上与扬州城市经济文化发展脉络相一致。著名作家朱千华先生曾在扬州何园生活 5 年，他说，扬州园林地处江淮，北有大气磅礴的皇家园林可借，南有苏州、杭州的江南私家园林可鉴，再加上大运河、长江在此交汇，阴柔阳刚结合，从而使得扬州园林具有南秀北雄相互融合的特点：既有皇家园林金碧辉煌、高大瑰丽的特色，又有大量江南园林小品的情调，自成一种风格。具体表现在：园林院落的组合处理、园林建筑的设计理念、园林水景的独特处理、园林山石的安排。有人认为，扬州园林是北方皇家园林和南方私家园林中的一种介体。

扬州园林，依其分布区域大致可分为两类，即城市山林与湖上园林。城市山林主要是盐商富贾建设的私家园林，主要在旧城内。湖上园林主要集中在城西北郊的保障河一带，沿废弃的城壕一字排开。目前，这一带的园亭连成一片，集中

图 7.10 扬州瘦西湖五亭桥是北方皇家园林和南方私家园林的结合体

修建成瘦西湖景区，景区内小金山、五亭桥、熙春台等景点至今尚在。

瘦西湖名称的来历，是乾隆年间寓居扬州的诗人汪沆的一首感慨富商挥金如土的诗作："垂柳不断接残芜，雁齿虹桥俨画图，也是销金一锅子，故应唤作瘦西湖。"瘦西湖的特点是湖面瘦长，蜿蜒曲折，"十余家之园亭合而为一，联络至山，气势俱贯"。

依托瘦西湖和蜀冈独特的自然地形，扬州的盐商及盐务官员为迎候

皇帝南巡游赏，耗费重金在短期内沿湖修建了大量园林。这些园林从扬州城北延至蜀冈下，沿水体密集排布，形成连贯的园林集群景观。瘦西湖的园林以中国传统的造园手法建造，叠石、理水、建筑、花木是其主要的构成元素。清代扬州造园艺术的蓬勃发展带给这些湖上园林极高的艺术水准，扬州盐商对文人士大夫情怀的向往又使其能充分利用瘦西湖水体及沿岸土阜地带，在既有自然地势条件下写意出中国古典园林中的山水情怀，创造出一个个特色鲜明的优秀园林作品。而这些园林的集合体就成了今天的瘦西湖。

扬州的瘦西湖，以其清秀婉丽的风姿独异诸湖，占得一个恰如其分的"瘦"字。这种瘦就是"空灵淡远"。瘦西湖园林既有自然风光，又有丰富的历史文化，幻化出无穷奇趣。坐船游览瘦西湖，会感受到"动"字，陈从周先生称瘦西湖为"日午画船桥下过，衣香人影太匆匆"，说瘦西湖妙在移步换影，与拙政园一样，动感十足。"山重水复疑无路，柳暗花明又一村"。难怪国外文化景观专家称瘦西湖为卷轴画式的园林景观。

五、开封金明池——宋代的市民公园

金明池位于北宋开封府顺天门外，与皇家园林"琼林苑"隔街相望，原是宋太宗开凿用来训练水师的一个军事设施。到太平兴国末年，这个军训基地被改成供宴游的皇家园林。从宋画《金明池争标图》可以看到，从金明池东门进去，有座面朝北的临水殿，这是太宗皇帝驾临金明池观赏水戏的建筑，到了宋徽宗政和年间建成临水楼阁，从临水殿再往西是一座虹桥，虹桥尽头，"五殿正在池之中心，四岸石甃向背，大殿中坐，各序曲御幄，朱漆明金龙床，河间动漫水戏民屏风"。这就是水心五殿。虹桥的南端，建有一个棂星门，当金明池举办龙舟争标赛时，彩楼上就有歌伎弹唱助兴。北岸正对水心五殿的地方是皇帝龙舟的船坞，每年春季举行龙舟争标赛时，大龙舟才会出来表演。与其他皇家园林不一样的是，金明池不仅是供皇帝游玩的，也是供市民游玩的市民公园。宋人笔记《清波别志》记载："三月一日，三省同奉圣旨，开金明池，许士庶游行，御史台不得弹奏"。到后来，春季游金明池成了开封府的一大民俗。所以每年三月初一至四月初八，金明池内，游客如蚁，观者如堵。可惜，随着南宋时的黄河决口，金明池也与开封城一样淹没在黄土之下，我们只能从古图中一睹金明池的风采。

图 7.11　古图中的金明池

六、绍兴运河园

绍兴运河园是绍兴市在整治浙东古运河时建成的集历史、文化、生态、休闲于一体的综合性运河园林，位于 104 国道高桥以西运河南北岸，全长有近 5 公里，景区面积 25 万平方米，比较真实地记录了浙东古运河的历史精华。

绍兴运河园按照天人和谐、传承文脉、开敞自然、集聚优势的理念设计和建设。通过持之以恒的精心设计和建设，建成运河园一园六景：有记载历史文化的"运河纪事"、有集聚水乡风物的"沿河风情"、有展示桥乡精品的"古桥遗存"、有再现千艘万舻的"浪桨风情"、有笑看挥手千里的"唐诗之路"、有难忘前师之鉴的"缘木古渡"。

绍兴运河园是大运河沿岸风俗民情的精华，清代牌群、老石台门、明代绍兴三江闸缔造者太守绍恩手书的"南渡世家"横额，可谓越中之宝。"古越照壁"有"双龙戏珠"巨大古石基座，上越王勾践宝剑的鸟篆文"越"字，古朴大气。"祠堂"有祠堂碑、义田碑、进士旗杆石、祠联遗存。有"钟灵毓秀"、光绪皇帝"乐善好施"石刻横额，及范仲淹后裔祠堂石柱、刻石遗存十尊，汉大儒孔安国所撰的报本堂碑记等，极为珍贵。酒文化展台，"知章醉骑"塑像，将乡、名人、水乡有机、生动地展示出来。"法云陆太傅丹井遗存"是陆游世祖陆轸所创炼丹井、石狮等，为千年文物。"玉山斗门遗存"系目前发现的最古老、最大的水利工程遗存。

七、淮安清晏园

清晏园位于淮安市区人民南路之西侧，环城路之北侧，是我国治水和漕运史上唯一保存完好的衙署园林，国家 AAA 级旅游景区。明永乐时，清晏园为督理漕粮的管仓户部分署，距今已有近 600 年历史。清康熙十七年（1678 年），清政府在清江浦设官治河，河督靳辅在明代户部分司旧址设立行馆，雍正七年（1729 年），改设江南河道总督署。后经历任河督整修，公园建成规模。清晏园曾先后称为西园、淮园、澹园、清宴园、留园、叶挺公园、城南公园。1991 年，公园更名为清晏园。园内亭、台、楼、阁、假山错落有致，曲径、长廊、流水循环往复，四季花繁木盛，秀丽典雅。

图 7.12　淮安清晏园

八、常州东坡公园

东坡公园原名舣舟亭公园，位于京杭大运河畔，占地 2.667 公顷，由一个运河半岛和一个运河岛屿组成，系名胜古迹与自然风光相结合的江南园林。南宋时，为纪念北宋大文豪苏东坡十一次前来并泊舟于此，特建"舣舟亭"作纪念，清康熙、乾隆二帝南巡时，也在此兴建过万寿亭行宫，并重修过舣舟亭。

图 7.13　常州东坡公园

东坡公园是中国大运河沿线唯一的以苏东坡为主题的公园，整个景区由一个三面环水的半岛和运河中的半月岛组成。景区内有舣舟亭、洗砚池、御碑亭、广济桥几个景点。

第三节　大运河园林的艺术价值

一、大运河园林的造园手法

大运河园林多是集绘画、诗文、书法以及各种工艺的综合体，表现出大运河园林建筑的艺术精华之所在。它的造园艺术表现在：一是模拟自然景色，利用水面、奇石和花木；二是吸收了文学、国画、书法、雕刻、工艺美术等技巧手法，通过理水、叠山、绿化、建筑、陈设、装饰等形成以建筑为中心的综合艺术，创造诗情画意的城市咫尺山林意境。杭州西湖则是中国历代文化精英秉承"天人合一"哲理，在深厚的中国古典文学、绘画美学、造园艺术和技巧传统背景下，持续性创造的"中国山水美学"景观设计最经典作品，展现了东方景观设计自南宋以来讲求"诗情画意"的艺术风格。而北方的大运河园林颐和园又是以杭州西湖风景为蓝本，汲取江南园林的某些设计手法和意境而建成。无论是在中国，还是在全世界，具有独特风格的运河园林都被世人所追捧，成为国内外公认的世界文化艺术宝库中的珍宝。

江南园林充分利用江南得天独厚的水乡优势，引水入园或在园内就地凿池，形成众多水景，尽显独特的水乡风采，园内廊和墙的布置灵活巧妙，装饰色彩调和，山石用料考究，极富特色。明代运河区域的园林建筑达到很高的艺术水平，不仅能在有限的空间内因地制宜，开池堆山，种花木、建亭榭，巧夺天工，而且能借回廊曲院分划空间，分全园为若干景区，各景区既相互联系又主次分明、各具特色，形成"景外有景""园中有园"的特点。设计力求自然，富有曲折，较少采用简单的几何图形，充分利用对景手法造景，即从一定的观赏点出发来取景、造景。水面处理，有聚有分，以聚为主、以分为辅，理水技术包括引水、堰闸、瀑潭、溪涧、喷泉等。叠造假山，使园景更丰富多姿，这是我国独特的造园技术，叠山的做法有立峰、压叠、构洞等。建筑物相互构成对景，园内建筑所占比重较大，建筑物有厅堂、楼阁、榭舫、亭台、回廊、围墙、石舫等。绿化植物的栽种亦颇具匠心，多种植姿态丰美、色香俱佳的花草树木。

明代的御花园建筑布局体现了皇家建筑的特点，主次相辅，左右对称。园内的道路也是纵横严整的几何形。园内虽有精巧的亭台和假山，并种植了大量的奇花异草，风光秀丽，但主要是作为建筑物的陪衬和点缀。尽管如此，御花园在总体的严整中又富有浓郁的园林气氛。清代的皇家园林对技术水平要求极高，受江南私家园林的影响，很注意山水的处理，需水处挖池引水，需山处叠石为山，极尽自然曲折、廊腰缦回之能事。园内分为若干景区，每个景区又设有"景"，景中有题名，整个园景丰富多姿，充满奇巧变化，其中圆明园还融合了欧式园林艺术，建有"西洋楼"。园内建筑是皇帝居住和理政的地方，多配合地形和景物来安排。

二、大运河园林的整体特征

大运河园林的整体特征主要体现在四个方面：一是师法自然。在造园的总体布局、形象组合上都合乎自然。山与水以及假山中的各种景象要素的组合要符合自然界中山水生成的客观规律。如水池常作自然曲折、高低起伏状。二是融于自然。运河园林用种种办法来分隔空间，其中主要是用建筑来围蔽和分隔空间。分隔空间力求从视角上突破园林实体的有限空间的局限性，使之与自然融合。因此必须处理好形与神、景与情、意与境、虚与实、动与静等种种关系，把园内空间与自然空间融合起来。比如漏窗的运用，使空间流畅、视觉流畅，因而隔而不绝，在空间上起相互渗透的作用。三是讲究亭台轩榭的布局和假山池沼的配合。亭台轩榭在布局上"绝不讲究对称"，充满自然之趣的布局美。假山的堆叠有自然之趣，池沼大多引用活水，石岸总是高低屈曲任其自然，还布置几块石头或种上花草，使运河园林中的假山与池沼虽出自人工，却能宛如天成。四是讲究花草树木的映衬和近景远景的层次。花草树木的映衬同样着眼于画意：既讲究树木的错落有致，又照顾到季节的变化，修剪技巧上取法自然。巧妙运用花墙和廊子，使大运河园林显得层次多、景致深，景物不是一览无余地展现在游览者的面前，而

图 7.14 扬州瘦西湖钓鱼台

是逐次展露，游览者可以领略到移步换景的乐趣，获得的审美享受也更为深长（姜师立等：《京杭大运河历史文化及发展》）。

三、大运河的沟通交流功能
促进了大运河园林的相互影响

　　清朝皇帝的多次南巡，将南方的园林艺术特点带到了北方，修建了承德避暑山庄、清漪园（颐和园的前身）、圆明园等皇家园林。被称为"万园之园"的圆明园也是文化融合的产物，乾隆六次南巡，都有如意馆的画师一同前往，将他看到的江南名园绘成图样带回北京，在圆明园中仿建，艺术地再现江南风光。可以说，圆明园的每座园子都以江南名园为原型，有仿西湖的苏堤春晓、花港观鱼，有仿苏州狮子林，有仿宁波天一阁，有仿扬州的趣园。与此同时，满族的审美风格又影响到南方的园林，不少南方的园林建筑又融合了北方皇家的建筑风格。如扬州瘦西湖的白塔就是仿照北京北海的白塔，瘦西湖的五亭桥、钓鱼台等建筑都具有北方皇家园林的风格。

图 7.15　扬州盐商为迎接乾隆南巡兴建的仿北京北海的白塔

　　大运河园林建筑之间的影响与借鉴更加广泛。颐和园作为园林艺术的集大成者，对苏州园林、扬州园林和杭州西湖的造园手法都有借鉴。颐和园亭台、长廊、殿堂、庙宇和小桥等人工景观与自然山峦和开阔的湖面相互和谐、艺术地融为一体，整个园林艺术构思巧妙，是集中国园林建筑艺术之大成的杰作，在中外园林艺术史上占有显著的地位。著名建筑学家陈从周先生在其随笔《园日涉以成趣》中写道："每一个园都有自己的风格，游颐

大运河文化十讲

和园，印象最深的就是昆明湖与万寿山。颐和园的仿西湖，又不尽同于西湖。亦有利用山水画的画稿，参以诗词的情调，构成许多诗情画意的景色。在曲折多变的景物中，还运用了对比和衬托的手法。颐和园前山为华丽的建筑，后山却是苍翠的自然景物，两者给人以不同的感觉，却又相得益彰。"

第七讲　绝怜人境无车马，信有山林在市城——大运河园林文化

第八讲

夜市千灯照碧云，高楼红袖客纷纷

——大运河城市文化

河流影响了人们的聚落，促进了城市的发展，也奠定了城市街道的格局。自大运河于隋代全线贯通之后，作为中国古代具有战略意义的交通大动脉，对于此后中国各朝代的都城及沿线其他城市的发展都产生了巨大影响。吴晨在《京杭大运河沿线城市》一书中说："一部浩浩荡荡的运河史，也是运河两岸的城市发展史。城市在广阔的空间中沿着运河的脉络展开，而运河文化的基因则顺着流淌的河水渗入到城市的每一个末梢之中，使得每一座运河城市从社会结构、经济形态、民风民俗，到城市的性格与气质，都被深深地打上了运河的烙印。"大运河与运河城市是一体同胞、唇齿相依的关系。

第一节　大运河对城市的影响

河流给人们以充足的水源，用以饮用和灌溉土地；河流也为人们的交通往来提供了方便，于是人们在河边定居下来，开始形成一个个村庄，逐渐发展成一座座城镇。人群聚集和财富的积累，直接导致一批运河城市的兴起，如都城北京、洛阳，造船工业基地镇江，工商业城市天津，近代民族工业的发祥地无锡等重要城市。

大运河自春秋时期初创开始，即推动着沿线商贸城市的兴起与发展，大运河最早的一段古邗沟就是伴随着邗城的修筑而同时进行的。因此扬州被称为与大运河同生共长的城市。自大运河于隋代全线贯通之后，作为中国古代具有战略意义的交通大动脉，对于此后中国各朝代的都城及沿线其他城市的发展都产生了巨大影响。隋唐以前，统一的中央政权最依赖关东与关中平原两大经济重心区，因此都城始终以中原为中心，形成了长安与洛阳的两京格局。隋唐政府延续了这一传统，但这一时期，由于经济重心的逐渐南移，促使统治者沟通了以东都洛阳为中心的大运河体系，使运河对于中国政治经济文化的作用上升到一个新的高度，并自此拉开了中国都城发展的"运河时代"。

大
运
河
文
化
十
讲

在运河时代，运河与运河流域的经济文化对于都城发展具有决定性意义，构成了都城发展的动力支撑系统和技术、信息与文化交流系统，共同推动都城的发展。此外，由于中国南北方经济条件差异较大，经济互补性也比较强，客观上有加强经济交流的愿望。虽然大运河开凿的主要目的是为了漕运，但漕运中的私货运销活动却刺激了沿岸地区的商业发展，也给运河沿线带来了大量的人流，而且各王朝为了维持漕运的运转，也必须适时开凿和疏浚河道，从而提供了城市兴起所需的交通条件，为城市兴起聚集了相当数量的物质产品和居民人口，于是在运河沿岸的一些水陆交汇点或交通枢纽地区，就兴起了一座座商贸城市。这些城市因运而生，依运而存。不同时期的运河都会带动一批商贸城市的兴起，而其在运河体系中的重要程度也往往决定了这些城市的规模大小和繁盛程度。城市是社会生产力发展的产物，城市建筑亦随着生产力的发展而不断发展。大运河城市的建设，包括城址的选择和城市规模的扩展、城内道路的兴修、水道系统的建设、园林囿苑的修造、居住设施的兴建等等，皆形成系统，标志着运河城市的全面进步。

唐宋时期的运河一般都穿城而过，百姓夹河居住，显示着城市依靠河流兴起的迹象。明清以降，随着城市的不断发展，运河担负的运输任务愈来愈重，穿城而过的运河，对于船只特别是大船的航行颇为不便，河道的疏浚、拓宽也很受限制，因而逐渐改道为绕城而过。"如果我们把唐宋运河比喻成一条碧绿而柔软的彩练，那么，运河沿岸的城市就是串在这条彩练上的一颗颗明珠。从西京长安和东都洛阳向东南，沿着通济渠、邗沟、江南河、浙东运河分布的重要城市有汴州、宋州、宿州、泗州、楚州、扬州、润州、常州、苏州、杭州、越州和明州等等。在这些城市中，最富庶、最重要、最著名的是扬州，或者说，在这串明珠中，最硕大、最美丽、最有光彩的一颗是扬州。"（阎守诚：《隋唐小说中的运河》）

随着社会经济的进一步发展，中国大运河成为联系全国经济的交通大动脉，在运河沿岸形成了一批转口贸易城市，促进了运河沿岸城市商

业的繁荣。由于漕运的需求，深刻影响了都城与沿线工商业城市的形成
与发展，围绕漕运而产生的商业贸易，促进了大运河沿线地区的兴起、
发展与繁荣，造就了中国大运河沿线地区一个个繁荣的集镇，形成了独
特的大运河城市文化。

第二节　大运河都城文化

　　运河与城市互动的第一种类型就是都城。都城是一个国家的心脏，
要供养皇室官僚机构及部队需要大批的物资，而中国都城所在的北方往
往都不是经济中心，需要从南方农业发达地区调动物资，这就需要一处
稳定的粮食运输系统，借运河行漕的漕运成为最佳的手段，这就形成了
运河与都城的特殊关系。隋唐时期的洛阳城、元代大都的建设，是在国
家意志下与运河的修建同期规划、同期实施的宏大工程，城市规划者将
漕运的便利、皇室的需求与城市的景观统筹考虑，从而诞生了在世界城
市规划史上具有典范意义的城市，并通过漕运带来的经济繁荣，使之成
为人口超过百万的大都会。

　　都城是中国古代一种特殊类型的城市，它既是政治中心，又是商业
和文化中心，在中国古代城市体系中处于最高层级。要供养都城内包括
庞大的中央官僚机构和足够数量的常备军以及皇室成员在内的庞大人口群体，就需要有一个持续不断的粮食供应系统。因此，大运河的出现是中国古代王朝政治的产物，主要是为都城服务，以满足都城的物

图 8.1　北京故宫

大运河文化十讲

资需求为目标。大运河自开通后，成为历代都城的命脉，并与都城相互依存、互为推动。以都城为中心的运河系统组成一个庞大的漕运之网，紧密地将经济发达地区与都城联系在一起，从而为都城的发展提供了源源不断的各种资源。中国大运河沿线的都城有洛阳、开封、杭州、北京。

一、隋唐时期都城洛阳

洛阳地处洛水之阳，是中国文明史上最为重要的政治文化中心之一，前后有东周、东汉、曹魏、西晋、北魏、隋、唐、后梁、后唐等 13 个朝代在此建都。特别是隋唐两代，洛阳成为全球的政治经济文化中心。隋唐两代虽然都城为长安，但洛阳都是作为陪都而存在的。由于大运河带来的繁荣，无论是从经济上还是政治上，洛阳的地位一点不低于长安。作为隋唐东都的洛阳城始建于隋炀帝大业元年（605 年），历经隋、唐、五代和北宋诸朝，历时约 500 余年，期间其规模和布局除局部稍有增减外没有大的变化，在中国历史中占有非常重要的地位。据《隋书·炀帝纪》记载，隋炀帝于大业元年下令开建东都洛阳。负责规划的宇文恺根据洛阳山川、河流的自然条件，集政治、经济、对外交通和观赏于一体，把东都洛阳城规划设计得十分宏大。在营建新都的同时，隋炀帝下令开凿通济渠，自都城西面的西苑引谷、洛水达于黄河，构成通济渠的西段。由于通济渠不仅供炀帝出巡各地，更要把东南与其他地区的租粮漕运到东都含嘉仓，然后再转输西京大兴城（长安），因此宇文恺巧妙地利用黄道渠让谷、洛水与通济渠连通，把通济渠的停靠码头延伸到皇城，在东太阳门外与承福门外形成一个宽阔的广场，炀帝多次出巡活动都是由此处乘船而行的。正是因为洛阳城的规划专门考虑了通济渠的漕运功能，根据考古发掘推测的隋唐洛阳城平面图显示，宫城、皇城以及郭城内的建国门大街等重要建筑都位于郭城的西半部，即城市中轴线偏在郭城的西半部，这与同为宇文恺规划设计的中轴线位于城市中央的西京大兴城很不相同。

图 8.2 大运河洛阳段

大运河的开通，使洛阳成为全国水陆交通枢纽，工商业空前繁盛，逐渐成为全国的商业中心和对外贸易中心。同时，皇帝还下令把洛阳故城及周边的居民、各地富商大贾等迁入新城，使洛阳人口达到百万以上，规模在当时的世界上首屈一指。唐代政府在隋代大运河的基础上，经过局部变更和整修，建立起发达的运河交通网络，位居大运河交汇处的洛阳的重要性再次突显，城内中外商贾荟萃，手工业发达，城内市场甚至远较长安大。唐高宗时恢复了洛阳的东都地

图 8.3 隋唐洛阳城遗址

位，并经常往来于两都之间，以方便就食于富庶的东南地区。武则天当政时，更长期驻跸洛阳，改洛阳为"神都"。正是运河的沟通使政治中心与经济重心密切联系在一起，整个帝国名副其实地凝结为一个坚强牢固的整体，为大唐盛世奠定了基础。

二、北宋的都城开封

开封地处中原腹里，周围平原广阔，河湖交错，战国时即是魏国都城（当时称大梁）。当时，魏国为争雄称霸，对鸿沟进行挖掘改造，北接黄河，南边沟通了淮河北岸的几条主要支流，构成了黄、淮之间的水路交通网络，而开封也因此成为中原地区的水陆交通要冲。

大运河沟通后，开封（当时称汴州）西通洛阳，南达江淮富庶之地，是南来北往商旅漕船的必经之地，从唐开元年间逐渐繁荣起来。安史之乱以后，由于藩镇割据局面的形成，北方地区的大部分赋税被地方留用，唐王朝的财政收入主要依靠江南，通济渠成为其生命线，使开封作为交通漕运枢纽的地位得到进一步确立，并对其城市发展起到巨大的促进作用。此外，作为保护洛阳的屏障，开封也具有巨大的军事价值，成为唐王朝统治东方的重镇和兵家必争之地。

经济与军事地理格局的变化也带来了政治地理格局的变化。公元907 年，朱温在开封称帝，建立后梁政权，立开封为国都，洛阳被改为西都。五代时期（907—960 年），虽然国都仍然在开封、洛阳之间来回变动，但多数时间以开封为主，洛阳则降到从属的地位，从而开启了中国都城史的"运河时代"。随后继起的南宋、金、元、明、清彻底改变了中国古代都城的分布格局，正式开启了都城发展的运河时代。

公元960 年，赵匡胤建立了北宋政权，并通过一系列战争结束了唐末以来的割据局面。由于当时中国经济文化重心的南移已经完成，因而宋廷在选定都城时，必须考虑如何既能照顾到北部和西北部边防的安全，又能较容易地取得江、淮地区的巨额漕粮以满足上述的迫切需要。因此，赵氏君臣几经研讨，尽管开封地势平坦无险可守，由于其地处大运河东南部分北端的重要位置，最终还是不得不继五代之后，确定开封为国都。

同时，为了吸取唐朝后期握有兵权的各地方藩镇割据形成五代十国

图 8.4 开封龙庭

以及五代各朝都是短命的政治教训，宋朝一开国就采取加强中央集权措施，将各地方政府的军、政、财、法和监察大权，全都集中到中央，在开封设置了庞大的官僚机构和在京师驻扎了数十万的国家军队。为了供应京师庞大官僚群和军队的给养需要，宋朝一开始就制定了"国家根本，仰仗东南"的国策，即将国家的财赋收入，完全依赖于东南地区对京师的漕运。北宋朝廷曾数次讨论过是否迁都洛阳的问题，结果因洛阳离东南地区较远，漕运不便而被否决。当时开封的水运交通条件十分优越，除汴河（宋朝对通济渠的称呼）外，还有向南经陈、蔡地区通往淮河流域的惠民河，向东经曹州通往齐鲁地区的五丈河，以及向西经中牟通往荥阳的金水河。这一以汴河为主的运河系统构成以开封为中心的放射状河网，为北宋漕运的发达和京师开封的繁荣，提供了良好条件。而开封作为漕运中心和水陆交通枢纽，还发挥了集东南之粮辖御北方兵马的重要作用，在兵事紧急的时候将漕粮转运到国防前线。

开封在北宋是当时世界第一大都市，"汴京富丽天下无"。开封的兴衰与大运河的兴废息息相关。唐代以来，开封以"水陆所凑，当四会五达之通"的地位，成为经济发展、文化繁荣的城市。经过北宋的整治，汴河担负着大部分的漕运任务，成为维系北宋政权生存的交通大动脉。开封随之达到了鼎盛阶段，城市规模、经济发展水平及人口数量都超过了隋唐时期的长安与洛阳，不仅是全国政治经济文化中心，而且是世界上最繁荣的城市。

开封的衰落也缘于运河的废弃。由于汴河水源主要来自黄河，黄河

大运河文化十讲

178

多沙善淤的特点也影响了汴河。到了北宋后期，汴河疏浚制度渐废，泥沙淤塞日趋严重，漕路不畅，运力大减，再加上金人南下的威胁，使开封不再适合作为都城。1126年，金军攻破开封，宋统治者放弃中原，逃难临安（今杭州）。宋金对峙，南北分

图8.5 开封的"宋都御街"

立，汴河长期失用不浚，逐渐湮没。开封的地位也从此江河日下，日渐衰微。而由于历史上黄河数次泛滥，历史上的开封城今天也已被湮没在厚厚的淤泥之下。

三、南宋时大运河的中心城市杭州

杭州被《马可·波罗游记》称为"世界最美丽的华贵之天城"。杭州城的发展与水密切相关，整个城市都是依水而建，因水而兴。杭州始兴于隋代，隋唐大运河的南北贯通和东南经济的迅速发展，尤其是江南运河与钱塘江及浙东运河的沟通，使杭州从一个滨海小邑一跃发展成为重要的经济都会。唐朝时，杭州已成为国内外通商口岸，贸易兴盛，呈现出"骈樯二十里，开肆三万室"的繁荣景象。公元907年，在唐政权被后梁政权取代的同时，唐地方将领钱镠建立吴越国，以杭州为都城。经钱氏数十年的经营，使杭州成为一座规模宏大的名城，并在北宋时期成为全国最重要的工商业城市之一，是对外贸易的主要港口，经济、文化十分繁盛。1132年，在经过开封陷落后的数年颠沛流离之后，宋朝统治者终于在临安府（今杭州）安定下来。考虑到杭州自身优越的经济条件和物质基础，以及它作为江南运河、浙东运河及钱塘江三条水路交汇点的便利水运交通条件，宋朝于1138年正式将其定为行都，是为南宋。南宋政权偏隅南方，北有强敌，但仍然维持了150多年（1127—1279

图 8.6　杭州南宋皇帝郊祭坛遗址

年），且经济持续发展，全靠其坚实的财政基础支撑。而正是由于大运河对于各地财赋的转漕，才保证了朝廷的财政需求，并成为其布达政令、遣发军旅、流通物资的重要通道，大运河也由此成为南宋得以偏安的重要因素。南宋经济、文化、社会各方面的高度发展，促成了京城临安的极度繁荣。作为全国最大的手工业生产中心，南宋杭州城工商业发达，手工业门类齐、制作精、分工细、规模大、档次高，造船、陶瓷、纺织、印刷、造纸等行业都建有大规模的手工业作坊。同时杭州还是当时全国商业最为繁华的城市，城内城外集市与商行遍布，天街两侧商铺林立，早市夜市通宵达旦；城北运河樯橹相接、昼夜不舍，城南钱江两岸各地商贾海舶云集、桅杆林立。

经过南宋政府一个多世纪的精心营建，杭州发展成为百万人口以上的大城市，鼎盛时曾达到 160 万人，成为当时亚洲各国经济文化的交流中心，城市规模遥遥领先于世界。甚至在它于 1274 年沦陷于蒙古军队之后，马可·波罗仍然认为它无疑是世界上最为华丽高贵的城市。当时西方最大最繁华的城市威尼斯也只有 10 万人口，作为世界最著名的大都会伦敦、巴黎，直至 14 世纪的文艺复兴时期，其人口也不过 4 万至 6 万人。

图 8.7　杭州仿古街道

元代，作为大运河上

大运河文化十讲

的重要节点，杭州依然保持着南方工商业中心的地位。明清以降，杭州除短时间因遭战争破坏而经济萧条外，多数时间都保持了工商业繁荣发展的局面。明万历以后，杭州恢复了昔日的繁盛，商店沿街长达几十里，百物辐辏，商贾云集，千艘万舸，往回不绝。清乾隆年间，杭州发展成为中国三大丝织业中心之一。其他手工业如棉纺织业、制伞、剪刀等也很兴盛。雍乾年间，杭州城市更加发展，城郭宽广，居民稠密，南北长达 30 余里，成为全国著名的工商业大城市。

四、元明清大运河的中心城市北京

北京古称蓟，战国时为燕国的都城，又称燕京，为北方一大都会。作为中原进入北方和东北地区的门户，北京地区逐渐成为区域政治中心。随着大运河在隋代的开通，第一次开辟了从江南直达涿郡（今北京南郊）的运道，解决了漕运问题，从而提升了北京地区的政治、经济和军事地理价值，为其上升为全国政治中心奠定了基础。隋唐王朝对东北高丽的多次用兵，都以北京地区为基地。

北京是建都 860 余年的国都。中唐以后，契丹、渤海、女真等少数民族相继崛起于东北，北京的政治地理价值日益突显。10 世纪上半叶，契丹族在建立辽朝后升燕京为五京之一的南京（又称析津府），是辽国经济文化最发达的城市，几乎与宋都开封相媲美。12 世纪上半叶，由女真族建立的金朝取代辽朝，并攻灭北宋，占有淮河以北的领土，与南宋形成南北对峙的局面。鉴于北京地区的交通发达、物产丰富，1153 年，金统治者正式将都城迁至北京，改称中都，并随即恢复了以中都为中心，以御河（即隋唐时的永济渠）为主干，以黄河北流诸水为辅的漕运体系。1264 年，在即将重新统一中国的前夕，元朝皇帝忽必烈下令在金中都东北郊另建新城，并于 1272 年把新城命名为大都，定为全国的都城。元大都的确立与兴建，使北京由北方区域中心第一次上升为统一国家的政治经济文化中心，成为北京城市发展史上的一次飞跃，对中国历史发展产

图 8.8 通惠河北京城区段

生了重要影响。

而大都城的山形水系，在其规划设计之初便被认真考虑在内。设计者首先选择了城内最重要的水源——积水潭东北岸上预定为全城中心的一点，立"中心台"，又建"中心阁"，从"中心台"向南，紧傍积水潭东岸，垂直南下，形成设计上的元大都示意图城市中轴线。在此中轴线上，又紧傍太液池的东岸，建造宫城"大内"，又以积水潭的东西宽度，作为全城宽度的一半，用以决定东西两面大城城墙的位置。大都城方圆60余里，为南北略长的长方形。与传统城市建筑布局不同的是，大都城的基本形状呈东西对称而南北不对称，城四角建有巨大的角楼，城外绕以宽深的护城河。城墙用土夯筑而成。全城的中轴线南起丽正门，穿过皇城灵星门、宫城崇天门和厚载门，经万宁桥、中心阁，直抵健德门和安贞门之间。街道布局是在南北向的主干大道的东西两侧，等距离平列着许多东西向的胡同。

图 8.9 元大都遗址

除大都城和皇城、宫城、宫殿、官署的建筑外，尤其值得一提的是为解决大都供水、排水的几项

大运河文化十讲

主要水利工程都与运河有关。一是至元三年（1266 年）为配合都城的修建，重开金代已经堵塞的金口工程；二是开凿金水河工程，经过开凿的运河渠道，引玉泉山诸泉之水流入城内；三是开凿通惠河工程，以保证由运河和海道漕运的物资供应大都之用。这些都是大都建设过程中的重要配套工程，这些工程的实施与完成，也使大都成为大运河北端最具代表性的运河城市。

在大都建成之后，为解决南粮北运问题，元政府对大运河进行了一次大规模的整治和开发，重新开通的大运河以大都为中心，直穿山东、江苏全境，径抵江南，沟通了河、海、江、淮、钱塘五大水系，把南北方各大经济区更直接地联系起来，由此奠定了此后中国大运河的基本走向及其规模。

明清两朝相继建都北京，继续沿用元代大运河作为连接北方政治中心与江南经济中心的水运通道。为确保这一交通大动脉的畅通，明清两朝都不遗余力地经营运河，使运河的功能和作用得以充分发挥，进而将古代运河的发展推向一个高峰。而作为元、明、清三朝都城的北京，素有"漂来的城市"之说。大运河每年为北京运进数百万石粮食，还把南方的其他物资如木材、铜、铁、铅及百货等源源不断地运来。可以说，没有大运河，就没有北京的那些金碧辉煌的城阙和宫殿，也就没有北京历史上的兴盛和繁华。

明成祖取得帝位后，决定迁都北京。故宫始建于永乐五年（1407 年），竣工于永乐十八年（1420 年），历时 14 年之久。为改建北京城，明成祖不断派遣官员到湖广、江西、浙江和山西等地采办建筑用的木材和石料等，并将全国各地特别是运河区域的优秀工匠征集到北京从事宫殿的营建。故宫占地面积 72 万平方米，内有房屋近万间，外有高达 10 米的紫禁城城墙围绕，紫禁城的四角各修一座造型秀丽的角楼，环绕紫禁城的是一条护城河。故宫从形式到内容，都为了体现皇帝的尊严和封建的等

图 8.10 北京故宫建筑

级制度。清代统治者定鼎北京后，于顺治二年（1645 年）开始对明皇宫的皇极、中极、建极三大殿重建修缮，更名为太和、中和、保和。此后，清代又对皇宫进行多次重修和扩建，逐步形成了我国现存最大最完整的古建筑群。

北京的崛起，有政治、军事、地理等多方面的深刻原因，而大运河沟通南北，连接黄河长江两大流域，也为北京作为统一中国的都城奠定了经济和地理方面的基础。随着中国经济重心的东移，长江中下游平原、华北平原和东北平原逐渐成为中国的经济政治中心区域，正是由于大运河的沟通，使位于华北平原北端的北京成为连接三大区域的枢纽，南北照应，成为全国的中心。北京作为中国古代两大伟大工程长城与大运河的交汇点，既捍卫了中原文明，又努力吸取南方的养分滋育北方大地。长城既未能阻挡北方民族的南进，也没有阻碍中原文明的北上；而中国大运河却有效地保证了南北的统一，促进了中国经济的发展、商业的繁荣和文化的兴盛。

第三节　大运河与商业城市文化

运河与城市互动的第二种类型就是商业城市。运河是以满足都城的物资需求为主要目的，客观地将政治中心与经济中心联系在一起，东部地区农业发达的地区成为中国经济最发达的地方，并催生了一批商业城市。大运河沿线的众多城镇，由于漕运的影响而逐渐发展成为工商业发达的地区性中心聚落。位于大运河与长江交叉口的扬州，自隋至清，一直是中国大运河的要地。扬州城与大运河的邗沟段同期修建，至今仍可见运河对城市格局的影响。唐代扬州就是全国最发达的商业都会，元代则成为重要的国际性都会，明清更是由于盐业的发达而更加繁荣。苏州、杭州的历史也与公元6世纪江南运河的开通息息相关。宋代的苏州城更由于以水系为脉络，河道为骨架，塑造了杰出的双棋盘式格局，将大运河之水引入家家户户门前，形成了独特的"水陆相邻、河街并行"的住居模式。农业、丝织业的发达加之漕运带来的便利和商贸机会，使苏杭两地在宋代即被誉为"天上天堂，地下苏杭"（[宋]范成大:《吴郡志》），以形容其富庶与美丽。明清时期，苏杭两地更成为工商业极为发达地区。北方的天津、南方的宁波（明州）均是中国大运河与海运的交汇点，也由此而成为历史上全国南北货物的集散地与重要的对外港口城市。

隋代大运河的开通掀起了运河沿岸工商业城市发展的第一波浪潮。隋唐大运河不仅带动了东南地区的开发建设，提高了东南地区经济文化水平，而且促进了一批沿岸城市的兴起与繁荣。汴州、宋州、楚州、扬州、润州、常州、苏州、杭州等是当时最著名的运河城市。宋代以开封、杭州为中心的运河体系的建立，以及农业、手工业的进步，将运河沿岸城市的发展推向一个新的阶段。

大运河江南运河段主线基本将江南地区主要的城市串联起来，对城市的发展繁荣起到了推动和支撑作用。大运河对城镇的形成发展的影响主要表现在对自然环境的改造和对社会形态的影响。

以江南运河为纽带，自北向南将常州、无锡、苏州、嘉兴、杭州等著名城市贯穿其中。最初城市乡镇因运河而起，其后城市沿运河扩张，与运河沟通，交换水量。运河为城市提供水路交通，形成了运河穿过城区并与城河水系相沟通的格局，城河也成为运河体系的重要组成部分。

图 8.11　天津南北运河交汇处

城河往往具有城市输水、排涝的功能，南北沟通的大运河与城河相通，作为城市水系的调蓄，使城河的功能得到更好的发挥。

江南地区一直是我国经济、文化比较发达的地区，江南运河串联的城市都是太湖地区乃至全国的重要城市，大运河的沟通促进了城市的发展，城市的繁荣也对运河功能的发挥具有促进作用。

元代大运河的重新开通和南北取直，为运河沿线城市发展开辟了一个新的时代。尤其是自明中叶以后，随着封建社会商品经济的进一步发展，社会生产力水平有了较大提高，社会分工进一步扩大，手工业诸如冶炼、制瓷、纺织、造船、染色、制盐、造纸等行业有较大发展，国内外市场不断开拓，由此将运河城市发展推向一个繁荣发展阶段。在当时全国著名的工商业较发达的 30 多个大中城市中，就有顺天（北京）、镇江、苏州、松江、淮安、常州、扬州、仪征、杭州、嘉兴、济宁、德州、临清等 13 个为运河城市，几乎占了半壁江山。其他中国大运河沿线城市如淮安、天津、徐州等也都具有相当规模。大运河沿岸衍生出的独特的城市与村镇，受到运河的影响，经济不断繁荣，城市逐渐发展，为今天留下了独特的运河城市遗产。

一、与大运河同生共长的城市扬州

扬州地处中国大运河与长江的交汇处，自春秋吴国于公元前 486 年开邗沟、筑邗城起，即成为运河咽喉之地。扬州的兴盛始于隋唐，大运河的开通使扬州成为全国最重要的水陆交通中心之一。南北商人和物资多以此为总汇，江淮荆湖与岭南的物产，特别是东南一带的海盐，大都在此集散。唐中后期，扬州不仅是唐朝财赋所赖的重镇，而且也是商贾如织的国际大商埠。宋人洪迈曾说："唐世盐铁转运使在扬州，尽斡利权，判官多至数十人。商贾如织，故谚称'扬一益二'，谓天下之盛，扬为一而蜀次之。"扬州之所以获得"天下第一"的盛名，是因为它地处长江三角洲的北端，是运河与长江交汇的十字路口，是南来北往、西去东下的水陆交通总枢纽。优越的地理位置使扬州在唐代成为繁荣富庶、人物荟萃的著名城市，即除了都城长安和洛阳，扬州之繁盛天下第一。

宋元之时，扬州商业繁盛依然著称于世。是时，"百州之迁徙贸易之人，往往皆出其下，舟车南北日夜灌输京师者，居天下之七"（[宋]洪迈：《容斋随笔》）。明清时期，优越的地理位置使其成为当时漕粮北运的门户，扬州的经济和文化再度出现空前繁荣，"四方客旅杂寓其间，人物富盛，为诸邑最"。作为两淮盐运使的驻地，扬州集中了大量的盐商及其资金，成为全国的金融中心，时云"扬州富甲天下"。扬州的商业除盐业外，米行、木行、造船、南北货业、铜器业、茶食业、刺绣、漆器等手工业也很有名。明末清初，扬州因战乱而化为废墟，但由于其漕运枢纽地位和盐业发达，经济迅速得到恢复和发展。清代康熙、乾隆皇帝的数次南巡均以扬州为主要驻跸之地。两淮盐商为接待帝王南巡，大建宫室、园池、台榭，对扬州城市发展起了重大作用。清朝将漕、盐、河称为"东

图 8.12 扬州唐城遗址

南三大政"，扬州兼三者之利，号称东南一大都会。据统计，到清后期，仅江苏苏松道、浙江、江西、湖南、湖北通过扬州漕船总计2659艘，共计运丁26590名，这些数量巨大的运丁及众多官兵为扬州带来极大商机。同时，清代对漕船携带土宜的限制逐渐放宽，土宜数额伴随商品经济发展屡次增加，为扬州带来各种物资，使扬州成为当时全国商品经济最为发达的城市。扬州的繁华使其成为达官、富商、缙绅、豪门的聚居之地，各色商业服务行业如商铺、茶馆、酒楼、戏园等鳞次栉比，城内园林名胜，甲于天下。

二、因运河形成的水陆双棋盘格局的城市苏州

位于江南运河与娄江交汇处的苏州，濒太湖，依长江，素称江南水陆交通枢纽。自吴王阖闾筑城（公元前514年）起，就为东南重镇。苏州建城后不久，历代统治者就以苏州为起点，陆续向西、北、东、西北、南等方向开凿运河，构成了苏州与外界联系的四通八达的水道。其中，向北、向南两个方向的运河经隋大业年间的进一步开凿，成为大运河江南段的重要组成部分。运河之水，一部分汇入护城河；一部分先融入城内水系，以三横四直的主干水系构成主要水网，成为城市居民重要的生活水源，然后再从城门泻出后汇入运河。苏州也因此成为运河沿线唯一全城受运河水滋养的城市，整个城市与运河连成一体。

图8.13　苏州阊门遗址

唐宋以降，随着经济重心的南移，苏州经济快速发展。至明清，苏州发展成为全国的棉织、丝织业中

心和刻板印刷业中心及全国最大的粮食市场和丝棉织品贸易中心之一。明清时期，"苏州江南首郡，财赋奥区，商贩之所走集，货物之所辐凑，游手游食之辈，异言异服之徒，无不托足而潜处焉。名为府，其实一大都会也"。（姜良栋：《镇吴录》）这一时期，苏州城内水系也是大运河漕运体系的一部分。历代的漕运，皆依托苏州绵密的水运网络运到苏州城内粮仓储存，而后由苏州发运北上，苏州古城成为漕粮的重要征集地和起运地。依靠运河的滋养，

图 8.14　大运河苏州城区段

作为明清时期全国工商业最发达的城市之一，苏州的发展规模仅次于北京，到鸦片战争前夕，城市人口将近百万，成为当时世界上最大的城市之一。

三、河运海运交汇的城市天津

天津，由明成祖朱棣于永乐二年（1404 年）赐名。

1214 年，由于对保障金中都（位于今北京城西南）及漕、盐储运安全至关重要，金朝政府在三岔口建立了军事设施直沽寨，成为天津城最早的建制。作为河、海漕运的交通枢纽，元代重开大运河和开展海运，使天津一跃成为京师门户。漕运、海运相汇集，使其呈现出"晓日三岔口，连樯集万艘"（[元]张翥：《代祀天妃庙次直沽》）的壮观景象。到明代中期，天津的商品经济出现飞跃发展，并由漕粮转运枢纽发展为北方商业重镇。

清咸丰五年（1855 年），黄河在铜瓦厢决口，夺大清河从利津入海，

图 8.15　天津仿古街道

黄淮分离，安山至临清间运道涸竭，而淮河下游河道淤塞，淮南运道受到较大影响，传统运河体系解体。扬州、淮安、临清等运河城市因丧失对外联系的主要通道而衰落下去，规模变小，百业萧条，人口锐减。但也有部分运河城市如江南的苏州、杭州、无锡、镇江等因江南运河航运继续发挥作用及近代铁路的兴起而获得新的发展，位于渤海湾岸边的天津也凭着海运码头和京师门户的地位，一跃成为北方最重要的工商业都会之一。

四、明清大运河重要商业城市临清

临清位于山东鲁西北卫河与运河的交汇地，是连结直隶、河南、山东三省的水陆中枢。临清历史悠久，西汉初年即以清渊之名设县制，临清之名始于后赵，取临近清河之意。北魏太和二十一年（497年）析清渊县西部复置临清县，属司州阳平郡。隋开皇六年（586年）复置临清县，属清河郡。明、清时期，运河与卫河在临清这里交汇，水运的优势带动了经济的繁荣。特别是自明永乐十五年（1417年）会通河开通后，漕运兴盛，临清成为汇集7省漕粮北运的中枢和内陆通往北京的咽喉战略要冲。大小船舶成百上千，南来北往，络绎不绝。明清时期，临清正是凭借中国大运河漕运兴盛而迅速崛起，经济发达，文化繁盛，成为当时中国30个大城市之一，是重要的商贸流通中心、税收中心、最大的贡砖烧造中心和中国北方曲艺的发祥地，素有"富庶甲齐郡""繁华压两京""南有苏杭，北有临张"的美誉。

大运河文化十讲

190

据《临清历史文化》一书介绍："临清物华天宝，人杰地灵，运河文化积淀尤为丰厚。境内拥有名胜古迹 70 余处，其中运河钞关、舍利宝塔、清真寺、鳌头矶等 2 组 11 处为全国重点文物保护单位。临清钞关

图 8.16　临清钞关中的建筑

作为中国税收机构的唯一典型遗存，是研究明清经济生活、运河城市的形成与发展及中国税务史的宝贵实证资料；舍利宝塔与通州的燃灯塔、杭州的六和塔、扬州的文峰塔并称为'运河四大名塔'；临清清真寺规模宏大、气势雄伟，有'江北五大寺之一'的美誉；鳌头矶为运河岸边的重要标志性建筑。临清名人辈出，唐代音乐家吕才、明代著名诗人谢榛、抗日民族英雄张自忠、学界泰斗季羡林、著名画家张彦青等，都是临清杰出的代表。临清的饮食文化别具风格，风味独特，以临清汤包为代表的传统小吃更是融会南北，花样繁多，远近闻名。临清还是武训兴学所在地、山东快书诞生地、《金瓶梅》故事背景地，是著名的京剧之乡、轴承之乡、书画之乡、武术之乡和酱菜之乡。"

五、元明清大运河的河道管理机构所在地济宁

济宁作为会通河上的重要枢纽，城内外也是商业街区遍布，其人口比例最大的部分是商人，其次是手工业者，是一个典型的因转口贸易而发展起来的城市。据《济宁直隶州志》记载，明末时，济宁位于"南北咽喉、子午要冲，我国家四百万漕艘皆经其地。仕绅之舆舟如织，闽、广、吴、越之商持资贸易者，又鳞萃而猬集。即负贩之夫、牙侩之侣，亦莫不希余润以充口实。冠盖之往来，担荷之拥挤，无隙暑也"。

六、南船北马的分界线城市淮安

淮安被誉为运河之都，这里是最早的运河古邗沟的终点。商业的发展带来了运河沿线城镇的繁荣。大运河与城镇之间形成了极其密切的关系。运河的开凿给沿岸城镇的发展以巨大的推动力。楚州（今淮安、宝应一带），在隋代原为江都郡的山阳县，向北可通过汴、蔡等水与中原沟通，向南通过山阳渎（即邗沟东道）和邗沟西道都可到扬州。这样，山阳县成为连接中原与扬州以及江南的重要交通枢纽，得到迅速发展。唐武德四年（621年）将山阳县升格为东楚州。贞观十三年（639年），楚州有民户3357户、人口16262人；到天宝元年（742年），有民户26062户、人口153000人。在一百年间，户数增加了近七倍，人口增加了八倍多，发展速度相当惊人。

明清两代在淮安设有漕运总督，总管天下漕粮。淮安地处黄、淮、泗、运众河交汇之地，为运河航运交通枢纽，每年数以万计的商船、漕船云集码头，牵挽往来，百货山列。清康熙十七年（1678年），又将河道总督府迁至淮安，清康熙、乾隆两位皇帝数次南巡，都曾在淮安指挥治水，淮安遂成为全国性的经济调控中心。水路交通的发达，也为淮安商业的繁荣提供了有利条件，明清时期，淮安与扬州、苏州、杭州并称运河沿线的"四大都市"，是当时具有全国影响力的大城市。1415年清江浦开埠后，由于南北运河运力不同，江南物资船运抵清江浦改为

图8.17　淮安府衙

大运河文化十讲

车马陆运，大量的北方人士乘车马抵清江浦换乘船只南下，清江浦成为转运的枢纽城市，因而淮安有"南船北马，九省通衢"之别称。

第四节　大运河与古镇

大运河作为中国古代具有战略意义的交通大动脉，对于沿线城市和集镇的发展都产生了巨大影响。人们沿着大运河逐水而居，在沿运河而兴起的城镇中，有着鲜明的运河烙印。在北方，古代的运河催生了一批市镇的繁荣，如夏镇、张秋；在南方，至今运河水系与城镇水系仍旧巧妙连接，如今塘栖、平望等古镇形成了独特的"枕水人家"居住模式，形成了一批历史城镇和运河街区，甚至一些大户人家的豪宅大院也沿运河而建，生动展现了大运河对生活方式的塑造。大运河穿越城镇时成为城镇水道的一部分，沿线重要的枢纽城镇也凭借与大运河的密切关联发挥出巨大的辐射作用，使得大运河成为真正沟通南北的母亲河。大运河沿线临水古镇的形成与发展都与大运河有着密切的关系。

大运河对沿线城镇的兴起繁荣起了很大的作用，并创造出独特的运河文化与生活。运河聚落的共性特点都是沿河而居，但形成的原因各异。有的是作为交通枢纽的地位如因渡成镇的瓜洲古镇、因驿成镇的界首镇、湖中运道微山湖南阳镇；在清江浦的辐射下，淮安依托运河河道设施或公署机构，自东而西兴起了河下、板闸、王家营、马头等小城镇；有的是因为水利设施而成镇，如长安镇因为长安三闸，邵伯镇因为邵伯埭，高堰古镇因为高家堰；有的因商业繁荣而兴镇，如滑县道口古镇、新沂窑湾古镇、杭州塘栖古镇；有的是因为特色产业而带来的经济繁荣，如十二圩作为盐运集散地成为商业名镇，还有杨柳青因年画产业、南浔因湖丝产业成镇。

一、因运河交通枢纽成镇

从交通枢纽的角度看，运河古镇中最出名的要数因渡成镇的瓜洲古镇。瓜洲镇位于江苏省扬州市最南端，处于古运河入江口处，作为大运河南下入江的交通要冲，从唐代开始，要沿运河行船北上，绝大多数要经过长江边的瓜洲古镇。瓜洲有"江淮第一雄镇"和"千年古渡"之称。自唐末，瓜洲渐有城垒，南宋乾道四年（1168年），瓜洲开始筑城，明代瓜洲城周长一千五百四十三丈九尺，高二丈一尺。元代设置行省于此，明代设同知署，清代设巡检行署、漕运府、都督府等。瓜洲从唐代直到现代都是文人荟萃之地。唐代的李白、白居易，宋代的王安石、陆游，明代的郑成功，清代的郑板桥等，都曾在瓜洲寻幽探胜，并留下了大量吟赋瓜洲的篇章。

与瓜洲一样的还有北京通州的张家湾古镇。张家湾镇位于北京市通州区东南部，是因航运而繁荣起来的运河码头。辽代萧太后运粮河的河口即在此处港湾，海船至此，易小船驳运，此湾成为朝廷漕运码头。元世祖建立大都城，粮用依赖江南。至元二十二年（1285年），万户侯张瑄首次指挥海船运输漕粮自渤海溯海河而上，再沿潞河（时称白河）逆舟至此湾，于张家湾调用大车陆运至大都城。此处用作码头，直至清嘉庆七年（1802年）潞河（北运河）改道止，形成巨大村落，因张瑄督海运至此而名张家湾，用作大运河北端码头达700余年。张

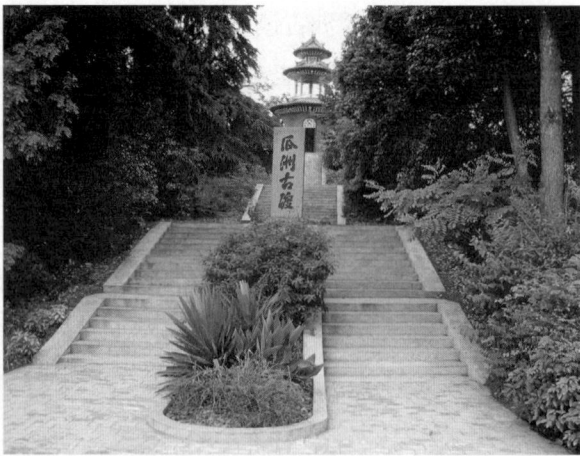

图8.18　瓜洲古渡

家湾古城建于明代，明清时城内商号林立，有"大运河第一码头"之称。现存的通运桥坐落于张家湾古城墙边。

南阳古镇位于山东省济宁市微山县境内南四湖北侧的南阳湖中，由于大运河穿湖而过，在狭长的湖面上伴河形成的一个显赫一时的运河名镇。古镇由东西长 3500 米、南北宽 500 米的主岛和多个自然的小岛组成的，周围碧水环抱，运河从中间穿过，犹如一幅美丽的水墨画。南阳古镇始建于元朝至顺二年（1331 年），明代隆庆元年（1567 年）漕运新渠竣工，南阳成了运送货物的码头。其后明清两代，南阳"渔船、酒船、商船、米面船、往来相接、群聚檐樯林立如街市"。南阳镇有皇宫所（现存）、皇粮殿等 10 多处名胜古迹。清政府曾在此设守备及管河主簿。乾隆皇帝下江南也曾在镇上逗留，并为马家店题写匾额，他走过的门槛被珍藏了 230 多年。南阳街有史以来就是以商贸交易繁华而著称的，至今仍然经久不衰，老街上分布着大大小小的老字号商铺。

二、因运河商业繁荣成镇

诗云，"十里人家两岸分，层楼高栋入青云。官船贾舶纷纷过，击鼓鸣锣处处闻"。人群的聚集和财富的积累，直接导致了一批运河城镇的兴起，围绕漕运而产生的商业贸易，促进了大运河沿线地区的兴起、发展与繁荣，造就了大运河沿线地区一个个繁荣的集镇。

（一）道口古镇

卫河边的道口镇有 1000 多年悠久历史，在清朝乾隆年间，逐渐发展为商贸重镇，水路畅通，上

图 8.19　道口古镇

可达百泉，下可达天津。因特色"道口烧鸡"而闻名国内外。明清时期运往天津的药材、棉花等货物，都是经卫河下运，而道口正是一个集散地（史念海：《中国的运河》）。水陆大宗货物汇聚到道口，使得道口显得格外繁忙。据民国二十年（1931 年）的史料记载，当时道口河段"船桅如林"，每日可经 3000 船次，基本沟通了冀、鲁、豫等省的 30 多个大小城镇，道口也因此获得了"小天津"的美誉。

（二）塘栖古镇

塘栖历史悠久，始建于北宋，自元代商贾云集，明清时成为"江南十大名镇"之首。塘栖镇位于杭州市北部，大运河穿镇而过，使其成为苏、沪、嘉、湖的水路要津。因大运河的滋润，塘栖以其独特的地理环境，形成了一个著名的水路码头。四邻八乡的物产都顺着河流来此贸易，集散于镇上。据胡玄敬《栖溪风土志》记

图 8.20　杭州塘栖镇

载：塘栖"财货聚集，徽杭大贾视为利之渊薮。开典、囤米、贸丝、开车者，骈臻辐辏，望之莫不称财富之地。"闹市所在，店铺林立，百货充盈；就地商市，以枇杷、甘蔗、荸荠、鲜鱼为大宗。清代至民国，镇内集市贸易尤为兴旺，朝市、晚市、香市、庙会市支撑起半壁江山，成为江南水乡著名的水路码头。塘栖有着深厚的文化积淀，文化遗产众多，广济长桥、乾隆御碑……默默向人们细述当年风采。

（三）窑湾古镇

窑湾古镇坐落于徐州新沂市窑湾镇境内，位于徐、宿交界处，窑湾古镇素有"东望于海，西顾彭城，南瞰淮泗，北瞻泰岱"之说，号称

图 8.21 窑湾古镇

"黄金水道金三角"之美誉及"小上海"之称。随着明清漕运和盐业的兴盛，窑湾店铺栉比，商贾云集，街上行人如织，水上舟楫连绵。清末民国初期，窑湾镇有商号、工厂、作坊等 360 多家，其中钱庄就有 13 家。东三省货物经窑湾远销南洋、日本等地。英国、法国、荷兰等国家的商人、传教士来窑湾经商传教，当年镇上设有美孚石油公司、亚细亚石油公司和五洋百货等外国公司。外国的汽艇、国内的小货轮在窑湾码头来往穿梭，河面桅樯林立，街道人流如织。当时有商铺、宅院、教堂、庙宇 8000 多间。

三、因运河产业特色成镇

（一）南浔古镇

南浔镇位于頔塘东端，是頔塘古道上最知名的运河古镇。明清时期由于蚕桑业、手工缫丝业而发展繁荣，并依靠大运河支线——頔塘运河的交通便利，发展成了基于頔塘运河的独特十字港架构格局。20 世纪初，南浔古镇依托大运河及周边地区发达的蚕桑与农耕经济，作为名甲天下的南浔辑里丝的主要产地和集散地，成为国内最大的丝商群体，南浔也因此一跃成为江南重要的商业城镇。南浔是中国近代史上一个罕见的巨富之镇。孙中山就职临时大总统的第二天，就曾正式宣布南浔镇升级为市。

图 8.22　杨柳青古镇

（二）杨柳青古镇

因年画成镇的杨柳青古镇。位于天津市西青区的杨柳青镇，因杨柳青木版年画产自这里而名扬天下。明代永乐年间，大运河的全线贯通以及天津漕运的兴起，使杨柳青镇成为南北商品交易的重要集散地，周边地区的木版年画艺人先后迁居杨柳青镇。后来，人们发现杨柳青镇外盛产的杜梨木非常适宜雕版，杨柳青木版年画随即兴起，出现了"家家绘点染，户户擅丹青"的繁荣之势。天津杨柳青木版年画与苏州桃花坞并称中国版画的"南桃北柳"。

因产业成镇的还有清代后期作为淮南盐集散地而兴旺的扬州仪征十二圩古镇。

四、因运河水工枢纽成镇

（一）邵伯古镇

邵伯镇位于扬州市江都区，历史上就因埭成镇。因东晋太元十年（385年）著名政治家、军事家谢安于此筑埭造福于民而得名。邵伯镇有众多的大运河水工遗产。从唐代的"斗门单闸"，宋代的"二斗门式船闸"，清代的"邵伯船闸"，中华人民共和国成立前的"新式船闸"，直到今天的邵伯三线船闸，邵伯已成为我国船闸演变历史的见证。邵伯明清大运河故道位于邵伯镇西，前身是邗沟的一部分。1600年，为避免湖面的风浪影响漕运，在邵伯湖东侧修建堤坝，使大运河的主航道与邵伯湖彻底分开，成为独立的航道。邵伯古堤始建于宋代，用于防止邵伯湖湖水外泄，保持运河水位。在清朝曾经有过两次大的维修，并留下"金堤

大运河文化十讲

永固""甘棠保障"两块石刻铭记。古堤上有邵伯铁犀，是为了镇水于康熙四十年（1701年）而浇铸的。邵伯码头是一个码头群，目前可见的有四个，而保存最完整的是"邵伯大马头"，"大马头"三个字据说是乾隆所题。在邵伯镇西的大运河上还有一个建于民国年间的老船闸，1936年建成并投入使用，利用"庚子赔款"的冲免部分兴建。这座由蒋介石题写名称的船闸为钢制闸门，附有启动机械，以四人之力摇把启闭，节时省力。邵伯船闸是中国最早的现代化船闸，是中国运河水运史上的杰作。

图 8.23　邵伯古镇

（二）长安古镇

长安镇位于浙江嘉兴海宁市，长安镇因古代水利工程长安闸而出名。长安闸始建于唐贞观年间（627—649年），为江南大运河交通和军事上的枢纽。宋熙宁元年（1068年），长安堰改建成长安三闸，形成复式船闸。历史上包括长安新老两堰（坝）、澳闸（上中下三闸和两水澳）。长安闸是古代连接长安塘（崇长港）和上塘河的一个重要枢纽及管理机构，为宋代江南运河三大堰之一。其采用三闸两澳复式结构，通过各设施的联合运用和严格的管理措施，达到引潮行运、蓄积潮水、水

图 8.24　长安古镇

量循环利用的多重目的，代表了当时水利航运设施建设的世界先进水平，比欧洲同类船闸早 300 多年。因水工设施成镇的还有淮安市淮阴区的高堰古镇。

第九讲

白釉青花一火成，花从釉里透分明

——大运河非遗文化

第一节　大运河非物质文化遗产概述

大运河作为中国重要的线性、活态遗产和文化遗产廊道，不仅留下了丰富的物质遗产，而且留下了内涵丰富的非物质文化遗产。大运河沿线列入联合国教科文组织人类口述及非物质文化遗产代表作名录的项目就达18项，列入国家级非物质文化遗产代表作名录的项目就达500多项，占了全国的三分之一。

一、人类口述和非物质遗产介绍

人类口述和非物质遗产（简称非物质文化遗产）又称无形遗产，是相对于有形遗产，即可传承的物质遗产而言的概念。它是指各民族人民世代相承的、与群众生活密切相关的各种传统文化表现形式（如民俗活动、表演艺术、传统知识和技能，以及与之相关的器具、实物、手工制品等）和文化空间。根据联合国教科文组织的《保护非物质文化遗产公约》定义："非物质文化遗产（Intangible Cultural Heritage）指被各群体、团体、有时为个人视为其文化遗产的各种实践、表演、表现形式、知识和技能及其有关的工具、实物、工艺品和文化场所。"是相对于有形遗产，即可传承的物质遗产而言的概念。人类非物质文化遗产代表作，是指经联合国教科文组织评选确定而列入《人类非物质文化遗产代表作名录》的遗产项目。2003年10月通过的《保护非物质文化遗产国际公约》指出，非物质文化遗产应涵盖五个方面的项目：

1.口头传说和表述，包括作为非物质文化遗产媒介的语言

2.表演艺术

3.社会风俗、礼仪、节庆

4. 有关自然界和宇宙的知识和实践

5. 传统的手工艺技能

非物质文化遗产的管理机构是联合国教科文组织下属的政府间保护非物质文化遗产委员会。世界级非遗项目分为人类口述与非物质文化遗产代表作和急需保护的非物质文化遗产两个名录。中国有国家级非物质文化遗产名录，申报联合国非物质文化遗产代表作需先入国家级非物质文化遗产名录。

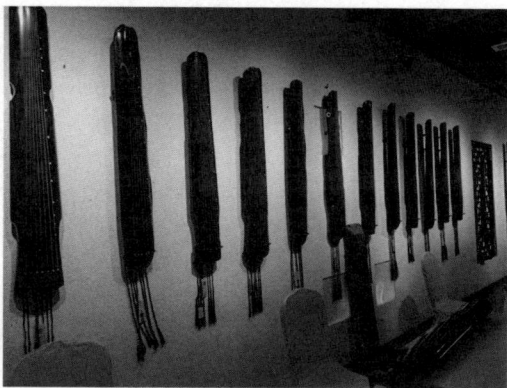

图 9.1　古琴艺术

中国目前已列入人类口述与非物质文化遗产代表作名录的有 39 项，如昆曲、中国古琴、新疆维吾尔木卡姆艺术、蒙古族长调民歌、南音、南京云锦织造技艺、中国书法、中国传统制茶技艺及其相关习俗等。

列入急需保护的非物质文化遗产名录 4 项，分别是麦西热甫、中国水密隔舱福船制造技艺、中国活字印刷术、赫哲族伊玛堪。

还有入选保护非物质文化遗产优秀实践名册 1 项：福建木偶戏后继人才培养计划。

二、大运河非物质文化遗产的界定

那么，哪些遗产可以列入中国大运河非物质文化遗产呢？这里首先要对中国大运河非物质文化遗产进行科学的界定。

笔者以为，并不是大运河区域内所有的非物质文化遗产都可以归纳到"中国大运河非物质文化遗产"名下，界定是否是大运河非物质文化遗产的标准应该是看它的形成、传承与发展变化，与大运河有没有直接或间接的连带关系，是否有着内生、发展、演变和传承的必然联系。荀德麟先生在《京杭大运河非物质文化遗产序》中选择了六个方面的内容，

图9.2 中国雕版印刷技艺

笔者认为比较有道理。

一是与大运河直接关联的非物质遗产，即大运河本体建设过程中所形成的非物质遗产项目，如运河开凿与疏浚中的传统勘测度量技艺，运河构筑闸坝、加固堤防、堵决筑堤等方面的传统技艺，分水、引水、蓄水、泄水等传统设施营造技艺，等等。

二是与大运河的原生性功用直接关联的非物质遗产，如漕运舟船的传统制造技艺，漕粮仓廒的传统营造与防潮、防蛀工艺，巨型原木的传统水陆转运技艺，船舶过闸、盘坝的传统技艺等。

三是由大运河沿岸生活所派生的人类口述遗产，如关于大运河的各类故事、传说，关于大运河的河工号子、船工号子，由大运河助推传播的民歌、童谣等，由大运河产生的社会风俗、礼仪、节庆，以及一些重要的因大运河而形成的方言等。

四是在大运河沿线地区形成或传承、发展的表演艺术，如戏曲艺术中的京剧、昆曲、梆子戏等，曲艺中的扬州评话、苏州评弹、相声、单弦、评书等，音乐艺术中的古琴艺术、宗教音乐，舞蹈艺术中的京西太平鼓、天津法鼓、余杭滚灯等。

五是由于大运河的交通助推、促

图9.3 沧州中国大运河非物质文化遗产展示馆

大运河文化十讲

204

进需求而产生或传承发展的传统手工技能，如临清的贡砖烧制、苏州的金砖制作技艺，宋锦等高档丝织品、刺绣品的制作技艺，玉雕、漆器等手工艺品制作技艺及雕版印刷技艺、木版水印技艺、青瓷和紫砂烧造技艺，碧螺春、龙井茶和花茶加工制作技艺，以及北京烤鸭、天津狗不理包子等食品加工技艺等。

六是率先在大运河沿线地区形成或传播、发展的中华传统武术、中华传统杂技，以及其他具有代表性的游艺项目。

以上这六个方面的非物质文化遗产可以归类为中国大运河非物质文化遗产。

第二节　大运河非物质文化遗产介绍

中国大运河非物质文化遗产种类繁多，目前，世界级非物质文化遗产中仅大运河沿线就有18项，中国大运河沿线还拥有国家级非物质文化遗产500余项，省级、市级的非遗项目更是数不胜数。我们对中国大运河非物质文化遗产仍旧按照《保护非物质文化遗产国际公约》的五个部分的分类来介绍。

一、口头传说和表述

（一）运河传说

1. 四女寺的传说

四女寺村是一个历史名镇，位于德州市武城县、德城区与河北省故城县三县（区）交界处的大运河南岸，其贯以"四女"地名的由来，源于一个美丽动人而又千古流传不衰的民间传说。

相传，西汉景帝时，此地（安乐镇）有一乐善好施的傅氏夫妇，年届五十，膝下只生四女，皆姿色出众、聪慧过人。因父母无男儿，四姐

图 9.4　德州四女寺

妹为侍奉双亲，改着男装，矢志不嫁，共祝二老长寿，同时为表心愿，各植一槐，对天盟誓："槐枯则嫁，槐茂则留。"为争养双亲，四姐妹各暗中用热水浇她人之槐，以期烫死，免得贻误其他姐妹青春。殊不知，热水浇槐槐愈繁茂，结果四女同室侍亲，朝夕焚修，日夜诵经，卷不释手，以祝父母长寿，遂修道成仙，举家超升。人去迹存，四棵槐树依然亭亭玉立，于是世人遂改安乐镇为四女树，后人为纪念四女，使其美德世代相传，便为四女建祠塑像、树碑立传，后又将四女树更名为四女寺，一直沿传至今。

2.临清运河铁窗户的传说

说起运河铁窗户，临清人基本上都能讲上几句与此相关的传闻轶事。大运河临清段，三元阁至避雨亭这一段河道，即临清人所说的南湾子，此段是一 C 形水道，水流湍急，滚沙无常，水患频仍。

传说大禹治水时，在此河段留下一泉眼，泉水成潭，久旱不枯。后

图 9.5　临清段运河

来有一条修炼多年的蛟鱼，相中了此处，以泉眼为府，常兴风作浪危害过往船只，吞噬行人牲畜，刷岸溃堤。这条蛟鱼成为沿岸百姓和船家的重大祸患，为除蛟鱼人们想尽了办法，但始终没有根除此患。

清嘉庆年间，大宁寺来了一位挂单高僧。正午时分，高僧一手举铁窗户，一手拖着挠勾链，下水了。高僧潜到河底，定睛一看，泉眼向外突突地翻涌着水流，只见一条丈余长的蛟鱼卧在里面。高僧毫不迟疑地把挠勾抛向蛟鱼，蛟鱼在泉眼里上下翻腾，越翻腾挠勾链缠得越紧，使蛟鱼动弹不得。这时高僧快速把铁窗户钉向泉眼口，丈八长的挠勾链的这一头，固定在了铁窗户上了，在蛟鱼的翻腾拉扯下铁窗户已牢牢地固定在了河底泉眼上。

自从高僧用铁窗户关住了鲛鱼后，临清南湾子运河段再没有发生过重大水患。

（二）船工号子

大运河沿线船工号子多是口耳相传，经过千百年的传承，成为鲜活的历史记忆。

隋代运河边哭诉隋炀帝开大运河，劳役、兵役给民众造成疾苦的五言诗《挽舟者歌》：

"我兄征辽东，饿死青山下。今我挽龙舟，又阻隋堤道。

方今天下饥，路粮无些小。前去三千程，此身安可保！

寒骨枕荒沙，幽魂泣烟草。悲损门内妻，望断吾家老。

安得义男儿，焚此无主尸。引其孤魂回，负其白骨归！"

还有一首在江南地区流传甚广的《丹阳舟人及纤夫之歌》：

"张哥哥，李哥哥，大家着力一齐拖；一休休，二休休，月子弯弯照九州。

月子弯弯照九州，

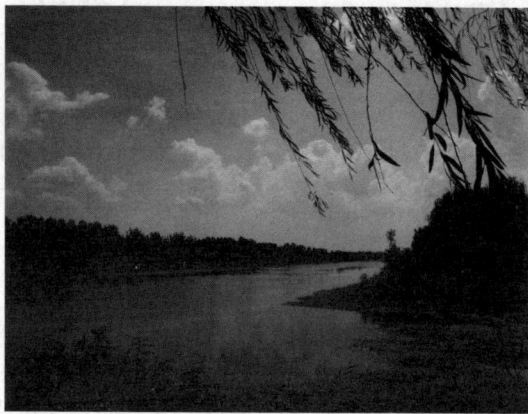

图9.6　如今的隋唐大运河通济渠段

几家欢乐几家愁，几家夫妇同罗帐，几家飘散在他州？"

这两首民歌，作为古代"舟师""纤夫"的劳作之歌，其音乐个性既具"吴歌"的柔婉之风，又饱含劳动歌曲的内在力度，自有它难以替代的历史价值和感人至深的艺术价值。

二、表演艺术

（一）京剧

京剧，曾称平剧，中国五大戏曲剧种之一，腔调以西皮、二黄为主，用胡琴和锣鼓等伴奏，场景布置注重写意，被视为中国国粹，中国戏曲三鼎甲"榜首"。

徽剧是京剧的前身。清代乾隆五十五年（1790 年）起，原在扬州演出的三庆、四喜、春台、和春，四大徽班陆续进入北京，他们与来自湖北的汉调艺人合作，同时又接受了昆曲、秦腔的部分剧目、曲调和表演方法，吸收了一些地方民间曲调，通过不断地交流、融合，最终形成京剧。京剧形成

图 9.7　京剧

后在清朝宫廷内快速发展，直至民国得到空前的繁荣。

京剧走遍世界各地，成为介绍、传播中国传统艺术文化的重要媒介。分布地以北京为中心，遍及中国。在 2010 年 11 月 16 日，京剧被列入"人类非物质文化遗产代表作名录"。

（二）昆曲

昆曲，又称昆剧、昆腔、昆山腔，是中国现存最古老的剧种，也是

大运河文化十讲

中国传统文化艺术中的珍品。昆曲发源于 14 世纪中国的苏州太仓南码头，后经魏良辅等人的改良而走向全国，自明代中叶独领中国剧坛近

300 年。昆曲糅合了唱念做打、舞蹈及武术等，以曲词典雅、行腔婉转、表演细腻著称，被誉为"百戏之祖"。昆曲以鼓、板控制演唱节奏，以曲笛、三弦等为主要伴奏乐器，其唱念语音为"中州韵"。

图 9.8 昆曲的戏服

（三）中国古琴艺术

古琴，亦称瑶琴、玉琴、七弦琴，古代称为琴，近代为区别于西方乐器中的琴，才添加"古"字，称之为古琴。古琴是中国最古老的传统弹拨乐器，是中华文化中的瑰宝。传说原始时代黄帝就创造了最初的古琴，西周时期已广为流传，并与瑟、鼓等乐器在祭祀时演奏。湖北曾侯乙墓出土的实物距今有 2400 余年，唐宋以来历代都有古琴精品传世。存见南北朝至清代的琴谱百余种，琴曲达 3000 首，还有大量关于琴家、琴论、琴制、琴艺的文献，遗存之丰硕堪为中国乐器之最。隋唐时期古琴还传入东亚诸国，并为这些国家的传统文化所汲取和传承。近代又伴随着华人的足迹遍布世界各地，成为西方人心目中东方文化的象征。

2003 年 11 月 7 日，中国古琴艺术被联合国教科文组织授予"人类口述和非物质遗产代表作"的称号，这是继昆曲被授予这一称号后，中国第二个入选的项目，古琴艺术的突出价值再次

图 9.9 著名古琴演奏家梅曰强

得到了世界公认。中国古琴九大流派，其中有几个活跃在中国大运河沿线，分别是浙派、虞山派、广陵派、梅庵派等。

三、社会风俗、礼仪、节庆

随着运河的交流作用的发挥，到了宋代，在岁时节日及信仰习俗方面，从北往南沿运河地区逐渐形成许多共同的特点。特别是随着运河文化的昌盛，城镇经济的繁荣，反映人民美好生活愿望和寄托自身情怀的节庆活动尤其频繁，并且均伴有丰富多彩的民俗活动。

（一）春节（除夕、元旦与元宵节）

"春节——中国人庆祝传统新年的社会实践"2024年12月4日在巴拉圭亚松森举行的联合国教科文组织保护非物质文化遗产政府间委员会第19届常会上通过评审，列入联合国教科文组织人类非物质文化遗产代表作名录。春节，是中国民间最隆重最富有特色的传统节日之一，一般指除夕和正月初一，古代从腊八或小年开始，到元宵节，都叫过年。

除夕是运河沿线隆重的节日，人们十分重视，在外地工作的人都要回乡团圆。一家人要聚在一起祭祖、守岁、燃爆竹、挂桃符等。挂桃符后来演变成贴春联、贴年画、贴福字。除夕之夜，全家相聚守岁，一起恭迎新年的到来。子夜时，燃放爆竹，以驱除年兽。

在历史上，农历正月初一称"元旦"，1949年9月27日，中国人民政治协商会议决定在建立中华人民共和国的同时，采用世界通用的公元纪年。为了区分阳历和阴历两个"年"，又因一年二十四节气的"立春"恰在农历新年的前后，故把阳历1月1日称为"元旦"，农历正月初一正式改成"春节"。在这一天，运河北部地区的人要吃饺子，南方人要饮屠苏酒以避瘟疫。所以有"爆竹声中一岁除，春风送暖入屠苏"这样的诗句。镇江一带还有秤江水的习俗，即用一只瓶取水称重，来测年景丰歉，水重则来年江水大，水轻则来年江水小。大年初一这一天，亲朋好友要相互拜年，相聚欢宴。晚辈要向长辈磕头拜年，长辈要给晚辈压岁钱，一家人还结伴去逛庙会。给压岁钱的习俗被今天的社会传承下来，并在互联网时代发展成为微信红包这种与时俱进的新形式。

古代运河沿线地区春节还有一项民俗活动，那就是驱傩。在汉代春节就有驱傩仪式，大傩选在腊日的前一日（即除夕前）举行，称为"逐疫"。到了宋代，这种大傩就演变为一种傩舞，宋画《大傩图》上画了十二个农民，身着奇装异服，头戴假面具，手持各种道具，在跳舞。《东京梦华录》记载："自入此月（农历十二月），即有贫者三数人为一伙，装妇人神鬼，敲锣击鼓，巡门乞钱，俗呼为打夜胡，亦驱祟之道也。"随着时代的发展，这种仪式也更加娱乐化，宋代的儿童也戴着傩面具玩耍，很像今天西方的万圣节。

正月十五的元宵节，又称上元节、灯节，从正月十三到十八日，无论南北城乡，家家张灯结彩，爆竹烟火，彻夜不息。隋炀帝时，每年正月十五都要调集全国的戏班到洛阳演出。宋代运河沿线的元宵节家家户户都要放灯，杭州从正月十四到正月十八，连续放灯五天。放灯期间，灯品至多，精妙绝伦。为了鼓励民间放灯，临安官府还给市民发放蜡烛和灯油。江南的苏州，明嘉靖《姑苏志》记载，"正月上元作灯市，采松竹叶结棚于通衢，下缀华灯……其悬剪纸人马，以火运之，曰走马灯。行游五日而罢，十三试灯，十八收灯。"太湖一带则盛行"元宵扎竹为灯龙，有长二十节者，遇广场则数龙盘绕，蜿蜒生动，富家或构灯台，奏竹肉凭栏赏玩。"在长江以北的运河地区，民间的上元灯节娱乐不输于江南，有些娱乐更为火爆。如在扬州"远近村镇，相传入市观灯，街巷填溢，自相踩践"，"每夜爆竹振荡，彻夜不休"。现在运河沿线地区都有元宵灯会，就是传承的古代的习俗。在大运河的南端福建莆田地区，有时元宵节要延续到正月末，人们把农历正月二十九称为尾暝节，又叫"尾暝灯"，这一天要举办灯会和多种民俗活动，过了这一天，才算真正过完年。

（二）妈祖信俗

妈祖信俗又称娘妈信俗、娘娘信俗、天妃信俗、天后信俗、天上圣母信俗、湄洲妈祖信俗，是以崇奉和颂扬妈祖的立德、行善、大爱精神为核心，以妈祖宫庙为主要活动场所，以庙会、习俗和传说等为表现形式的中国传统民俗文化。妈祖信俗由祭祀仪式、民间习俗和故事传说三大系列组成。湄洲是妈祖祖庙所在地。

图9.10　同时又是妈祖庙的宁波庆安会馆

2009年9月30日，联合国科教文组织政府间保护非物质文化遗产委员会第四次会议审议，决定将"妈祖信俗"列入世界非物质文化遗产，成为中国首个信俗类世界遗产。对妈祖的信仰和纪念已经深深融入沿海地区及大运河沿线中国人以及他们后裔的生活，成为促进家庭和谐、社会融洽以及该信俗的社会团体身份认同感的一个重要的文化纽带。

（三）通州开漕节

通州运河开漕节始于明代，源于祭坝祭祀吴仲等人，是古代通州独有的大型文化活动。

据《明史·河渠志》记载："大通桥至通州石坝，……自此漕艘直达京师。……人思仲德，建祠以祀之。"《日下旧闻考·京畿·通州二》："通惠祠嘉靖四十五年建，以祀监察御史吴仲。"《通粮厅志》记载：每年祭坝毕，在北督储馆（又称石坝御门）公宴。陈乃文家祖传《漕

图9.11　通州漕运码头

运底帐》记有："祭坝费银。"祭祀活动在通惠河东端葫芦头东岸石坝举行。气氛热烈，场面大。祭坝后开始验收转运漕粮，故又得开漕节之名。

祭坝有春祭、秋祭之分，春祭又有公祭、民祭之别。公祭由官方主持，各方头面人参加，是正式的祭祀活动，仪式隆重而简约。

这天清晨，仓场总督率坐粮厅官员及其所属军、白粮经纪和掌管石坝的州判、掌管土坝的州同，各按身份着官服或礼服齐集石坝东，按等级列队，每人高举三炷香，向事前请置于石坝几案上的吴仲等四人木神主鞠躬礼拜。这四位都是疏浚通惠河的功臣。吴仲力主疏浚通惠河，为朝廷分忧，为人民解了难。人民当然忘不了他，生前就为他立了生祠，死后又祭奠他。另外那三位是何栋、尹嗣忠、陈璠，都是疏浚通惠河的功臣。

公祭后开始民祭，民祭由商民组织。每年农历三月初一（清明节前后），开河后第一帮粮船到达通州后，即择日举行春祭，这就是开漕节。开漕节又是庆祝首批漕粮至通州的日子，此节日形成始于明代，且定在每年农历三月朔日举行。每临开漕节，中央掌漕官员和通州地方官吏、各省在通工商会馆、民众等数万人齐集通州城东运河西岸，共庆首批粮帮运船到达。开漕节过后，漕船、商舟就可穿梭于大运河沿线。

四、有关自然界和宇宙的知识和实践

中国大运河沿线的扬州仪征市新集镇牛角山张氏祖传中医术来源于清道光年间，主治疮、疽、痰、甲亢、淋巴结炎以及一些疑难杂症。第一代创始人张鹤松，一代代传到现在。清末和民国时期，张樵、张绍两兄弟技艺高超，德艺双馨，名扬大江南北。张氏用十排脓之针，人称"神针"，再深再厚的脓都能排出，再用自配自制的药，更见神效。

第九讲　白釉青花一火成，花从釉里透分明——大运河非遗文化

五、传统的手工艺技能

（一）杨柳青木版年画

杨柳青年画，全称"杨柳青木版年画"，属于木版印绘制品，是著名的中国民间木版年画之一，与苏州桃花坞年画并称"南桃北柳"。

杨柳青年画产生于中国明代崇祯年间，继承了宋、元绘画的传统，吸收了明代木刻版画、工艺美术、戏剧舞台的形式，采用木版套印和手工彩绘相结合的方法，创立了鲜明活泼、喜气吉祥、富有感人题材的独特风格。2006年5月20日，该遗产经国务院批准列入第一批国家级非物质文化遗产名录。杨柳青年画产品行销北方及东北、内蒙古、新疆各地。对河北武强年画、东丰台年画、山东潍县、高密及陕西凤翔等地年画都有一定影响。

杨柳青年画的制作方法为"半印半画"，即先用木版雕出画面线纹，然后用墨印在纸上，套过两三次单色版后，再以彩笔填绘。其制作既有版味、木味，又有手绘的色彩斑斓与工艺性，因此，民间艺术的韵味浓郁，富有中国气派。杨柳青年画历史长，渊源久远，产量多，制作精细，在中国民间年画中具有重要的代表性。

（二）苏州桃花坞年画

桃花坞年画是江南地区的民间木版年画，因曾集中在苏州城内桃花坞一带生产而得名。它和河南朱仙镇、天津杨柳青、山东潍坊杨家埠、四川绵竹的木版年画，并称为中国五大民间木版年画。桃花坞年画源于宋代的雕版印刷工艺，由绣像图演变而来，到明代发展成为民间艺术流派，清代雍正、乾隆年间为鼎盛时期，每年出产的桃花坞木版年画达百万张以

图9.12 桃花坞青年画博物馆

大运河文化十讲

上。桃花坞年画的印刷兼用着色和彩套版，构图对称、丰满，色彩绚丽，常以紫红色为主调表现欢乐气氛，基本全用套色制作，刻工、色彩和造型具有精

图 9.13　桃花坞年画

细秀雅的江南地区民间艺术风格，主要表现吉祥喜庆、民俗生活、戏文故事、花鸟蔬果和驱鬼避邪等中国民间传统审美内容。民间画坛称之为"姑苏版"。2006 年 5 月 20 日，该遗产经国务院批准列入第一批国家级非物质文化遗产名录。

（三）扬州剪纸

剪纸在中国已有 1500 多年的历史，是一种镂空艺术，其在视觉上给人以透空的感觉和艺术享受。扬州是中国剪纸流行最早的地区之一，唐宋时期就有"剪纸报春"的习俗。扬州人在立春之日剪纸为花，做成春蝶、春线、春胜等样式，"或悬于佳人之首，或缀于花下"，观以为乐。另外还剪制纸钱、纸马等，专门用于祭奠。至清代，扬州商业兴盛，剪纸艺人亦数量大增，嘉、道年间的著名剪纸艺人有包钧等，技艺超群，有"神剪"之誉。扬州的剪纸艺人还根据需要创作绣品底样，大至门帘帐沿、被服枕套，小至镜服香囊、绢帕笔袋，有绣花必有纸样，扬州人称剪纸样的艺人为"剪花样的"。

图 9.14　扬州剪纸

扬州剪纸是南方剪纸的代表,技术精细,富有神韵,大多以花卉为主,多采用镂空的技法,技艺要领为"圆如秋月、线如胡须、尖如麦芒、缺如锯齿、方如青砖"五要诀;风格特征概括为"秀、灵、雅",即线条清新流畅,构图精巧雅致,形象夸张简洁,技法求变求新。

扬州剪纸当以一代剪纸艺术大师张永寿为杰出代表,他为后辈剪纸艺人留下了创作经典,把民间艺术的审美品格推向一个更加高远和深广的审美境界,以独步一时的风格魅力在中国剪纸艺术史上留下了久远的影响。

2006年5月20日,扬州剪纸经国务院批准列入第一批国家级非物质文化遗产名录。

(四)中国雕版印刷技艺

雕版印刷是中国古代人民经过长期实践和研究才发明的。它是将文字、图像反向雕刻于木板,再于印版上刷墨、铺纸、施压,使印版上的图文转印于纸张的工艺技术,称雕版印刷。在古代,雕版印刷又称版刻、梓行、雕印等。

雕版印刷术凝聚着中国造纸术、制墨术、雕刻术、摹拓术等几种传统工艺,为后来的活

图9.15 扬州中国雕版印刷博物馆

字印刷术奠定了基础,是世界现代印刷术的技术源头。扬州是中国雕版印刷术的发源地,是中国国内唯一保存全套古老雕版印刷工艺的城市。2006年,该印刷技艺经国务院批准列入第一批国家级非物质文化遗产名录。2007年6月5日,经原文化部确定,江苏省扬州市的陈义时为该文化遗产项目代表性传承人。2009年9月由扬州广陵古籍刻印社、南京金陵刻经处、四川德格印经院代表中国申报的雕版印刷技艺被联合国教科文组织列入《人类非物质文化遗产代表作名录》。扬州广陵古籍刻印社保留着国内唯一的全套古籍雕版印刷工艺流程。2014年,扬州广陵古籍刻

大运河文化十讲

印社入选国家级非物质文化遗产生产性保护示范基地。

2005年10月，江苏省扬州雕版印刷博物馆对外试开放。被誉为清代扬州雕版印刷极盛时期标志的《全唐诗》初刻初印本，回到扬州与世人见面。

（五）苏绣

苏绣是中国优秀的民族传统工艺之一，是江苏地区刺绣产品的总称，其发源地在苏州吴县一带，现已遍布无锡、常州、扬州、丹阳等地。刺绣与养蚕、缫丝分不开，所以刺绣又称丝绣。清代确立了"苏绣、湘绣、粤绣、蜀绣"为中国四大名绣。清代是苏绣的全盛时期，真可谓流派繁衍，名手竞秀。苏绣具有图案秀丽、构思巧妙、绣工细致、针法活泼、色彩清雅的独特风格，地方特色浓郁。

图9.16　苏绣

2006年5月20日，苏绣经国务院批准列入第一批国家级非物质文化遗产名录。

（六）扬州玉雕

扬州玉雕是江苏扬州传统民间雕刻艺术之一，是中国玉雕工艺的一大流派。江苏省扬州市是一座具有2000多年历史的古城，文化积淀厚重，尤其自明清以来，即为中国三大玉雕重地之一。扬州琢玉工艺源远流长，几千年来，玉器先辈艺师呕心沥血，勤奋实践，继承发展中国玉器雕刻优良传统，创制了数量众多、形式各异、工精艺巧

图9.17　扬州玉雕

图 9.18 苏州博物馆珍藏的玉雕文物

的玉器珍宝。

明清时期，苏州琢玉发展很快，成为中国玉器的制造中心。清代苏州的琢玉业已形成独立的手工业，集中在城西阊门里专诸巷及天库前吊桥一带。那里作坊林立，高手云集，琢玉的水沙声昼夜不停。专诸巷玉行，人才辈出。清乾隆年间，苏州琢玉作坊已达830多户，到处可闻一片"沙沙"的琢玉声。而阊门吊桥两侧的玉市更是担摊鳞次、铺肆栉比。

（七）扬州漆器髹饰技艺

扬州漆器是中国特色传统工艺品种之一，起源于战国，兴旺于汉唐，鼎盛于明清。其工艺齐全、技艺精湛、风格独特、驰名中外。

早在秦汉时期，扬州彩绘和镶嵌漆器制作工艺就有很高的水平，扬州北郊天山汉墓出土的文物中有扬州漆器的早期作品；唐代扬州漆艺还被鉴真大师传播至日本；到明清时代，扬州成为全国的漆器制作中心，盛极一时。

扬州漆器曾于1910年、1915年、2001年三次参加国际博览会，均获得金奖。

扬州漆器在工艺上采用涂、绘、勾、刻、填、雕、镂、磨、镶、嵌等多种手法，具有平、亮、细、匀、艳、雅的艺术表现效果。扬州漆器制作技艺主要有十大工艺门类：点螺工艺、雕漆工艺、雕漆嵌玉工艺、刻漆工艺、平磨螺钿工艺、彩绘（雕填）工艺、骨

图 9.19 漆器制作技艺

石镶嵌工艺、百宝嵌、楠木雕漆砂砚工艺、磨漆画制作工艺。其中，最有名的主要有多宝嵌漆器和螺钿漆器。扬州漆器髹饰技艺现为国家级非物质文化遗产。

图 9.20　漆器制作技艺——雕漆嵌玉《春色满园》地屏

2004 年 9 月 9 日，国家原质检总局批准对"扬州漆器"实施原产地域产品保护。

第三节　大运河美食文化

吃是运河文化中最生活化的一面，大运河与饮食文化关系十分密切，大运河沿线物产富饶，经济发达，饮食也十分丰富。随着横贯南北的大运河的开通，把南方的稻作区和北方的产麦区紧密联系在一起，大运河成了饮食文化交流的主要通道。因为运河的传播交流，运河沿线城市的饮食文化都相互渗透影响，互有交流传承，在大运河沿线形成了一条香飘万里的美食带。运河沿线独特的饮食文化，成为沿线人民共同的情感、共同的乡愁，从而影响着运河沿线人们的饮食行为和习惯。

一、运河沿线的日常饮食

中国人的日常饮食分为主食和菜肴两类。一方水土养一方人，运河沿线人们的主食按粮食产区可分为两大类：秦岭—淮河以北的地区因盛产小麦、杂粮，人们以面食为主；而以南地区则因盛产稻米，以米饭为主。大运河淮安以北地区的苏北、皖北、河南、山东、河北、天津、北京等运河北部地区的代表性主食有窝窝头、菜团子、饺子、包子、面条、煎饼等。淮安以南的苏中、苏南、浙江等南方地区的代表性主食则有米饭、米粥、泡饭粥等。

运河沿线日常佐餐的菜肴也与各地的出产紧密相关。运河各地的菜肴原料大都以全国常见的鸡、鸭、鱼、猪肉、蔬菜为主，但南北两地做法上又各有特色。在江南运河两岸的苏南地区家常菜中，青菜是最主要的蔬菜，家常佐餐必备一个汤。春季竹笋上市时，主要有用笋、鲜蹄髈和咸肉做的"腌笃鲜"，夏季是咸菜豆瓣汤、咸菜冬瓜汤、番茄汤唱主角，也用鸡、鸭、鱼、排骨、虾米做汤。苏南人还喜欢自制咸鸭蛋、皮蛋、咸菜、咸肉等。而淮扬运河边的淮安一带以传统腌制的咸菜、红白萝卜、大头菜、蒜头为佐餐菜肴，农村地区则以一种用粮食发酵后晒制的豆酱、甜面酱、酱豆等为佐餐菜肴，一般待客的菜肴是百叶、粉丝、豆腐等，宴席上的菜肴有鸡、鱼、猪肉、蛋等。

而扬州等地则因盐商带来的精致生活，善做江鲜和家禽，江鲜中的长江三鲜：刀鱼、鲥鱼、鮰鱼被奉为上等鱼。在扬州，以鸭肉为原材料的食品就有板鸭、咸鸭、脱骨八宝鸭、糟鸭、黄焖鸭等，还有著名的三套鸭：将家鸭、野鸭和鸽子分别整料出骨，将鸽子由野鸭刀口处套入腹内，再将野鸭套入家鸭腹内烧制而成。通济渠边的开封则有一道菜叫"套四宝"，与"三套鸭"差不多，用家鸡、鸭、鸽、鹌鹑层层相套制作而成。这些饮食习惯从古至今都一直保持着。有一道菜运河沿线的很多地方都喜欢做，尽管味道不尽相同，但食材基本都离不开鱼丸、肉丸、肉皮、蛋饺、鹌鹑蛋、河虾等荤菜，再配上山药、香菇、木耳、青菜头、豆制品等素菜，有的地方还加上鲍鱼、鱿鱼等海鲜。这道菜有一个吉祥好听的名字——全家福，又称大杂烩。

在浙东运河沿线的绍兴一带，则喜欢吃经过"霉"制或腌制过，带有特殊味道的菜肴，如霉豆腐（腐乳）、霉干菜、霉毛豆、霉千张、霉苋菜梗、臭豆腐干等。绍兴菜的特点就是醉、糟、霉、臭。这些做法与当地的气候有关，与运河也有密切的关系。问起绍兴的地道餐馆，人们都说到河埠头，这个河埠头就是靠近运河码头附近的饭店。饭店的当家菜则是蒸臭豆腐、霉千张蒸肉糜、干菜焖肉、鱼鲞蒸肉饼、酱鸭、白切鸡、素卤什锦、酱香肠等。运河地区的人们还普遍喜欢用家禽蛋做菜：有的白煮，有的盐焗，有的热炒，有的做汤，更有将家禽蛋制作成松花蛋，俗称"变蛋"。

二、运河地标名菜

中国有句俗话："靠山吃山，靠海吃海"，由于气候、物产和人们生活习俗的差异，中国南北各地产生了丰富多彩的饮食文化。运河两岸不同的自然条件，使两岸的地标名菜名点呈现复杂多样的特点。

运河沿线的城市不仅美景天下闻名，美食更是流传千古，因各地的出产不一，形成了一批独具特色的地标名菜，成为运河美食文化的巅峰之作。有人将大运河地标名菜、名点总结为活、精、雅三个特点。扬州的清炖蟹粉狮子头、盱眙的龙虾、洛阳的锅贴、宿迁的黄狗猪头肉、宿州的萧县羊肉、天津的银鱼紫蟹锅等，体现了大运河地标名菜名点的"活"字，选材均源于运河沿线老百姓的生活中的普通食材，通过采用活态地标美食，呈现人们对美好生活的向往。而扬州的淮扬细点、镇江的宴春三丁包、徐州的骆马湖鱼头饺子、苏州的松鼠鳜鱼等则体现了运河名菜名点的"精"字，特点是做工精细、精致、精美。无锡的酱排骨、扬州的三套鸭、浙江的莫干笋编情等则体现大运河美食的"雅"字，表现了大运河饮食文化的艺术性特征，如同大运河的美景一样，清新淡雅，具有文化雅韵。

三、运河名特小吃

运河两岸的人们在日常生活中也创造出种类繁多的名特小吃，这最能反映饮食风俗。运河北端的天津地方风味很多，有杨村糕干、贴饽饽熬小鱼，山东则有德州五香脱骨扒鸡，临清有徐家煎包、财神庙小娘们儿水饺、油酥火烧、豆沫、豆汁、清平凉粉等，济宁等地有托板豆腐，微山湖湖中运河旁的南阳古镇则有烧野鸭、挎包火烧。江南运河最南端的杭州小吃也多，有清明狗儿，一种用糯米拌青蒿，捏成小狗形状的清明团子，据说小孩吃了就不"疰夏"。还有桂花鲜栗糕、虾爆鳝面、片儿川、猫耳朵等。通济渠畔的开封灌汤包是一道著名的运河小吃，来到开封的人，大多数都会去品尝。开封人形容这种包子

图 9.21　运河小吃制作

"提起来像灯笼，放下像菊花"。这种包子在《东京梦华录》中就记载过，据说北宋时的灌浆馒头就是这种薄皮大馅、灌汤流油、软嫩鲜香、肥而不腻的小笼包子。

随着运河的传播，许多名小吃已成为世代传承的饮食非遗项目，成了运河美食文化的活化石。非遗小吃中天津的张氏十八街麻花、北京的驴打滚、常州的麻饼、苏州的豆腐干等，都久负盛名；沧州的河间驴肉火烧、德州的"托板豆腐"和空心琉璃丸子、泰安的三美豆腐、苏州的枣泥拉糕、湖州的烂糊鳝丝、杭州塘栖的粢毛肉等也名传四方。大运河沿线代表性的饮食非遗还有扬州的扬州炒饭、千层油糕、文思豆腐、宝应捶藕，常州的网油卷，镇江的锅盖面跳面，淮安的李三吉钦工肉圆，河北的背手捏制小笼灌汤包，泰州的靖江蟹黄汤包，苏州白玉方糕等。

四、运河特色名宴

大运河沿线自古以来就是鱼米之乡、交通要冲，隋炀帝三下江都，唐宋两代文人墨客来往于运河之上，明代士子们游学于运河两岸，清代康熙、乾隆多次沿着大运河巡幸江南，各地争相进贡美食，运河沿线形成了一批饕餮盛宴。大运河地方名宴是运河美食文化的集大成者，运河各地因生产情况不同、文化传统不同，又形成了千差万别的宴席菜系，总体上有两大类，即北方类型的鲁菜和南方类型的淮扬菜。具体做法上又分为四大类。

表 9.1 大运河名宴表

名菜	城市	河段	特点
三头宴 冶春早茶宴	扬州	淮扬运河	反映了运河沿线浓浓的生活气息，生生不息的人间烟火味道
雅厨和风宴 阳羡生态宴	苏州 无锡	江南运河	代表了运河美食传承方向、绿色发展理念
盛世牡丹春江宴 津沽溯源宴 游子文化宴	北京 天津 杭州	通惠河 南北运河 江南运河	诠释了大运河美食源于传统，提炼经典，服务百姓消费新需求
孟府家宴 彭祖宴	济宁 徐州	会通河 中河	体现了传统饮食文化与现代文明交相辉映的特点

这里，扬州三头宴是流传较广的。所谓"三头"是指扬州菜中最负盛名的清蒸蟹粉狮子头、扒烧整猪头、拆烩鲢鱼头，合称扬州"三头"。

清蒸蟹粉狮子头，一是要求肉中不掺淀粉而加拍碎的荸荠来增加爽脆口感，同时减少纯猪肉的紧结发硬；二是四成肥、六成瘦的肉需经过细切粗斩处理，也就是从整块肉切到肉丝、肉粒的过程要多刀细细切来，而从肉粒到肉糜的过程，不能用机器；三是必须要加上蟹粉；四是必须是清炖的，不能红烧。

扒烧整猪头，这是三头宴中最难做的，要将新鲜的猪头去除骨头、毛，从中间切开后洗净，放入锅中加入酱油、盐、冰糖等调品料煮烂即可食用。这道菜的特殊之处就在于所有骨头都已在烹调过程中剥离了。传说这道菜最早是小山和尚在坛子中焖成的，需要加工 8 小时以上，因此一般饭店没有预订是无法上桌的。这道菜上桌时是要将猪舌头放在大圆盘中间，头肉面部朝上盖住舌头，再将腮肉、猪耳、眼球按猪头的原来部位装好，成整猪头形，浇上原汁，缀上香菜叶即成。

拆烩鲢鱼头，必须用大头鲢鱼的头作为原材料，烹调后上桌时，要不带鱼骨。这道菜的功夫全在于拆骨后鱼头形状依然基本完整，做到这一步需要相当的功夫。

如今三头宴又出了改良版，随着自驾游的人群增多，两三个人就餐的多了，三头宴全部上桌吃不完，扬州人为了让外地客人能够尽可能多地尝到三头宴的风味，发明了鱼头加狮子头的双头烩，有时为了好看，还加上鸡蛋同烧一锅。另外猪头肉也不上整的了，而是切成片，用面饼夹着吃，有点像北方的肉夹馍，这也是运河南北饮食文化相互影响的结果吧。

除了上表的宴席，大运河沿线还有两个著名的宴席，即反映民族文化融合的宫廷宴席满汉全席、融入诗书情怀的文人宴席红楼宴。

满汉全席，这是一种集合中国满族和汉族饮食特色的巨型筵席，包括蒙古亲藩宴、廷臣宴、万寿宴、千叟宴、九白宴、节令宴六类宴席。清朝初年，宫廷内宴会，满汉席是分开的，先吃满菜席，再上汉菜席，称作"翻台"。康熙皇帝 66 岁大寿举办宴席时，为了化解满汉不和，将两席的馔肴融合成一席，由满人的厨师和汉人的厨师合作做一桌菜，称作满汉全席。后来沿袭这个传统，形成了宫廷菜肴特色与地方风味精华兼具、满族菜点风味与汉族烹调特色交融的满汉全席。作为中华菜系文化的瑰宝，满汉全席取材广泛，用料精细，山珍海味无所不包，一席菜一般至少 108 种（南菜 54 道和北菜 54 道），分三天吃完。

乾隆甲申年间李斗所著的《扬州画舫录》记载了乾隆年间运河城市

扬州数十家酒楼名称、菜肴及扬州食风。该书所记的一份满汉全席食单，是关于满汉全席的最早记载。从这份食单可以看出，满汉全席其实并非源于宫廷，而是源于运河沿线江南的官场菜。

红楼宴，这是根据文学名著《红楼梦》而设计的。作为中国古典文学四大名著之一，《红楼梦》是满汉文化、南北文化相互碰撞、吸收融合的典范，是明末清初时期运河沿线贵族生活的真实历史画卷。在小说中，曹雪芹用大量的篇幅，描述了大运河边的人们丰富多彩的饮食文化活动。红楼宴的设计是立足于红楼文化进行再创造，以发扬光大《红楼梦》所代表的饮食文化的传统、审美意识。设计者根据《红楼梦》所描写的菜肴、点心的名称，用料和烹调方法，同时，查阅运河沿线明清时代的民间饮食习俗的典故，在淮扬菜的基础上进行再创作，将红楼饮食文化在现实生活中再现和发展。红楼宴通过对餐厅、音乐、餐具、服饰、菜点、茶饮等的综合设计，让所有菜肴以其美味、丰盛、精致为特点，给享用者以高层次饮食文化艺术的享受，文学作品和饮食文化的巧妙结合，使红楼宴名扬海内外。

五、大运河对沿线饮食文化的传播与交流

大运河的开通，促进了沿途商贸行业的发展，也催生了沿线城市的餐饮业。大运河沿线城市，形成了一条饮食文化链条。依托于漕运和商业的发展，沿线的饮食文化显现出交流互通、传播渗透的运河因素。随着运河航运的发达，南北商品物资的交流，使南北饮食交流越来越频繁，大小麦在南方广泛种植，水稻在北方普遍种植，加上漕运带来的方便，北方人稻米的食用越来越普遍。如在元代的大都城，由于有运河从江南调运大米入京，因此大多数居民的食物构成中稻米占有大量的比例。元政府在大都城内设米铺供应给居民，为照顾贫困户，还低价售卖"红贴粮"给他们。朝廷还指定江南某些地区专贡良种米供宫廷食用。小麦也在南方运河区域占有较高地位，《至顺镇江志》记载的当地土产中就有

面粉，面粉加工成的食品仅面条就有 10 多种，今天镇江的锅盖面名扬天下，也许与元代时镇江人就喜食面条的习惯有关系。南宋临安城内的居民因从开封来的移民较多，因此饮食既有南方习俗，又具北方特色。《都城纪胜》记载："都城食店，多是旧京师（汴梁）人开张，如羊饭店兼卖酒"。《梦粱录》记载："饮食混淆，无南北之分矣"。北宋汴梁的紫苏肉和羊肋排，是用果木烤的羊肉，刷上甜面酱，有着浓浓的香味。传说，宋朝时宋徽宗就喜欢用此下酒。后来传入临安，就成了大排面的祖先。

（一）民间小吃与大运河

运河两岸很多饮食文化的形成都与运河有关。如天津的杨村糕干，便是明朝永乐年间从浙江绍兴余姚县北迁来到天津定居的杜家兄弟，看到杨村镇漕运繁忙，往来船夫与客商都是以米为食的南方人居多，吃不惯北方的面食，于是灵机一动，参照南方人的饮食习惯，把米碾成面，和以白糖蒸成糕干，沿街叫卖，果然成为南方来的船夫、纤夫爱吃的食品。

与此类似的还有山东张秋小吃——壮馍。明清时期，张秋镇作为运河九大商埠之一，商贩往来，行船、经商的人都需要方便携带和存放的食品，于是有心人便琢磨出张秋壮馍，这种手工制作的小吃用发酵白面与未发酵面混合，揉成饼状，用特制三层平底锅烙烤，三十分钟才能烙熟一张，表面撒以芝麻，熟后味道香醇，可以存数月而不变质，最适合长途行船的人携带，食用时香酥可口，再配上北方常用的鱼汤、羊汤一泡，更是人间美味。

还有一种在鲁南、苏北运河沿岸非常受欢迎的小吃——石头大饼。这种大饼用面粉加上适当比例的黄豆粉和小米粉，裹上蛋液，撒上瓜子仁和芝麻，摊成饼，然后在烧热的鹅卵石上烙熟。因为饼是在石头上烙好的，所以称为石头大饼。

作为大运河沿线的重要城市，本来移民就特别多的天津形成了融汇众家所长的饮食文化，由于大运河的沟通作用，天津从饭店的宴席到民间的小吃和家常饮食都受到沿线城市的影响。天津饭店里的宴席菜主要

大运河文化十讲

受到运河沿线的鲁菜和淮扬菜的影响。受山东菜系的影响表现在讲究爆、炒、烧、炸、塌、扒，一般口味比较重，而且多用葱段为佐料。过去天津的名菜"八大碗""四大扒"等，基本上是山东菜的做法。德州扒鸡、葱烧海参、四喜丸子、松鼠鱼、油焖大虾等山东名菜，至今还是天津人待客时餐桌上必备的菜肴。淮扬菜主要是对天津上流社会饮食文化有影响。上流社会的人饮食口味上追求鲜、淡、滑、嫩，这正是淮扬菜的特点，淮扬菜中大煮干丝、清炖狮子头、拆烩鲢鱼头、水晶肴蹄，包括无锡的酱汁排骨等，都成为天津上流社会食客们最爱的菜肴。

大运河对天津饮食文化影响更大的还是大众饮食和民间小吃。靠近海边的天津人喜欢吃海货，做法与习惯与运河沿线的浙江和山东很相似，现在天津的家庭主妇都能做出好多样的鱼菜，如家常熬鱼、贴饽饽熬鱼、鱼头泡饼、虾丝咕嘟豆腐、炒麻蛤等，这些做法在山东、江苏、浙江等运河沿线城市中都能找出影子。很多运河沿岸的民间小吃，在运河的沟通作用下，深刻地影响了天津小吃，使天津成为运河民间小吃的集大成者。淮安的茶馓被天津人做成了远近出名的天津大麻花，成为民间小吃中的精品。山东人的煎饼卷大葱被天津人改为用豆面摊煎饼，加上鸡蛋、葱花、面酱，卷成美味的煎饼馃子。天津的狗不理包子也是在综合了运河沿线城市如扬州的富春包子、开封的灌汤包子、临清煎包的长处的基础上，而再创造成的包子中的精品。

大运河还影响了沿线城市人们的饮食习惯，如北方本不产茶叶，但大运河运来了南方茶叶，茶叶逐渐成为河运贸易的大宗物资。运河地区的名茶有湖州的顾渚茶、常州的阳羡茶、绍兴的日铸茶。随着茶叶的普及，北方人也

图 9.22 天津大麻花

开始有了喝茶的习俗，不但酒饭后饮茶已经成为习惯，而且泡茶馆的风气也在北方流传开来。据记载，清代临清人就有一日三茶的习惯，在运河经济兴旺时，北方的运河重镇如临清、聊城、济宁的茶馆很多，成为人们谈生意和解决问题的公共场所。

大运河也促进了各大菜系的形成，在扬州菜中，千层油糕是从河南的千层馒头演变而来的。大汤包与饺面是从淮安传来的，肴肉与拆烩鲢鱼头是从镇江学来的，这就是大运河交流带来的饮食文化传播的结果。中国"四大名鸡"中的山东德州扒鸡、河南道口烧鸡、安徽符离集烧鸡不仅都诞生在运河沿线城市，起源发展与运河关系密切，而且它们相互之间也因运河产生了传承关系。

（二）运河三大名鸡

1.德州扒鸡起源于运河码头

交通要道历来是美食走红的一大要素，德州扒鸡就是随着漕运的繁忙而传遍全国，成为名吃的。德州五香脱骨扒鸡，被誉为"天下第一鸡"。它的产生源于大运河，元末明初，随着漕运繁忙，德州成为京都通达九省的御路，经济开始呈现繁荣，市面上出现了烧鸡。挎篮叫卖烧鸡的老人，经常出现在运河码头、水陆驿站附近。这烧鸡形态侧卧，色红味香，肉嫩可口，作为后来扒鸡的原型，初露头角。到了清代，随着运河经济的发展，这时的德州城进入鼎盛时期，出现了"南来北往客如云，饭馆客栈多如林"的局面。烧鸡已不仅仅见于餐桌，而且步入社会。臂挎提盒叫卖和开门面设店铺的都有，出名的有做"徐烧鸡"的徐恩荣家。有一位烧鸡店老板贾建才，他的伙计因睡着没有及时关火，而把烧鸡炖烂了，哪知歪打正着，这种鸡反而特别受欢迎，于是扒鸡就产生了。贾老板无意间"研制"成功特制烧鸡，即用大火煮，再小火焖，直到骨肉酥软为止。贾老板委托自己的一位姓马的秀才朋友命名，这位马秀才脑洞大开，起了一个"五香脱骨扒鸡"的名字，德州扒鸡的特点是形色兼优、五香脱骨、肉嫩味纯、鲜奇滋补。

2.道口烧鸡依托运河扬名

道口烧鸡是特色传统名菜之一，由河南省安阳市滑县道口镇"义兴张"世家烧鸡店所制。它产生于清代，兴盛于乾隆、嘉庆年间，与大运河关系密切，而且与德州扒鸡有传承关系，因为卫河经过德州连通了道口与天津，道口镇历史上因航运带来繁华，被称为"小天津"。传说一次嘉庆皇帝沿运河巡游经过道口，忽闻奇香而振奋，问左右人道："何物发出此香？"左右答道："烧鸡"。随从将烧鸡献上，嘉庆尝后大喜说道："色、香、味三绝。"从此以后，道口烧鸡成了清廷的贡品。道口烧鸡具有五味佳、酥香软烂、咸淡适口、肥而不腻的特点。食用不需要刀切，用手一抖，骨肉即自行分离，无论冷热吃，都余香满口。与德州扒鸡既有相似之处，又各有千秋。随着运河的传播，道口烧鸡香遍了卫河两岸的河南、河北各地。

3.符离集烧鸡传承于德州扒鸡

符离集烧鸡是隋唐运河边的安徽省宿州市埇桥区的特色传统名菜，因原产于符离镇而得名。现在的符离集烧鸡，其制作技术形成于 20 世纪初，源于运河的影响，传承于德州扒鸡。1910 年，原在山东德州经营"五香扒鸡"的管再州，因其独生女儿嫁到符离集，而迁居符离集继续经营"五香扒鸡"。后在制作工艺上作了改进，成了当时有名的"管家红曲鸡"，兴盛一时。1915 年，江苏丰县人魏广明来符离集经营烧鸡。他在管再州制作的"红曲鸡"的基础上，增加配料，美化造型，初步形成了具有地方特色的符离烧鸡。1952 年，符离人韩景玉吸取管、魏两家制作的优点和特长，在配料上力求齐全，在技艺上精益求精，逐步发展为色、香、味、型俱佳的名特产品。正宗的符离集烧鸡原汁老卤，鸡香肉烂，烂而连丝，一抖就散（热鸡），肉烂脱骨，肥而不腻，鲜味醇厚，齿颊留香，与德州扒鸡、道口烧鸡有异曲同工之妙。

这三大名鸡均产生于大运河，因为运河的交流使它们产生了传承关系，而且特点基本相似：三者基本都具有酥香软烂、咸淡适口、肥而不腻的特点；食用时不需要刀切，用手一抖，鸡的骨肉即自行分离，无论冷吃热吃都余香满口，适应运河上行船人的饮食习惯。三大名鸡既有相似之处，又各有千秋，形成了大运河上远近闻名的烧鸡文化，浓浓鸡香，飘逸运河沿线。

（三）运河影响下成长的淮扬菜

民以食为天，大运河造就了两岸热闹的运河城市，也使这些城市有了自己的美味。通过流淌的运河，这些美味得以四处传扬，成为名满天下的佳肴。有的菜系的形成与发展都与运河城市的繁荣息息相关。

淮扬菜与鲁菜、川菜、粤菜并称为中国四大菜系。淮扬地区就是隋代的江都、唐代的淮南道，从隋代开始就因运河而繁盛的地区，所以淮扬菜系与大运河的关联也就最多。到了明代，淮安成为漕运的中心，扬州成为盐运的中心，两地在运河时代均十分繁荣。尤其是清代扬州，盐商财力雄厚，还特别讲究享乐，所以对美食的要求也就很高，这在客观上促进了淮扬菜的发展。

活水鱼鲜是淮扬菜的最大特色，口味清鲜平和，南北齐宜。因为水系丰常，物产丰饶，对于食材也就特别注重鲜、活、嫩。扬州人讲究美观，所以对刀工也特别讲究，大煮干丝、文思豆腐都是其中的代表。清代康熙、乾隆年间，淮扬菜的名气达到顶峰，到乾隆年间，淮扬菜系已经成为全国四大菜系之一。淮扬菜讲究应时，不时不食，有所谓"醉蟹不看灯（正月十五）""风鸡不过灯"之类的讲究。中国文人菜中的许多讲究都可以在淮扬菜中看到，这也从侧面反映淮扬地区对中国文化的影响。淮扬菜在上海、南京和北京的餐饮市场均占有一定的份额，并有相当多的消费群体。1949 年 10 月 1 日晚，中华人民共和国开国大典之后，在北京饭店举行的盛宴被称为"开国第一宴"，开国第一宴的菜点烹调全部由淮扬菜厨师一力承担完成，因此开国第一宴就是淮扬菜。

号称天下第一菜的扬州炒饭来源于运河带来的文化交流，又通过运河传播到运河沿线，并走向世界各地。扬州炒饭是淮扬菜中知名度最高的一道经典菜，又名"三香碎金炒饭"。有的研究专家说扬州炒饭的发明者是隋炀帝的叔叔、越国公杨素，依据是隋炀帝的尚食直长（官

大运河文化十讲

名，供奉皇帝膳食）谢讽写的一本御宴食谱，名叫《食经》，书中有这六个字："越国食碎金饭"。越国公杨素把这道菜献给了沿大运河来到扬州的隋炀帝。这种饭菜合一的"碎金饭"让隋炀帝食欲大增，隋炀帝下江都时一路"带货"，传至运河沿线各地，扬州炒饭的香味弥漫于运河全线。

曾任扬州知府的伊秉绶是将扬州炒饭介绍到海外的第一人。伊秉绶是清嘉庆年间扬州知府，祖籍汀州（今福建宁化），特别喜欢研究美食，伊府厨师在"葱油蛋炒饭"的基础上，再加上一些虾仁和叉烧同炒。"改进版"的扬州炒饭传至扬州士绅盐商家厨，乃至酒楼饭店，成为当时扬州上流社会的一个文化符号。后来伊秉绶将这种炒饭的做法写进了他自己的作品集《留春草堂集》里。伊秉绶从扬州任上回到福建宁化老家，改进后的扬州炒饭被带到宁化，最终随着客家人远征世界的步伐漂洋过海。如今有华人处，就有扬州炒饭。几乎世界各地的中餐馆菜单上，都能看到"扬州炒饭"的名字。

第九讲　白釉青花一火成，花从釉里透分明——大运河非遗文化

第十讲

若无水殿龙舟事，共禹论功不较多

——大运河人物故事

大运河历经 2500 多年的历史，有许多历史名人与大运河关系密切。他们有的作为统治者发动大运河的修建和贯通；有的作为朝廷官员直接主持开凿修造大运河；有的作为技术人员主持了重大水利工程的实施，为大运河的开凿与发展发挥了重要的作用；有的作为使用者修缮运河疏通漕运，完善漕运制度，使运河更好地发挥作用；还有的作为体验者赋诗作词写小说歌咏运河，传播运河文化，使大运河的故事永世流传。本讲主要介绍一批与大运河相关的著名人物故事。

第一节　运河开凿维修人物

一、夫差开邗沟、菏水

春秋时的吴王夫差是最早开凿大运河的。夫差（约公元前 528 年—公元前 473 年），是春秋时期吴国末代国君。吴王夫差为了北上争霸，利用长江、淮河之间的自然水系，开凿了一条人工渠道——邗沟。据《左传·哀公九年》记载：秋，"秋，吴城邗，沟通江、淮。"邗沟南起长江边的邗城（位于今扬州市），北到淮河山阳湾末口（位于今淮安市），沟通了长江、淮河两大水系，是大运河体系最早的一段，也是中国有确切纪年的第一条大型运河。夫差开通邗沟的第二年，吴军便沿着新开的运河北伐。借助便捷的水上通道，吴军势如破竹，陷陈国，败齐师，

图 10.1　古邗沟遗址

退楚兵，终于凯旋。公元前484年，夫差为了北上与晋国会盟，宣布自己的霸主地位，又开凿了一条沟通泗水和济水的水道，后人称为菏水。菏水联通了淮水和济水，再由济水通到黄河，加上先前开凿的邗沟，这样就串联起江、淮、河、济四大水系，首次将长江流域、淮河流域与黄河流域联系在一起，江淮地区与中原地区联系起来。组织邗沟、菏水开凿的吴王夫差因此成为大运河开凿历史上的第一人。夫差是吴国最后一位国君，也是吴国最有作为的一位国君。在春秋的时代风云中，夫差是一位传奇人物，他南征越国，打败越王勾践；北伐齐国，称霸中原；与晋国会盟，成为春秋五霸之一。同时，他又因独断专行，听不进合理建议，好战喜功而导致国破身亡。

二、魏惠王开鸿沟

魏惠王是战国时魏国的国君，在公元前365年四月，他把国都从安邑东迁到梁，又称为大梁。因此，魏惠王又被称为梁惠王。迁都大梁后，魏惠王为进一步争雄称霸，加强对东部国土的控制，联系淮

图 10.2　鸿沟水系的一部分成了通济渠

河流域的诸侯，在公元前361年前后开始挖掘改造鸿沟。鸿沟连接济、濮、汴、睢、涡、颍、汝、泗、菏等主要河道，形成了黄淮平原上以鸿沟为干线的水上交通网，对促进各地经济、文化的发展起到了巨大的作用。鸿沟的开凿连接了黄河和淮河，中原地区形成了以鸿沟为干渠的水运交通网。魏惠王通过实行政治改革，兴修水利，发展农业生产，使魏国很快走向强盛，公元前344年，魏惠王率领战国七雄中的四个大国及

一些中小国会盟朝天子，使魏国的霸业到达顶峰。秦始皇统一六国后，充分利用了鸿沟水系，从各地漕运大批粮食，源源不断地运往关中和京师咸阳。到了隋帝国第一次贯通大运河时，鸿沟的一部分河道成为通济渠的组成部分。

三、秦始皇建敖仓开陵水道

秦始皇是中国第一个中央集权的封建国家秦帝国的建立者，秦朝时已经基本形成了覆盖全国的水运交通网络，通过水路运输粮食成为首选。秦始皇开始了最早的漕运。秦代的漕粮主要征集自鸿沟流域、济水泗水之间、临潼附近及黄淮下游一带，这一带有成熟的水路运输体系，方便运输。具体运输路线是从济水上溯入黄河，再由黄河上溯入渭水，最后到达位于渭水之滨的咸阳。这样，远至黄海之滨的关东地区的粮食，就可以源源不断地运到咸阳和关中地区，从而解决了关中的粮食短缺问题。由于黄河是条季节性河流，有时水位不够，有时又风高浪急，因此需要建立一个中转站，在黄河中游水运条件不具备时，暂时存放粮食，待水位升高时再转运。为了储存和转运粮食，秦国在济水和鸿沟从黄河分流出来的地方建立了一座巨大的粮仓，即敖仓。中原运来的粮食无论是西输关中，还是北运边塞，都可以在这里储存和转运。敖仓是中国历史上第一个用于漕运的粮仓。据传说，秦始皇还在春秋时百尺渎的基础上开凿了陵水道，这条陵水道后来成为杭嘉运河的前身。

四、刘濞开运盐河

刘濞（公元前215—公元前154）是西汉的诸侯王，汉高祖刘邦的侄子，公元前195年封为吴王，建都广陵。为了便利运盐，吴王刘濞于公元前179年始开邗沟的支流——上官运盐河，从扬州茱萸湾至海陵仓，再通海安到如皋，长98公里。运盐河的开凿，发展了扬州及东部的属地（今泰州、南通、盐城地区）的经济，利用东南沿海的自然条件煮海为盐，奠定了盐业在扬州经济中的主导地位，为"吴地繁荣"乃至后世的繁荣发展夯实了基础。吴国成为汉初诸侯国中最强盛的诸侯国。而运盐河也奠定了淮扬间运河南北主航道与东西运盐河道交织的空间格局，将海岸线与运河联系在一起。汉文帝时，刘濞的儿子吴国太子在京城与皇太子（即后来的汉景帝）下棋时出现争执，吴太子无礼，被皇太子所杀。刘濞痛失爱子，于是在封国内大量铸钱、煮盐，以扩张割据势力，图谋篡夺帝位。汉景帝采取御史大夫晁错的建议，削夺王国封地。刘濞以"清君侧，诛晁错"为名，联合楚、赵等七国，在景帝前元三年丁亥（公元前154年），公开叛乱，史称"吴楚七国之乱"。后被汉军主将周亚夫击败，刘濞兵败被杀。尽管刘濞结局不好，但他开凿的运盐河让扬州的繁盛延续了2000年。扬州百姓修建了"二王庙"（后改为大王庙），纪念他和夫差这两位大运河的始祖。

五、陈登穿沟

陈登，字元龙，下邳淮浦（今江苏涟水西）人。为人爽朗，性格沉静，智谋过人，少年时有扶世济民之志，并且博览群书，学识渊博，东汉末期任广陵太守。东汉建安二年（197年），陈登因射阳湖风涛大，损坏船只，重开邗沟，将河线向西移动，不再经过博芝湖，而是由樊良湖北口穿过白马湖，再转向射阳湖入淮。因此原来的河线称为东道，改变后的被称为西道。这次重开的邗沟，裁弯取直，缩短了江淮之间的

图 10.3　仪征陈公塘

航运距离。这条线路也成为隋代大运河全线贯通时的邗沟线路。陈登任广陵太守期间还筑有捍淮堰（高家堰前身）、破釜塘、陈公塘等沿运水利设施，发展农田灌溉，使汉末迭遭破坏的江淮地区农业得到一定程度的恢复。如今仪征龙河一带有陈公塘，相传就是陈登所开用于运河补水及农业灌溉的。

六、曹操开白沟

曹操（155—200），字孟德，三国时政治家、军事家、诗人。曹操通过挟天子以令诸侯，取得了政治上的优势；同时，通过屯兵、开运河、兴水利，取得了经济上的优势。为征战北方，曹操利用黄河故道，开挖了白沟等运河，使运河向黄河以北延伸，抵达今天河北省的东部地区。汉建安七年至九年（202—204年），曹操先后修治睢阳渠至官渡，在淇水入黄河的入口黎阳，用大木枋作堰，让全部的淇水东流进入白沟，以通粮道。漕船由此可通今卫河上游和当时的黄河下游，向东北通今海河水系各河流。建安十一年（206年），曹操为北征乌桓，又开凿平虏渠、泉州渠，沟通白沟、泒水、滹沱河、鲍丘水（东潞水）、濡水（今滦河）等。曹操开凿的白沟、平虏渠、泉州渠等，成为隋代永济渠的前身。一系列水利工程的实施，也使魏国成为三国当中最强盛的国家。

图 10.4　曹操墓

七、谢安筑埭

谢安（320—385），字安石，东晋政治家，孝武帝时，位至东晋宰相。年轻时隐居会稽郡山阴县之东山，与王羲之、许询等游山玩水，成语"东山再起"讲的就是他的故事。在淝水之战中，谢安作为东晋一方的总指挥，镇定自若，以八万兵力打败了号称百万的前秦军队，使晋室得以存续。战后因功名太盛而被孝武帝猜忌，被迫前往广陵避祸。385年，谢安出镇广陵（今扬州），疏浚邗沟，在今邵伯一带筑埭蓄水方便运河通航。据史书记载："谢安筑埭於新城北，百姓赖之，比之扶周之召伯，故名召伯埭。"正因为老百姓将谢安比为召伯，"召"通"邵"字，这个地方后来就称作邵伯镇。邵伯人还建了谢安广场，塑了谢安的雕塑，充分体现了邵伯人民对谢安的感激之情。谢安之子谢琰后将他在广陵的住宅舍宅为寺，就是后来的天宁寺。

八、隋炀帝首通大运河

隋炀帝杨广是隋朝第二位皇帝。隋炀帝为适应政治经济发展的需要，以洛阳为中心，先后组织开凿了通济渠，疏通修缮邗沟，开凿了江南运河和永济渠，第一次贯通了大运河，建立了以洛阳为中心，南至余杭（今杭州），北达涿郡（今北京），横贯整个东部地区的内陆水上运输通道。大运河从北方的涿郡到达南方的余杭，南北蜿蜒长达2700多千米，将钱塘江、长江、淮河、黄河、海河五大水系连接起来，沟通了帝国的政治中心、经济中心和军事前线，解决了南粮北运和控制南方的问题。大运河的开通，促进了运河两岸城市的发展，江都、余杭、涿郡等城市很快繁荣起

图 10.5　隋炀帝下江都浮雕

来。大运河对隋唐时期南北经济、文化交流，维护全国统一和加强中央集权制，都起到了重要的促进作用。他还营建东都迁都洛阳，开创科举制度，亲征吐谷浑，三征高句丽，造就了强大的隋帝国。作为贯通大运河的第一人，隋炀帝被后世传颂，称赞他"共禹论功不较多"。但因为好大喜功，滥用权力，虐用民力，造成民怨太大。加上他的一系列举措触动了关陇集团的利益，造成统治阶级内部的分裂，进而起兵反对他，使隋炀帝成为独夫民贼，直接导致了隋朝的覆亡，自己也在江都被杀。

九、姜师度开运河

姜师度（约653—723），唐代著名水利学家。719年，姜师度在朝邑北，将洛水和黄河水引入通灵陂，周围的土地都得到灌溉，使荒弃田地2000顷成为上等田，设置十多屯，促进了关中地区的农业生产和漕运。后来，姜师度又在贝州经城西南40里开张甲河。这条河渠不仅用于泄洪灌溉，造福于民，也可以接永济渠故渎，便于通漕运。姜师度还在沧州开凿人工河渠，成为河北地区较早的人工减河，减少了因永济渠堵塞滹沱水、漳水的入海通道而在沧州一带引发的

图10.6　如今的漳卫河

水患。这些水利工程的实施，使河北地区成为富庶地区之一，特别是开元、天宝之际，得到了空前的繁荣和发展。他在华北地区开凿的系列运河成为元代南运河的基础。

十、齐浣开伊娄河

齐浣（约 678—750），唐朝官员、水利学家。唐代的淮扬运河叫扬楚运河，两浙及江南以及荆楚的漕粮，必须经过扬楚运河入淮。唐代因长江泥沙淤积，瓜洲沙涨，渐渐与北岸连为一体，使长江北岸南移 10 多公里，横亘在运河扬子入江口前，致使漕船

图 10.7　伊娄河就是今天的瓜洲运河

不得不绕行瓜洲，在长江风浪中损失严重。738 年冬，润州刺史齐浣主持开凿了贯通瓜洲与扬子的伊娄河，使江南漕船渡江的距离从 30 千米缩短到 10 千米，"自是免漂损之灾，岁减脚钱数十万。又立伊娄埭，官收其课，迄今利济焉。"大运河入江口也因此向南推移至瓜洲渡口。从此，大运河有了两个江北通江口岸——瓜洲和仪征。后来，在担任汴州刺史时，因淮河、汴水之间的运路从虹县到临淮的 150 里水流迅急，漕运不安全，于是齐浣从虹县下开河 30 余里，入于清河，行百余里出清水，又开河至淮阴县北岸入淮，使漕运免受淮河湍急流水的危害。

十一、沈括治理汴河

沈括（1031—1095）是宋代的官员兼科学家，像许多古代的科学家一样，他是一个通才，其著作《梦溪笔谈》中包含天文历法、地理建筑、政治经济、法律军事、宗教风俗、文学艺术等自然和人文科学方面的思想见闻。沈括对于水利也颇有研究，他的第一份工作为沭阳县（今

属江苏）主簿。他曾因成功地治理了沭河而被当地百姓拥戴。熙宁五年（1072年），朝廷诏令沈括治理汴河。在治水实践中，沈括还进行了应用型学术研究，治理汴河时，计算土石方，他发明了隙积术，把南北朝时就停滞不前的等差级数求和问题，发展为高阶等差级数求和。测量河道地形，他发明了会圆术，把球面三角学的发展推进到新的阶段。得益于自己在数学、地形测量等方面的知识和早年积累的治水经验，沈括对汴河的水流、两岸的地势、河床深浅进行了实地考察，整理了大量有价值的数据，并据此制订出详细而具体的疏浚方案。沈括的汴河治理工程可以分解成三个部分：第一，全力疏通汴河，挖出沉积的淤泥；第二，将淤泥用于改造盐碱地；第三，截断黄河水，引洛水入汴河。黄河水含沙量高而洛水清澈，这种换水源的方式可以有效防范淤积。沈括在治理过程中，精确地测量出从开封上善门到泗州淮口之间的距离为"八百四十里一百三十步"，约420公里。这在测绘方面是一个开创性的成果。沈括独创的"分段筑堰"法具有较高的测量精度，而且在此前世界上从无先例。

在治理汴河之后，宋神宗熙宁六年（1073年），朝廷又任沈括为两浙察访使，负责杭州地区的水利工程完善。沈括用了半年时间在两浙各地考察民风民俗和农田水利建设情况。他以实地考察所取得的材料为基础，对地方管理中存在的诸多问题提出了整改措施，再次用水利工程造福了一方百姓。沈括在他的著作《梦溪笔谈》中还详细地记载了第一座复式船闸——真州复闸的建造过程及功能。为了纪念他，1979年，中国科学院紫金山天文台将一颗小行星命名为"沈括星"。

十二、郭守敬与大运河第二次大贯通

郭守敬（1231—1316），是元朝著名的天文学家、数学家、水利专家，邢州龙冈（今河北省邢台市邢台县）人。郭守敬曾担任都水监，负责修治元大都至通州的运河。郭守敬第一次见元世祖，就当面提出了六条水利建议：第一条就是建议修复从当时的中都（今北京）到通州（今通县）的漕运河道。元世祖任命他为提举诸路河渠和银符副河渠使。为了开凿会通河，郭守敬曾考察过山东济宁、东平、临清等地。根据他的测量，会通河于1289年凿通，水源来自汶河，由堽城坝把汶河水的三分之二河水经洸河引至济宁，在济宁建天井闸分水，使运河航运成为可能。元至元三十年（1293年），在郭守敬的建议和主持下，于昌平县白浮村引神山泉，汇入大都积水潭泊船港，而后大致循金国的运河故道至通州高丽庄接白河，长164里，设闸24处。次年功成，赐名通惠河。自此，元代大运河全线贯通。1276年郭守敬修订新历法，经过4年时间制定出《授时历》，通行360多年。是当时世界上最先进的一种历法。1981年，为纪念郭守敬诞辰750周年，国际天文学会以他的名字为月球上的一座环形山命名。

十三、宋礼、白英与南旺枢纽

宋礼（1361—1422），字大本，河南省洛宁县人。宋礼自幼精于河渠水利之学，先后任礼部右侍郎、工部尚书。因治运有功，多次受到皇帝表彰，并为后人所传颂。明永乐九年（1411年），宋礼等人奉命征调民工，疏浚会通河段。由于会通河缺乏水源，宋礼深入察看沿运水系、地形，在汶上县白家店村，遇见民间治水专家白英。白英建议把位于会通河道最高点的南旺镇作为分水点，称为"水脊"。他还建议在南旺修建分水闸门，利用天然地形，扩大会通河沿岸的南旺、安山、昭阳、马场等处的几个天然湖泊，修建成"水柜"，并且设置"斗门"，以便蓄滞和调节水量。同时，开挖河渠，把附近州县的几百处泉水引入沿河的各"水柜"。宋礼采纳白英的建议，引汶济运，挖引山泉，修建水柜，于东平东60里筑戴村土坝，长5里余，截断汶河，向西南开小汶河引汶水至南旺镇入运，使会通河得到了充足的水源。从此，沟通南北的大运河畅行无阻，漕运能力大大提高，每年从东南运粮米几百万石（最高达到500万石），接济京师。为纪念宋礼和白英治水有功，明清两代当地的百姓在汶上南旺为二人建祠立庙并塑神像，供后人祭祀。

十四、潘季驯与"束水攻沙"

潘季驯（1521—1595），湖州府乌程县（今浙江省湖州市吴兴区）人，明朝中期官员、水利学家。从嘉靖四十四年（1565年）开始，到万历二十年（1592年）止，他先后四次出任总理河道都御史，主持治理黄河和运河，前后持续二十七年，为明代治河诸臣中任职时间最长的，著有《河防一览》《两河管见》《宸断大工录》《留余堂集》等著作。潘季驯在长期的治河实践中，总结并提出了"筑堤束水，以水攻沙"的治黄方略和"蓄清（淮河）刷浑（黄河）"以保漕运的治运方略，发明"束水冲沙法"。

图 10.8　潘季驯修的高堰大坝工程

他提出的治黄通运的方略和"筑近堤（缕堤）以束河流，筑遥堤以防溃决"的治河工程思路，创立的相应的堤防体系和严格的修守制度，成为明中期直至清末治理运河及黄河的主导思想，为治理黄河和大运河事业做出了重大贡献。

十五、康熙治水

康熙帝（1654—1722），即爱新觉罗·玄烨，清圣祖仁皇帝。康熙早年在宫廷的柱子上写了三藩及河务、漕运三件大事。河务和漕运实际上是一件事情，三藩平定后，实际上他重视的就是治河这一件事情，他穷尽毕生之力治河，并使河患大为降低。康熙十五年（1676年）夏，黄河倒灌洪泽湖，大堤决口34处，淮水冲入运河，运河大堤溃决300余丈。

这时，康熙皇帝及时任命安徽巡抚靳辅为河道总督，每年拨银 300 万两，加紧治河，他自己亲自钻研水利理论，并从事广泛的实地调查。康熙帝六次南巡，治河、加强清朝对东南地区的统治，是康熙南巡的主要动因。他详细视察了黄河下游和江苏境内的运河，提出了具体的治理方案和要求，有力地促进了治水工作的开展。他多次在淮安清口实地考察，指示机宜。后人将他的治水言论汇编成书，定名为《康熙帝治河方略》。

康熙帝重视科学技术，他本人也精于水工测量。康熙三十八年（1699 年）春，康熙帝第三次南巡。三月初一，康熙帝再次视察高家堰、归仁堤等处，亲自用水平仪测量水位的高低。四月二十七日，康熙帝乘船出清口，召桑额、于成龙等指示治河方略，具体制定了新的治河方案：深浚河身；筑挑水坝；开陶庄引河；浚直河道；拆除拦黄坝，并亲自沿河勘察，在引河嘴一里许，"订桩立基，谕建挑水坝。" 此地当时名叫陈家庄，挑水坝就叫陈家庄挑水坝。因是康熙亲自"订桩"，便在坝后盖了个亭子，叫御桩亭，陈家庄挑水坝也就改成了御坝。他巡行到扬州高邮，亲自测量出运河水比高邮湖水高四尺八寸，便指示河道总督于成龙说："湖水似不能越此堤而入运河。这段工程甚属紧要，着差贤能官员作速查验修筑。"（《帝王治河史》第四十一卷 清康熙）他亲自司仪测量出淮扬运河沿线清水潭运河水位高出运西诸湖水位一尺三寸九分，及时指示官员"应加紧建造湖之石堤"。他在黄、淮、运交汇处进行水准测量，针对洪泽湖水位低于黄河水位的情况，当即提出了治理方案。康熙巡河客观上推动了河务的治理，促进了东南社会安定，加快了社会生产的发展，对清代历史产生了良好的影响。

十六、乾隆巡河

乾隆是中国古代执政最久、年寿最高、影响较大的一位皇帝。从乾隆十六年至四十九年（1751—1784 年）30 余年间，乾隆分别六次南巡。前四次是陪着母亲前往江南，母亲病逝后，乾隆又两次率领臣下南巡。

图 10.9　扬州天宁寺内乾隆《南巡记》御碑

乾隆历次南巡一般是正月从北京出发，陆路经直隶、山东到江苏的清口渡黄河，乘船沿运河南下，经扬州、镇江、丹阳、常州、苏州入浙江，再由嘉兴、石门抵杭州。回程时，绕道江宁，祭明太祖陵，检阅部队，于四月下旬或五月初返回北京，往返水路行程约 2900 公里。江南地区是明末清初抗清斗争较激烈的地区，乾隆南巡对外所说是奉母览胜，其实巩固清朝在东南地区的统治才是其真正目的。乾隆南巡主要有五个目的：一是蠲免积欠钱粮，扩大减免范围，向百姓昭示仁爱之心。二是优待文人，加恩江浙士绅，还通过祀典形式，从思想上、文化上来笼络读书人。三是阅视河务、海塘，六次南巡，五次视察河工，多次巡视海塘。四是巡视各地武装部队，加强对东南地区的军事统治。五是游览江南名胜，了解风土人情。乾隆六次南巡，对一向多事的东南地区的稳定起到了一定的积极作用。但是六次南巡对清朝社会产生了不良影响，浪费了大量人力、物力和财力，给民间带来了严重的灾难，也使吏治腐败不堪。据《扬州行宫名胜图》记载，两淮盐商为迎接乾隆南巡扬州，曾先后集资修建和再建宫殿楼廊 5154 间和亭台 196 座，并购置其中的陈设景物。乾隆南巡，客观上加重了封建政风的败坏，激化了阶级矛盾。

十七、靳辅、陈潢与清口枢纽

靳辅（1633—1692），辽阳州（今辽宁辽阳）人，清代水利工程专家。康熙十六年（1677 年）三月，靳辅被提升为河道总督，一直致力于

大运河文化十讲

治河。靳辅出任河道总督之日，正是黄河、淮河泛滥影响运河漕运之时。他上任后，采用了明代治河专家潘季驯的"束水攻沙"方法。清口是黄河与淮河交汇的地方，云梯关又是淮河、黄河的入海必经之

图 10.10　靳辅塑像

路。靳辅实施了一系列治河工程，首开清口烂泥浅引河四道，疏浚清江浦至云梯关的河道，创筑束水堤 1.8 万余丈，堵塞王家冈、武家墩大决口 16 处。又堵塞清水潭、大潭湾决口及翟家坝至武家墩一带决口。靳辅的治河提出了"欲使下流得治，必治好上流"的理论。改变运口是靳辅治河的一项重要内容。靳辅移清口的运口于烂泥浅之上。这个运口距黄、淮交汇之处仅 10 里，从此再无淤淀之患，即使漕船重运过淮，扬帆直上，也如履平地。靳辅在宿迁、桃源、清河三县黄河北岸堤内开了一条新河，称为中河。中河修成后，漕船免去走黄河 180 里的险路，大大减少了漕船受风浪损坏的现象。

　　陈潢（1637—1688），字天一，秀水（今浙江嘉兴）人，清朝治河名臣。康熙十六年（1677 年），河道总督靳辅看到陈潢的题壁诗，发现陈潢才学过人，于是召他入幕，协助治水。陈潢为制定治河工程计划，跋涉险阻，上下数百里。在治理方法上继承和发展了明代著名治河专家潘季驯"筑堤束水，以水攻沙"的治河理论，主张把"分流"和"合流"结合起来，把"分流杀势"作为河水暴涨时的应急措施，而以"合流攻沙"作为长远安排。在具体做法上，采用了建筑减水坝和开挖引河的方法。为了使正河保持一定的流速流量，发明了"测水法"，把"束水攻沙"的理论置于更加科学的基础上。由于陈潢指导有方，在他负责治河期间的黄河安澜无患。康熙二十六年（1687 年），经靳辅保奏，授陈潢

金事道衔。此后，为了根除黄、淮两河水患，陈潢又打破自古以来"防河保运"的传统方法，提出了"彻首彻尾"治理黄河、淮河的意见，但未被朝廷采纳。他的治河思想是"鉴于古而不泥于古"。并说："有必当师古者，有必当酌今者。""总以因势利导，随时制宜为主。"

第二节　运河使用管理人物

一、裴耀卿

裴耀卿（681—743），字焕之，绛州稷山（今山西省稷山县）人，唐朝时期宰相。他在拓展运河漕运方面作出了积极的贡献。在唐以前，朝廷的漕粮主要是山东、河北地区，还未尝远及江淮之地。唐代时，从东南地区运送漕粮供给京师，逐渐增多。开元二十一年（733年），关中地区长时间下雨，长安发生饥荒。唐玄宗准备移驾洛阳，特意召见时任京兆尹的裴耀卿，询问赈灾之策。裴耀卿分析当前形势，建议疏通漕运，征调江淮粮赋，以充实关中。唐玄宗对此非常赞同。十月，裴耀卿被任命为黄门侍郎、同中书门下平章事，并充任江淮转运使。裴耀卿总结前人的经验教训，健全了漕运制度，实行转般法和仓储制度的结合，同时对漕运进行了一系列的改革，提出"分段转运"的方法。为了方便东南地区漕粮的运输，他沿黄河建置河阴仓、集津仓、三门仓，征集天下租粮。过去漕运是由江淮地区直接运送到长安或洛阳，由于自然条件不同，各个河段适合通航的时间不一致，漕船运输过程中等待的时间较长。他精心设计了一条分段转运的线路，将江淮的粮食物资经过运河北上至河阴县，即纳入河阴仓。此后漕船就返航。而河阴仓的粮食安排其他船只重新运输，这样一来，减少了漕船等待的时间，漕运效率大大提高，三年时间便积存粮米700万石，省下运费30万缗（缗，量词。一千文铜钱穿成一串叫一缗）。有人劝他将省下的钱财交给皇帝，以邀功请赏。裴耀卿却奏请唐玄宗，将这笔钱款充作官府的和市费用。后人评价说："江淮漕运，于斯称剧。顾始终三百年间，治漕称善者，前惟裴耀卿，后惟刘晏。"

二、刘晏

刘晏（716—780），字士安。曹州南华（今山东菏泽市东明县）人，是唐代著名的经济改革家、理财家。安史之乱后，唐朝的经济处于崩溃边缘，刘晏受命于危难之际，走上了主管唐朝财政经济的岗位，他实施了一系列的财政改革措施：恢复漕运、改革盐政、重启常平法，为安史之乱后的唐朝经济发展做出了重要的贡献，在历史上产生了极其深远的影响。在漕运改革方面，刘晏将漕运由过去的民运改为官运，实行水路直达运输，而且将漕运全程重新分为四段，采用分段接运的办法，降低了漕运成本。刘晏还发明了"囊米法"，全面推行袋装运输。对造船工匠和漕运船工由无偿的徭役制改为有偿的雇佣制，按劳动量给付工钱。这一改变调动了劳动者的积极性，提高了造船和漕运的效率。同时，设计了适应江、淮、河、汴各条河流不同水文状况的漕船，既经久耐用，又能保证行船安全。他又将漕船编成人多势众的队伍，十船为纲，每纲300人，篙工50人，同时派军队护送，这样就保护了漕运的沿途安全，恢复了遭受安史之乱破坏的运河漕运。刘晏的改革，对恢复唐朝的漕运发挥了重要的作用，他是对运河管理和运河利用作出杰出贡献的古代能臣，堪称以运理财的第一人。

三、陈瑄

陈瑄（1365—1433），字彦纯，合肥（今属安徽）人，明代军事将领、水利专家，明清漕运制度的确立者。永乐十三年（1415年），明成

图 10.11 陈瑄治水纪念馆

祖因会通河全面通航，决定停止海运，改走内河漕运，由陈瑄负责。陈瑄建造浅船 2000 余艘，起初运输 200 万石，后逐渐增加到 500 万石，使得国用得以富足。当时，江南漕运沿运河抵达淮安后，须转陆运翻过河坝，再经淮河抵达清河，其过程损耗巨大。

陈瑄采纳民间专家的建议，从淮安城西侧的管家湖起，开凿 20 里河渠，命名为清江浦，将湖水导入淮河，并修筑四座闸门，以方便泄洪。他还沿湖修筑十里长堤，以提高船只运输能力，使得漕船可以直达黄河，节省的费用不可计数。陈瑄督理漕运 30 年，针对漕运事务实行很多整改措施，精密而有远见，可谓"举无遗策"。

四、大运河与扬州盐商

扬州盐商是指明、清两代政府特许的具有垄断食盐运销经营特权的食盐专卖商人。他们借此特权而攫取巨额的商业垄断利润，成为显赫一时的豪商巨贾。清代扬州盐商最为闻名，主要有晋商、陕商、徽商，其中一半左右是徽商。

因扬州东南沿海一带盐田众多，水路畅通，为加强盐务管理，元代开始在扬州设都转盐运使司，明清相沿袭。设在扬州的两淮都转盐运使司衙署是大运河沿线的重要盐业管理机构，下辖三个分司，分别位于泰州、通州和淮安。扬州作为盐务中心城市，产生了大量的盐商。扬州盐商依托大运河而兴，运河造就了扬州盐商的辉煌。扬州地处大运河的枢纽位置，在水运时代既是全国水陆运输的交通枢纽，又是食盐运输的主要集散地。元代就在扬州设立两淮都转盐运使司，明代实行开中法，后来实行盐引制，对食盐实行专卖，在扬州设立两淮盐运使司，扬州成为全国的食盐集散中心。清初盐法沿袭明制，基本上实行引岸制度。清代扬州盐商主要有窝商、运商、场商、总商等名目。他们在食盐流通过程中具有不同的职能。公元

图 10.12　扬州卢氏盐商住宅——庆云堂

18—19 世纪，盐业经济成为国家的经济命脉，扬州盐商控制利用盐业专卖垄断权，依托扬州便利的水运条件，使扬州一度成为大运河沿线乃至全国的盐业贸易中心城市，形成了以盐业经济为支柱产业的盐商社会生态和商业经济形态，对清代扬州城的社会生态、建设格局和居民生活产生了直接影响。扬州盐商造就了扬州的园林，营建了众多会馆，捐建了书院，催生了享誉天下的淮扬菜、扬州三把刀，还繁荣了京剧的始祖徽戏，促成了扬州画派的产生。

第三节　大运河文化传播人物故事

一、李白与大运河

　　李白多年在运河沿线游历，写过众多的运河诗歌。李白在运河城市济宁生活二十余载，留下了 50 余首诗词歌赋，被人们广为传颂，济宁人建了太白楼来纪念李白与济宁结下的不解之缘。史料记载李白曾六次游运河名城扬州，第一次来是在开元十四年（726 年），当时李白在扬州逗留半年。离开扬州，李白漫游江汉，结识了诗人孟浩然，李白经常向

图 10.13 济宁太白楼

孟浩然讲述他在扬州的经历，吸引了孟浩然的浓厚兴趣，孟浩然启程游扬州，李白在黄鹤楼与孟浩然饮酒话别，吟咏出一首千古绝唱——《黄鹤楼送孟浩然之广陵》："故人西辞黄鹤楼，烟花三月下扬州。孤帆远影碧空尽，唯见长江天际流。"成为扬州一张永不褪色的城市名片。天宝六年（747 年），李白在游丹阳横山时写下了《题瓜洲新河饯族叔舍人贲》，这是一首直接赞美润州刺史齐浣开凿瓜洲运河的诗。前四句为："齐公凿新河，万古流不绝。丰功利生人，天地同朽灭。"将运河的作用评价到了极致。天宝八年（749 年），李白再游扬州，在这次游览中，他登临了扬州栖灵塔并留有《秋日登扬州西灵塔》诗。前四句为："宝塔凌苍苍，登攀览四荒。顶高元气合，标出海云长。"也是气势非凡。李白沿江南运河、浙东运河从扬州前往会稽游历，还写下了"舟从广陵去，水入会稽长"的名句。

二、夜半钟声到客船：张继宦游运河的故事

写运河旅行的有一首很出名的唐诗叫《枫桥夜泊》，这就是唐代学子张继落第后沿运河旅行所作。他曾沿运河赴洛阳赶考，写出了《洛阳作》："洛阳天子县，金谷石崇乡。草色侵官道，花枝出苑墙。书成休逐客，赋罢遂为郎。贫贱非吾事，西游思自强。"根据《唐才子传》卷三记载，张继于"天宝十二年（753 年）礼部侍郎杨浚下及第"，张继虽然进士及第，但在随后吏部组织的铨试中不幸落第。而就在天宝十四年（755 年）一月爆发了安史之乱，天宝十五年（756 年）六月，唐玄宗李隆基仓皇奔蜀。因为当时江南政局比较安定，所以不少文士纷纷逃到今江苏、

大运河文化十讲

浙江一带避乱。张继也避战乱回湖北襄阳老家，当时走的是水路。经过汴河到淮扬运河时写下了《晚次淮阳》："微凉风叶下，楚俗转清闲。候馆临秋水，郊扉掩暮山。月明潮渐近，露湿雁初还。浮客了无定，萍流淮海间。"

图 10.14　苏州枫桥

反映了他寂寥的心情。到了苏州，正值秋夜，诗人泊舟苏州城外的枫桥。枫桥其实就在大运河苏州段的一处小洲上，枫桥便横跨在沙洲与河岸较窄一侧河面。江南水乡秋夜幽美的景色，吸引着这位怀着旅愁的游子，使他领略到一种情味隽永的诗意美，于是他信笔写下了这首意境清远的小诗："月落乌啼霜满天，江枫渔火对愁眠。姑苏城外寒山寺，夜半钟声到客船。"成为千古传颂的佳作。

三、运河诗人白居易

白居易，字乐天，晚年号香山居士，是新乐府运动的旗手。所谓"新乐府"，即以汉乐府精神为灵魂，继承杜甫的现实主义手法，用新题来写时事的诗。其特色是贴近生活，贴近下层人民，通俗易懂，言简意赅。他生于河南新郑，先后任杭州刺史和苏州刺史，多次在运河上行走。代表作为《长恨歌》和《琵琶行》。任杭州刺史时，还带领民众兴建了西湖的白公堤。白居易写运河的诗有《长相思》："汴水流、泗水流，流到瓜洲古渡头，吴山点点愁。"形象地描述了沿唐代大运河旅行的线路。在《自馀杭归宿淮口作》一诗中他写下"舟行明月下，夜泊清淮北。"宝历元年（825年），他受诏为苏州刺史，又一次沿着运河旅行。在苏州他带领百姓建起了七里山塘，就是今天从苏州城内直到虎丘云岩寺的山塘街的前身。苏州人民建了白公祠来纪念他。白居易的《赋得古原草送别》"离离原上草，一岁一枯荣。野火烧不尽，春风吹又生。远芳侵古道，晴翠接荒城。又送王孙去，萋萋满别情。"也是在通济渠畔的安徽宿州所作，其中"野火烧不尽，春风吹又生"也成为千古名句。白居易在大运河城市扬州还有一个与刘禹锡以诗唱和的故事。唐敬宗宝历二年（826年），刘禹锡罢和州刺史任返洛阳，同时白居易从苏州归洛阳，两位好友都走的运河，在扬州他们喜相逢。两人同登栖灵塔，共话离别情。白居易在筵席上写了一首诗《醉赠刘二十八使君》，刘禹锡便写了《酬乐天扬州初逢席上见赠》来酬答他："巴山楚水凄凉地，二十三年弃置身。怀旧空吟闻笛赋，到乡翻似烂柯人。今日听君歌一曲，暂凭杯酒长精神。"刘禹锡的"沉舟侧畔千帆过，病树前头万木春"成为千古名句。

四、十年一觉扬州梦：杜牧与大运河的故事

唐朝著名诗人杜牧与运河结下了不解情缘。杜牧的诗风格清新，语言生动，引人入胜。如七绝《江南春》："千里莺啼绿映红，水村山郭酒旗风。南朝四百八十寺，多少楼台烟雨中。"《泊秦淮》："烟笼寒水月笼沙，夜泊秦淮近酒家。商女不知亡国恨，隔江犹唱后庭花。"江南风情，历历在目。生动地反映了运河城市商品经济的发达和市场的繁荣。杜牧曾为淮南节度府掌书记，淮南道的治所设立在扬州。这也就决定了杜牧和扬州的不解之缘。他在这里写下的关于扬州的诗篇，到今天依然为人们所津津乐道。《唐阙史》有一则写著名诗人杜牧的故事说：杜牧年轻时，丞相牛僧孺出镇扬州，任他为节度使府掌书记，"牧供职之外，唯以宴游为事。扬州，胜地也，每重城向夕，倡楼之上，常有绛纱灯万数，辉罗耀烈空中，九里三十步街中，珠翠填咽，邈若仙境。牧常出没驰逐其间，无虚夕。"杜牧曾结识一位红颜知己，写下了著名的《赠别》诗："娉娉袅袅十三余，豆蔻梢头二月初。春风十里扬州路，卷上珠帘总不如。"他写的《题扬州禅智寺》使扬州有了"竹西"这个别名："雨过一蝉噪，飘

萧松桂秋。青苔满阶砌，白鸟故迟留。暮霭生深树，斜阳下小楼。谁知竹西路，歌吹是扬州。"对扬州的了解和热爱，使杜牧离开扬州后，还写下了那首《寄扬州韩绰判官》："青山隐隐

图 10.15　杜牧在诗中描写过的扬州二十四桥景区

水迢迢，秋尽江南草未凋。二十四桥明月夜，玉人何处教吹箫。"一直到晚年，杜牧还深情地追忆他在扬州度过的这段梦幻般美好的生活，他在《遣怀》诗中写道："落魄江湖载酒行，楚腰纤细掌中轻。十年一觉扬州梦，赢得青楼薄幸名。"折射出杜牧对扬州的痴情。

五、徐凝、张祜与扬州，月亮城与宜居城

唐代诗人徐凝也写过不少首诗，但其代表作却是《忆扬州》："萧娘脸薄难胜泪，桃叶眉尖易觉愁。天下三分明月夜，二分无赖是扬州。"从此，二分明月成为扬州的代名词，扬州也成为天下闻名的月亮城。为此，扬州专门建了一个城门叫徐凝门，现在还有徐凝门大街。同时，在附近大运河上建的一座桥也叫徐凝门桥。《纵游淮南》是唐代诗人张祜所作的一首七言绝句："十里长街市井连，月明桥上看神仙。人生只合扬州死，禅智山光好墓田。"全诗用夸张而又细腻的笔法，以自然流畅之语，将扬州的魅力写得深入骨髓，抒发了对

图 10.16　扬州禅智寺

扬州的喜爱之情。诗中提及了扬州四处景点：长街、月明桥、禅智寺、山光寺都在运河边。扬州在张祜的眼中，不仅是生的好去处，也是死的好去处。从此"人生只合扬州死"成为扬州适宜人居的代名词。今天的禅智寺只剩了一座山门，正对着古运河。

六、范仲淹与范公堤

范仲淹既是诗词名家，又是政治家与水利家，他曾在大运河的支流运盐河畔的扬州府海陵县（今盐城东台境内）筑捍海堰，带领民众抗洪水，又曾在苏州治水。他为好友滕子京所作的《岳阳楼记》因名句"先天下之忧而忧，后天下之乐而乐"而传颂千古，被历代廉吏奉为圭臬。范仲淹中进士不久，即被任命为扬州府下面东台的盐官，他建议重修捍海堰，受朝廷重用，任为兴化县令，他征集通州、海州、楚州、泰州四地4万民夫兴工筑堤，甚至捐出自己的官俸作为经费。这期间，因自然灾害，有不少民夫在灾害中死去，范仲淹因此被弹劾调离。但海边民众继续筑堤事业，终于在天圣六年（1028年）春完工，人们为了纪念范仲淹，将该堤命名为"范公堤"。

七、王安石笔下的运河

唐宋八大家的另一位代表王安石仕途的起点就在扬州，任淮南节度使通判时，他曾与当时的太守韩琦一起留下了"四相簪花"的故事，北宋庆历五年（1045年），韩琦任扬州太守时，官署后花园中有一棵芍药一枝四杈，每杈都开了一朵花，而且花瓣上下呈红色，一圈金黄蕊围在中间，因此被称为"金缠腰"，又叫"金带围"。因为花开四朵，所以韩琦便邀请同在扬州的王珪、王安石和路过扬州在大理寺供职的陈升之参加。饮酒赏花之际，韩琦剪下这四朵"金缠腰"，每人在头上插了一朵赏玩。说来也奇，此后的30年中，参加赏花的四个人竟先后做了宰相。这就是有名的"四相簪花"的故事。曾做过扬州司理参军的北宋科学家沈括，将这个故事记载在他的《梦溪笔谈·补笔谈》中。

王安石在运河入江口瓜洲写下的《泊船瓜洲》："京口瓜洲一水

图 10.17　瓜洲古渡

间，钟山只隔数重山。春风又绿江南岸，明月何时照我还。"让瓜洲远近闻名。宋仁宗皇祐二年（1050 年）夏，王安石在浙江鄞县知县任满回江西临川故里时，途经杭州，写下的《登飞来峰》："飞来山上千寻塔，闻说鸡鸣见日升。不畏浮云遮望眼，自缘身在最高层。"这两首诗都成为千古传颂的名诗。

八、苏轼与大运河

"明月几时有，把酒问青天。"这是北宋文学家苏东坡在密州（今山东境内）时写下的千古名篇，而他从杭州到密州就任时，就是乘船沿运河北上的。他先后在运河畔的徐州、扬州、常州、杭州等地为官，沿大运河旅行。在徐州任太守时，他曾带领人民抗洪，他的诗作《百步洪》就记载了这段经历。苏轼在杭州时还有修西湖苏堤的故事，写了《饮湖上初晴后雨二首》："水光潋滟晴方好，山色空蒙雨亦奇。欲把西湖比西子，淡妆浓抹总相宜。"成为歌咏西湖的千古名句。

杭州的西湖苏堤是北宋元祐五年（1090 年），苏东坡任杭州知州时，疏浚西湖，利用浚挖的淤泥构筑并历经后世演变而形成的。"西湖十景"中的苏堤春晓就此而得名。

扬州的谷林堂也与苏轼有关。北宋哲宗元祐七年（1092 年），苏轼

图 10.18　常州运河之滨的蚁舣亭

调任扬州太守，在平山堂后面建谷林亭纪念欧阳修。其时，欧阳修已谢世 20 年。"谷林"二字出自苏轼《谷林堂》一诗："深谷下窈窕，高林合扶疏。美哉新堂成，及此秋风初。"今天在平山堂后的谷林堂，成为文化人游平山堂必看的一个景点。苏轼在任扬州知州期间，还上奏激烈地批评盘检漕船之弊，要求恢复旧制，允许漕船携带一分私货。在扬州的运河古镇邵伯，苏轼与秦观、孙觉、苏辙、黄庭坚、张耒、晁补之等"七贤"在运河之畔的斗野亭作诗，使斗野亭成为文坛圣地。目前，斗野园内集苏（轼）、黄（庭坚）、米（芾）、蔡（襄）宋代四大书法家字迹的"七贤"诗镌刻在碑壁上。苏轼最后终老在常州，今天常州还建有东坡园，纪念这位文坛泰斗。在常州运河之滨有一座舣舟亭也是纪念苏轼的。

九、秦观的故乡在运河边

自称邗沟处士的秦观，字少游，善诗赋策论，与黄庭坚、晁补之、张耒合称"苏门四学士"。生长在大运河畔的秦观，自小就与运河结下了不解之缘。30 岁前秦观一直生活在家乡，大运河对他的生活产生了诸多的影响。他在家乡的运河边留下了众多的诗词，曾写过一首七言绝句，题目叫《还自广陵四首》其二："南北悠悠三十年，谢公遗埭故依然。欲论旧事无人共，卧听钟鱼古寺边。""谢公遗埭"即邵伯埭，为东晋名将谢安出镇广陵时所筑的运河堤坝。邵伯埭在高邮、江都两县交界处，又是从高邮沿邗沟南行的必经之路。元丰三年

（1080年）寒食节前，苏轼胞弟苏辙（字子由）贬监筠州酒税，途经高邮。秦观陪同两日。临别时依依不舍，一直送行至邵伯埭。两人一路唱和，分别赋诗三首。舟行至斗野亭，两人洒泪而别，又分别题五律一首。一对挚友难舍难分之情，可谓情景交融。同时他和老师苏轼在大运河沿线城市游历，留下了许多美丽诗词和运河佳话。苏轼曾到高邮看望秦少游，他们二人与孙觉、王巩会集于东岳庙附近，饮酒论文。后人就建了文游台而纪念这次四名士的雅聚。现在，高邮仍建有秦少游纪念馆——文游台。秦观的后代又与大运河结下了不解之缘，他的后代生活在另一座运河城市无锡，今天无锡的清名桥就是他的后代秦清、秦宁所建，原名为清宁桥。到了清道光年间，为了避皇帝的讳，更名为清名桥。

十、陆游与大运河

南宋诗人陆游位卑未敢忘忧国，一生都想着收复中原，曾向朝廷献计北伐，后又亲上边境战场。但无奈却只能寄情诗词。他在《诉衷情·当年万里觅封侯》中记叙了这段经历："当年万里觅封侯，匹马戍梁州。关河梦断何处？尘暗旧貂裘。"在《书愤》中他写道："早岁那知世事艰，中原北望气如山。楼船夜雪瓜洲渡，铁马秋风大散关。塞上长城空自许，镜中衰鬓已先斑。出师一表真名世，千载谁堪伯仲间！"《示儿》则将陆游始终不渝的爱国之志表现得淋漓尽致："死去元知万事空，但悲不见九州同。王师北定中原日，家祭无忘告乃翁。"而那首回忆唐婉的《钗头凤》："红酥手。黄滕酒。满城春色宫墙柳。东风恶。欢情薄。一怀愁绪，几年离索。错错错。春如旧。人空瘦。泪痕红浥鲛绡透。桃花落。闲池阁。山盟虽在，锦书难托。莫莫莫。"直接指向了运河景点沈园。

十一、文天祥与黄埠墩的故事

南宋的民族英雄文天祥与运河结下了不解之缘，在南宋理宗宝祐四年（1256 年）春，他曾经和弟弟文天璧一起沿运河赶赴临安参加科举，途经无锡黄埠墩时，面对小溪山峰美丽的风光，发出"君子进而在朝，则行其道；退而在野，则乐其志"的感慨。考试结束，在 601 名进士中，他名列第一，成了状元。后来因为他抗元的英勇事迹，人们称他为状元中的状元。文天祥第二次来到黄埠墩时，正是国事日下、元军大举南攻之际。元将伯颜率 20 万大军南下，1275 年三月，元兵攻陷无锡。到了十月，伯颜将攻常州，时任平江知府的文天祥率部将前去增援，经过无锡。文天祥第三次到无锡是在德祐二年（1276 年）春。由于战败被俘，文天祥被元军押解去大都，路过无锡时，为防止被人劫夺，元兵将船停泊在四面环水的黄埠墩上。当时正是农历二月，无锡百姓闻知文丞

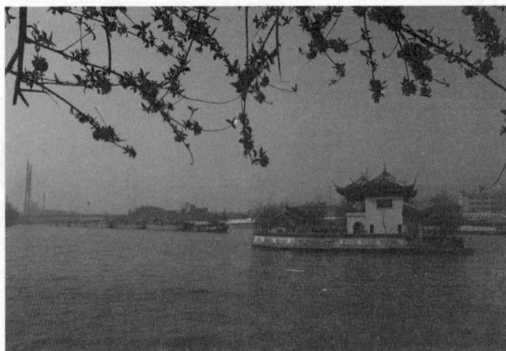

图 10.19　无锡黄埠墩

相经过，不顾元军阻挠鞭打，在运河两边排得密密麻麻，持香跪送，哭成一片。文天祥感动得热泪盈眶，吟诗一首《过无锡》："金山冉冉波涛雨，锡水茫茫草木春。二十年前曾去路，三千里外作行人。英雄未死心先碎，父老相从鼻欲辛。夜读程婴存国事，一回惆怅一沾巾。"他回想起 20 年前赶考时经过这里的情形感慨万千。由于黄埠墩四面环水，难以逃脱，文天祥被继续押送往北。谁知到了镇江后，他就被反元义士在半夜时分解救了出来，逃到福州继续领兵抵抗。后来文天祥再次被俘，面对敌人的屠刀，英勇就义，留下了"人生自古谁无死，留取丹心照汗青"的壮怀激越。今天的黄埠墩上，建有"正气楼"，来纪念这位民族英雄。

十二、"四大名著"的作者与大运河

在运河文化的营养和滋润中，中国古代文学史上诞生了"四大白话"小说，也就是所谓的中国古典文学四大奇书。四大奇书起源于明代的四大白话小说，分别是《水浒传》《三国演义》《西游记》《金瓶梅》。到清代，用《红楼梦》替代了《金瓶梅》，称为"明清四大白话小说"，20世纪80年代将这4部小说称为"四大名著"。

（一）《红楼梦》作者与大运河

中国古代四大名著首推《红楼梦》，这是一部具有高度思想性和艺术性的伟大作品，成书于清乾隆四十九年（1784年）。无论是作品本身还是作者曹雪芹，都是大运河文化孕育出来的杰出文化符号。曹雪芹世家与大运河结有长达80年的不解之缘。曹雪芹的高祖曹振彦于顺治十三年（1656年）任两浙盐法道，两浙盐法道的官署设在杭州，曹振彦上任的路线是从北京沿大运河到杭州，他也是曹家最早走完京杭大运河全程的人。康熙沿运河六次南巡，有四次是由曹家负责接驾的。《红楼梦》中的甄士隐是苏州人，贾雨村是湖州人，林如海是苏州人，在扬州为官，他们都生长在运河城市。《红楼梦》里也有不少关于大运河的描写。书中开篇写甄士隐一生"小荣枯"的故事，就发生在"地陷东南"之际的运河苏州段的阊门外。第二回"贾夫人仙逝扬州城"，给林黛玉的父亲林如海造成了家庭困境，为林黛玉从扬州沿大运河进京投靠外祖母提供了机会。于是就有了第三回的"林黛玉抛父进京都"。全书结束于宝玉出家，贾宝玉在常州运河边的毗陵驿拜别父亲贾政。曹雪芹曾从北京沿大运河南下，曹家丢官抄家后，曹雪芹在北京西郊香山完成了《红楼梦》的创作。因此，跟着《红楼梦》我们可以游览的运河景点有很多，有北京香山、扬州天宁寺和苏州阊门、常州毗陵驿等景点。

（二）《水浒传》作者与大运河

《水浒传》的故事发生在古郓州区域，也就是梁山泊及周围地带。元初以后，大运河一直在郓州地区纵向穿过，水泊梁山正是运河水系的一

图 10.20 武松公园的武松打虎雕塑

部分。梁山泊自古就处于沟通东西、连接南北的交通要道。大运河穿行鲁西地区，这对古郓州及周边地区产生了重要影响。《水浒传》写的是北宋的故事，但它的广泛传播和最终成书则是在元末明初。大运河的贯通对《水浒传》的形成有着重要影响。随着运河城市的兴起，运河沿线成为各种信息的传播交汇点，全国各地的故事在这里汇聚，然后在运河中的船上品味、消化、加工，又随运河南北传播，这样的故事也就越传越远，影响越来越大了。《水浒传》作者施耐庵写的虽然是北宋的故事，但也以这些故事投射出自己生活的那个时代。施耐庵的家乡是大运河畔的水乡兴化，又参加了抗元义军张士诚的队伍，他依据自己的故乡描绘了一个水泊梁山，依据自己造反的经历描绘了一个造反集团的故事。《水浒传》烙上了深深的大运河印记。通过大运河的传播，《水浒传》的故事渐渐成型、水浒人物的形象逐渐丰满，最后通过施耐庵的加工与润色形成了我们今天看到的《水浒传》。施耐庵长期居住在运河城市淮安（楚州），宋江的归宿"蓼儿洼"就是楚州城外的一片水泊。

（三）《三国演义》作者与大运河

《三国演义》的作者罗贯中虽然不是运河边出生，但他14岁时就辍学随父亲去苏州、杭州一带做生意。后到慈溪随著名学者赵宝丰学习。元至正十年（1350年），罗贯中来到杭州，当时许多说话艺人在这里说书，一些杂剧作家也在这里活动。罗贯中与这些志同道合者为友，加上他对民间文学又极其喜爱，开始创作章回小说和剧本。至正十六年（1356年），罗贯中到张士诚幕府作宾，在这里结识了施耐庵，并拜其为师。至正二十三年（1363年），罗贯中涉足大运河沿线的城市和江南各地，搜集三国时期东吴的故事传说，发掘整理了大量流行于运河两岸的三国故事。至正二十六年（1366年），罗贯中在杭州开始《三国志通俗演义》的写作。明洪武元年（1368年），他与施耐庵居住在淮安府山阳县（今淮安区）城西门土地祠附近，期间游览汉代遗址，并继续写作《三国演义》。到明太祖洪武三年（1370年），罗贯中已写了十二卷。后来，施耐庵病卒，罗贯中携自己未完成的《三国演义》书稿返回故里，完成最后的著书。如今，大运河沿岸还分布着无数的三国遗迹。跟着《三国演义》可以游览一代枭雄曹操墓、广陵郡治所在地射阳古镇。

（四）《西游记》作者与大运河

《西游记》的作者吴承恩是淮安府山阳县河下（今淮安市淮安区）人。吴承恩号"射阳居士"，而射阳湖就是古邗沟流经的重要湖泊。今天吴承恩的故居，坐落在淮安城西北的河下打铜巷最南端。这地方是古老的淮河和大运河交汇之处。正是这块人杰地灵的运河热土，催生了古典浪漫主义的文学巨著。作为《西游记》文化的摇篮，淮安地处南北之中，因大运河而兴，文化兼收并蓄。吴承恩笔下的《西游记》根植于大运河文化，是大运河文化的瑰宝。吴承恩50岁左右写了《西游记》的

图10.21　大运河畔的射阳古镇

前十几回，后来因故中断了多年。嘉靖三十九年（1560年），他任江南运河畔的浙江长兴县丞，后辞官归乡。回到淮安后，隆庆四年（1570年）开始着力撰写《西游记》。

十三、《聊斋志异》的作者蒲松龄与大运河

　　《聊斋志异》是清朝小说家蒲松龄创作的文言短篇小说集，全书共有短篇小说 491 篇。它们或者揭露封建统治的黑暗，或者抨击科举制度的腐朽，或者反抗封建礼教的束缚，具有丰富深刻的思想内容。作者蒲松龄，世称聊斋先生，自幼便对民间的鬼神故事兴致浓厚。蒲松龄曾任扬州府宝应县知县孙蕙的文牍师爷，在运河沿线的宝应、高邮一带为官，搜集了大量离奇的故事，经过整理、加工后，将其收录到《聊斋志异》中。他曾在高邮盂城驿担任过一段时间的代理驿丞，在《蒲松龄全集》

图 10.22　聊城胭脂湖

中收录有一篇关于盂城驿的公文，传说他也在盂城驿写出了一篇聊斋故事。如今高邮盂城驿中还塑有蒲松龄的石像。《聊斋志异》中胭脂的故事发生地东昌府，就是今天的运河城市——山东聊城。相传当年蒲松龄骑着毛驴来聊城，在东昌湖边撷取素材写成《胭脂》。故事的原型就是山东学政施闰章断案，为学子洗冤的历史事实。如今美丽的东昌湖还有了一个富有诗意的别称"胭脂湖"。

十四、《清明上河图》画家张择端与大运河

　　《清明上河图》是现存最出名的反映运河主题的名画，为中国十大传世名画。这是北宋画家张择端（约 1085—1145）仅见的存世精品图。他是山东诸城人，少时游学汴京，后习绘画，入为画院翰林，徽宗时完成《清明上河图》。他抓住"清明上河"这一主题，把民俗节日、市民生

大运河文化十讲

图 10.23 张择端的《清明上河图》（部分）

活、市场盛况与繁忙的运河联系在一起，精心绘就了传世名作《清明上河图》。图中城郭、市肆、桥梁、街道之远近高下，草树、马牛、骆驼之大小出没，居者、行者、舟车之往还先后，皆曲尽其态。场面宏大壮观，景物错落，人物浩繁。整幅画突出了城郊、运河与城市三个主要部分。人物上千，风光数十里。三教九流，面目各异；七十二行，各具神韵。具有极高的艺术价值和写实精神，对我们了解和证实该时期繁荣的生活景象具有重要的参考意义。它不仅是我国古代绘画艺术中最杰出的现实主义作品，同时，对研究我国历史学、社会学以及古代建筑都具有重要的价值。特别针对黄河、汴河、运河、漕运等许多历史史料的记载，也在画卷中得到了或多或少的证实。

十五、徐扬与《乾隆南巡图》《姑苏繁华图》

清代画家徐扬是苏州府吴县人。乾隆十六年（1751 年），他果断抓住乾隆帝南巡江浙的契机，精心选择了最能代表自己绘画艺术水平的作品，前往行在御前献画，博得乾隆帝赏识，得以在如意馆充任"画院供奉"。自乾隆二十九年（1764 年），徐扬开始奉旨绘制绢本《乾隆南巡图》，直到乾隆三十四年（1769 年）才全部告竣。

《乾隆南巡图》凡十二卷，有绢本和纸本两种。纸本总长度达到

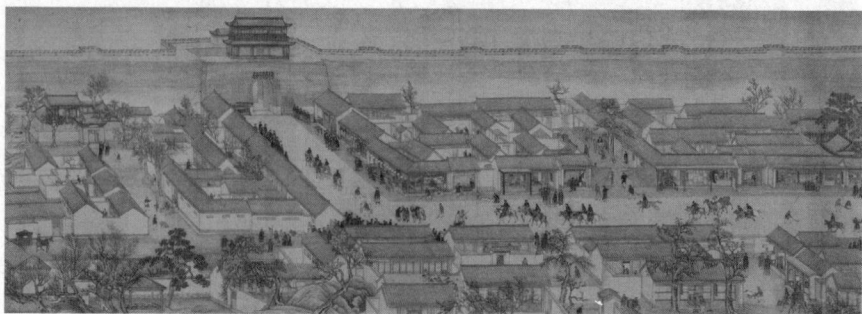

图 10.24 《乾隆南巡图》（部分）

154.17 米，以传统写实手法描绘了清高宗弘历在乾隆十六年（1751 年）第一次南巡途中的系列场景。卷名依次为《启跸京师》《过德州》《渡黄河》《阅视黄淮河工》《金山放船至焦山》《驻跸姑苏》《入浙江境到嘉兴烟雨楼》《驻跸杭州》《绍兴谒大禹庙》《江宁阅兵》《顺河集离舟登陆》《回銮紫禁城》。

徐扬另一幅反映大运河主题的作品《姑苏繁华图》，又名《盛世滋生图》，描绘了清运河重镇苏州的繁华景象。该作品完成于 1759 年，历时24 年，现收藏于辽宁省博物馆。《姑苏繁华图》全长 12 米多，画面"自灵岩山起，由木渎镇东行，过横山，渡石湖，历上方山，从太湖北岸，介狮和两山之间，入姑苏郡城，自胥、盘、胥三门出阊门外，转山塘桥，至虎邱山止"。画家采用"散点透视"方法，以青绿山水为主调，描画人物，繁而不乱，并突出人物刻画。全卷绘有各种桥梁 50 多座，各种商

图 10.25 《姑苏繁华图》（部分）

号招牌 230 多块，各类客货船只 400 多艘，各色房屋 2140 多栋，各色人物 4800 多人。该作品完整地表现了古城苏州"商贾辐辏，百货骈阗"的市井风貌。

第十讲　若无水殿龙舟事，共禹论功不较多——大运河人物故事

附录一

大运河申遗过程

一、申遗之路

大运河申遗的正式提出，是在 2004 年。2004 年 3 月召开的全国政协十届二次会议上，时任国家文物局局长的单霁翔邀请樊锦诗、安家瑶等 7 位政协委员联名，提交了《关于大运河文化遗产保护亟待加强的提案》，提出"大运河主河和沿线文物古迹始终没有被列入全国重点文物保护单位，没有列入世界文化遗产名录，没有制定一部法规来肯定和保障它的历史地位。所以，亟待重新确定大运河作为人类文化遗产的历史特质与重要地位"。其实"运河申遗"这个概念早在 1987 年长城申遗时就已经提出了，当时，罗哲文和郑孝燮两位老先生就提出运河也要申遗，但由于种种原因，一直没有列入申遗项目。2005 年 12 月，在《人民日报》记者齐欣的策划下，罗哲文和郑孝燮、朱炳仁 3 人联名向京杭大运河沿岸 18 个城市的市长发出《关于加快京杭大运河遗产保护和"申遗"工作的信》。在 2006 年全国"两会"上，全国政协委员、全国政协文史委副主任刘枫领衔 58 名全国政协委员提出了"大运河申遗提案"。当年 6 月，国家文物局

附图 1.1　罗哲文、郑孝燮与齐欣在推敲公开信内容

将京杭大运河公布为全国重点文物保护单位；当年 12 月，又将其列入《中国世界文化遗产预备名单》，从而启动了大运河申报世界遗产的进程。

从 2004 年开始到 2014 年，大运河申遗从纸上变为现实，经历了 10 年，大致分为三个阶段：一是 2004 年到 2009 年的准备阶段；二是 2009 年到 2012 年的保护规划制订阶段；三是 2013 年到 2014 年的申遗冲刺阶段。

（一）准备阶段

大运河申遗之初面临着非常困难的局面。一方面，由于历代兴废，黄河改道，隋唐大运河早已成为遗址，埋于地下。20 世纪初，"漕运"终结以后，京杭大运河济宁以北部分也淤塞、断流，运河遗产大多年久失修。另一方面，由于我们对世界遗产的认识还不深刻，对大运河究竟属于哪类世界遗产也有一个摸索的过程。此外，由于过去一直没有将大运河整体作为文化遗产进行专门的研究和保护，导致大运河遗产整体保护起步非常晚，价值研究不完善。这一阶段的工作主要是找准方向，摸清遗产家底，研究大运河的遗产价值，组建申遗队伍。

这一阶段的主要事件为：2007 年 9 月 26 日，大运河联合申报世界文化遗产办公室在扬州挂牌成立。2008 年 3 月，国家文物局在扬州召开了大运河保护与申遗第一次工作会议，成立了大运河保护与申遗城市联盟，明确了大运河申遗工作方案，各项工作正式启动，此后每年都在扬州召开一次大运河保护与申遗工作会议。2009 年 4 月，国务院牵头大运河申遗工作；

附图 1.2　时任国家文物局局长单霁翔为大运河申遗联合办公室揭牌

附图 1.3　大运河保护与申遗工作会议

同时成立了省部际会商小组（由 8 个省、直辖市，13 个部委联合组成），2009 年 4 月 23 日，在北京召开了第一次会商小组会议，正式建立了省部际协商机制。

（二）保护规划制定和立法阶段

2009 年以后，根据国务院统一部署，原文化部、国家文物局和相关省市、有关部门通过扎实、高效的工作，建立了跨部门、跨地区协调工作机制，完成了大运河遗产资源调查，构建了大运河"国家—省—地市"三级保护规划体系，公布了专项法规和标准规范，初步建立了"国家—遗产地"两级监测预警系统，实施了一大批大运河重要河段和节点的保护、整治、展示工程，从根本上改变了大运河遗产的保护管理状况。

这一阶段的主要事件：2009 年运河沿线各城市先后完成了市级保护规划的编制并颁布实施，在此基础上开始着手编制大运河省级保护规划；直到 2012 年完成《中国大运河遗产保护与管理总体规划》的编制，这一阶段还启动了大运河申报世界文化遗产预备名单的遴选工作，2011 年 3 月公布了遗产点预备名单，2012 年底确定了最终的遗产点申报名单。2012 年 9 月，大运河沿线 35 座城市签订《大运河遗产联合保护协定》，2012 年 8 月 14 日，文化部公布《大运河遗产保护管理办法》，自 2012 年 10 月 1 日起施行。

（三）申遗冲刺阶段

2013 年，大运河申遗进入最后的冲刺阶段。

这一阶段的主要事件有：2013 年 1 月底国家文物局向世界遗产中心上报了《中国大运河申遗文本》。2013 年上半年，沿线各地完成了遗产点修缮和环境整治。2013 年 7 月 2 日至 14 日，国家文物局组织了大运河沿线的模拟考察。2013 年 7 月 15 日完成了大运河遗产监测预警平台和档案系统建设。2013 年 9 月，接受了世界遗产委员会委派的两位世界遗产保护专家的现场考察。2014 年 6 月 22 日，在卡塔尔首都多哈召开的第 38 届世界遗产委员会会议上，中国大运河被列入《世界遗产名录》。

（四）国际专家现场考察大运河遗产

通常国际古迹遗址理事会（英文简称ICOMOS，专门负责世界文化遗产申报项目的考察）对一个遗产地的考察只委派一名专家，因为大运河遗产实在太大，因此，ICOMOS专门委派了两名专家考察。2014年9月16日至26日，联合国教科文组织世界遗产委员会的咨询机构——国际古迹遗址理事会（ICOMOS）委派的两名国际专家对大运河世界文化遗产申报项目进行了现场考察评估。两位专家分为A组和B组，分别对大运河申遗的31个遗产区进行现场考察评估。A组国际专家是印度籍的考古学家、作家及历史学家Mrs. Rima Hooja（莉玛·胡贾女士），她是印度国家历史文物局成员、ICOMOS印度临时执委会副主席；B组国际专家是韩国籍的环境学博士Mr. Dong-Jin Kang（姜東辰先生），他是韩国釜山庆星大学城市设计系教授。

在考察过程中，大运河给专家们留下了深刻的印象，专家们认同大运河是人类历史的一项杰作。姜東辰认为，对历史杰作的定义，应该包括历史发展、古代环境带来的经济、产业以及在人的各个方面的关系协调当中所形成的内涵。而大运河在这几个方面的综合性表现，不仅作为千百年历史的沉淀，而且现在依然在利用中，这在全世界是很少见的。莉玛·胡贾女士评价，大运河管理十分到位，在所有运河城市的共同努力下，大运河沿线城市的管理水平相当高。她说，此次看到了大运河的独特美景，大运河活态遗产的保护与整个区域之间紧密结合，市民共享的举措让人震撼。通过考察，她发现中国为大运河做出了许多努力和贡献。

（五）梦圆多哈

大运河申遗的路并不是一帆风顺的，国际专家考察后，到了2013年底，

附图1.4　国际专家考察中国大运河遗产现场

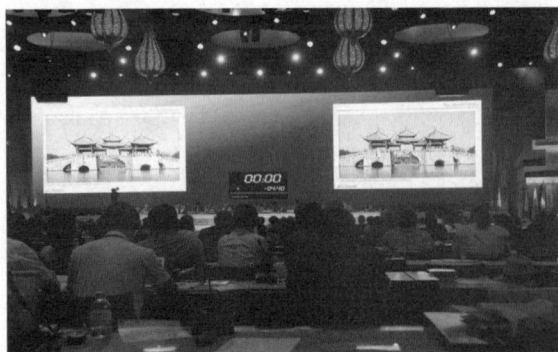

附图 1.5　第 38 届世界遗产委员会会议现场

消息得到证实：在 ICOMOS 召开的世界遗产工作组会议上，审议大运河项目时，专家对于大运河的意见是补充材料再报（Refer），要求中国做好材料补充工作后再申报。

附图 1.6　大会执行主席卡塔尔玛雅萨公主宣布大运河列入世界遗产

附图 1.7　笔者与哈萨克斯坦代表在大会现场合影

从 ICOMOS 传来消息，国际古迹遗址理事会大运河项目专家组认为大运河申报世界遗产工作还有许多要整改的地方，特别是对缓冲区的保护还不够。2014 年 3 月面对国际专业机构的质疑，大运河能否于 2014 年申遗成功，悬而未决。针对世界遗产中心的意见，大运河保护和申遗省部际会商小组迅速召开第五次会议，研究部署整改措施和申报对策。

为了做好补救工作，国家文物局和大运河联合申遗办组织编写两个文件《中国大运河缓冲区界限管理细则》和《中国大运

大运河文化十讲

河环境景观保护与协调导则》，制定了大运河全线缓冲区管理和运河周边景观控制要求。2014 年 4 月份召开的两个文件的讨论会上，正式介绍了 ICOMOS 运河工作组对大运河的意见：专家对于大运河寄予了更高的希望，认为中国所进行的事都是对的，但都正在进行中。对大运河的保护工作提出了十条建议，主要是缓冲区划定的问题、运河水质的问题、监测档案中心太小的问题等，建议中国补充材料，明年再报。国内一些专家也建议大运河等做好所有准备工作后，2015 年再行申报。笔者当时作为大运河联合申遗办代表发言时提出，2015 年再报不仅不利于继续做好大运河保护与申遗工作，相反倒可能让运河沿线城市丧失信心。中国文化遗产研究院文本组的负责同志张谨也支持这个观念，认为在世界遗产大会上从补充材料再报（Refer）变为直接登录（Inscribed），在世界遗产申报的历史上几乎每年都有，大运河应该能冲上去。最后，国家文物局提出明确意见：大运河项目 2014 年必须上世界遗产大会，力争通过。因此，会上决定将两个补充文件《中国大运河缓冲区界限管理细则》和《中国大运河环境景观保护与协调导则》提交省部际会商小组讨论，作为补充材料提交给世界遗产组织及国际古迹遗址理事会，争取得到认可。会后，联合国教科文组织中国秘书处确定将大运河项目提交 2014 年 6 月召开的世界遗产大会进行表决。

2014 年 6 月 15 日，第 38 届世界遗产大会在卡塔尔首都多哈开幕。根据大会提供的资料，成员国向大会提交了 40 项关于加入自然或文化世界遗产名录的申请报告，其中包括 9 项自然遗产申请、2 项自然与文化双重遗产申请、29 项文化遗产申请。中国向本届大会提交了"中国南方喀斯特二期"自然遗产申请和"大运河"文化遗产申请，还与吉尔吉斯斯坦、哈萨克斯坦联合提交了"丝绸之路：起始段和天山廊道的路网"文化遗产申请报告。由于在先前的 ICOMOS 考察报告中对大运河的意见是建议补充材料后来年再报，因此，中国代表团出发前准备了两套新闻通稿：一套是成功登录的，一套是不成功的。但中国代表团是带着力争翻盘成功登录的任务去的，国家文物局的有关人士表示有信心争取大运河在这次会议上列入世界遗产名录。

在第38届世界遗产大会上，经过多方努力，多哈当地时间22日上午10时20分，北京时间22日下午3时20分，经过世界遗产大会审议，中国大运河成功列入世界遗产名录，成为中国的第46项世界遗产。8年的努力终于得到了回报，现场许多人喜极而泣。通过大量的工作和艰辛的努力，中国大运河终于申遗成功，把大事办好、把难事办成，体现了国家有关部门和大运河沿线各级政府"敬终为始，善作善成"的精神，彰显了各级政府和文化遗产工作者敢于担当的品格和攻坚克难的作风，证明了大运河遗产保护前所未有的凝聚力和向心力。

二、大运河申遗的机制

与其他申遗项目不一样，大运河申遗采用的是城市联盟的机制，由35个运河城市组成的大运河保护与申遗城市联盟作为大运河申遗的主体。此外，国务院还牵头成立了大运河保护与申遗省部际会商小组，负责在中央层面协调大运河保护与申遗工作，这在中国的所有申遗项目中是最高级别的协调机构，从中也可以看出，国家对大运河申遗的重视程度。

（一）大运河保护与申遗城市联盟

大运河申遗采用的是城市联盟联合申遗的形式，申遗的主体就是大运河保护与申遗城市联盟。2008年3月出席大运河保护与申遗工作会议的33座城市在扬州共同组成了大运河保护与申遗城市联盟，会上还通过了《大运河保护与申遗城市联盟章程》。大运河联合申报世界文化遗产办公室作为城市联盟的秘书处，具体负责联盟的事务。这33座城市为：北京市（通州区），天津市，河北省（邯郸市、邢台市、廊坊市、沧州市、衡水市），江苏省（无锡市、徐州市、常州市、苏州市、淮安市、扬州市、镇江市、宿迁市），浙江省（杭州市、湖州市、嘉兴市），安徽省

（淮北市、宿州市），山东省（枣庄市、济宁市、泰安市、德州市、聊城市），河南省（郑州市、开封市、洛阳市、安阳市、鹤壁市、新乡市、商丘市、焦作市）。2009 年，随着浙东运河列入中国大运河，绍兴和宁波也成为申遗联盟城市，城市联盟扩展到 35 个成员。

（二）大运河保护和申遗省部际会商小组

大运河申遗的最高协调机构是大运河保护和申遗省部际会商小组。2009 年 4 月 23 日，经国务院批准，文化部、国家文物局牵头，13 个国务院主管部门和大运河沿线 8 个省、直辖市人民政府共同设立了大运河保护和申遗省部际会商小组。文化部部长任会商小组组长，国家文物局局长任会商小组副组长，国务院各主管部门分管的副部长和省、直辖市人民政府的分管副省长、副市长为会商小组成员。会商小组下设办公室作为办事机构，国家文物局局长兼任办公室主任，国务院各主管部门相关司长和省、直辖市文物局局长为联络员。大运河保护和申遗省部际会商小组的成员单位有：国家发展改革委、财政部、国土资源部、环境保护部、住房和城乡建设部、交通运输部、水利部、文化部、国务院法制办公室、国家测绘局、国家文物局、教科文全委会、国务院南水北调工程建设办公室，北京市、天津市、河北省、江苏省、浙江省、安徽省、山东省、河南省人民政府。

（三）扬州牵头大运河申遗

大运河申遗的牵头城市是江苏省扬州市。在 2006 年前，大运河的保护管理工作缺乏统一有效的协调机制，各省市基本上各自为政，各管一段，缺乏统一协调、统一规划、统一治理的机制，处于散乱状态，从而使大运河实际上成为各段各地的"小运河"。这种状况既影响了大运河的文化遗产保护工作，也不利于航运和地方建设的协调发展。为此，原文化部决定在大运河沿线城市中选出一个城市牵头组织"大运河联合申报世界文化遗产办公室"，带动大运河沿线相关城市建立合作、协商和对话机制。当时扬州、无锡和山东济宁都希望成为大运河申遗的牵头城市。2007 年 9 月 26 日，首届世界运河名城博览会暨运河名城市长论坛在扬州开幕。开幕式上，国家文物局领导宣布，扬州从国内数座运河城市中胜出，成为大运河联合申报世界文化遗产牵头城市，大运河联合申报世界文化遗产办公室设在扬州。时任国家文物局局长的单霁翔亲自为大运河联合申遗办揭牌。从此，大运河申遗进入了正式的启动阶段。

扬州之所以能够牵头组织大运河申遗工作，一是因为扬州段运河的突出价值，二是因为扬州在运河保护工作方面的杰出努力。扬州段运河是有文字记载的历史上最早的运河，《春秋左传》中记载："哀公九年，吴城邗，沟通江淮。"扬州与运河是同生共长的关系，运河兴则扬州兴。扬州是运河博物馆，有各个历史时期的运河；大运河对扬州的影响巨大，无论是汉代吴王刘濞"开山铸钱，煮海为盐"成为最富的诸侯国，唐代"扬一益二"地位的取得，还是清代扬州成为全球十座 50 万以上人口的城市之一，扬州的数度繁荣都来自运河的恩赐。扬州依靠运河赋予的区位优势和巨大能量，集南北文化于一城，融东西文明于一体，形成了独特的城市文化。进入新世纪，扬州加大了对大运河的保护力度，对城区13 公里的运河沿线进行了环境整治，搬迁了几十座工厂，治理了水环境，使城区段运河成为美丽的风光带。对运河沿线建设行为进行了严格控制，运河两岸 30 米范围内禁止新建任何建筑，在 30 米之外的 50 米作为建设控制地带，对建设的体量、高度、形制都有要求，有力地保护了运河周围的视觉空间。对郊野地带的运河注意保护其堤岸的真实性和完整性，使运河与周边环境相协调，成为大运河全线保护的典范。

作为牵头城市，扬州围绕大运河申遗做了大量的工作，主要体现在发挥了两个作用。首先是牵头协调作用。8 年来，扬州积极配合国家文物局做好大运河申遗的沟通联络、调研督查、协调推进、宣传动员等工作。承办每年一度的大运河保护与申遗工作会议，调研督查沿线省市申遗工作，利用简报、网站等传媒做好大运河保护与申遗宣传工作，牵头制定并发动沿线城市共同签署了《大运河遗产保护的联合协定》，建设大运河遗产监测预警通用型平台，并复制到大运河沿线的 31 个遗产区，在迎接世界遗产专家考察中发挥了积极的作用。其次是示范引领作用。扬

大运河文化十讲

附图 1.8　大运河扬州段保护会议

州在大运河申遗工作中有几项第一：2009 年 9 月，扬州在申遗联盟各城市中第一家公布实施市段保护规划——《大运河（扬州段）遗产保护规划》；2012 年 10 月 1 日，第一家颁布实施大运河保护地方性规范性文件——《扬州市大运河遗产保护办法》；2012 年 3 月，第一家建成大运河遗产监测管理平台——大运河扬州段监测预警平台；2013 年 3 月，在沿线城市中第一家成立大运河保护志愿者总队。正是因为遗产价值高、保护状况好，扬州共有瘦西湖、个园等 10 个遗产点和 153 公里河道列入大运河遗产点名单，成为全线列入遗产点最多的遗产区。

附录二

大运河文化带建设规划范围及功能分区

《大运河文化保护传承利用规划纲要》根据大运河文化影响力，以大运河现有和历史上最近使用的主河道为基础，统筹考虑遗产资源分布，合理划分大运河文化带的核心区、拓展区和辐射区。

核心区。是指大运河主河道流经的县（市、区），包含典型河道段落和重要遗产点，是孕育形成大运河文化的主要空间，也是大运河文化带的关键区域，包括北京（2个）、天津（7个）、河北（21个，含雄安新区安新县、雄县）、山东（18个）、河南（40个）、安徽（7个）、江苏（37个）、浙江（18个）等8省（市）的150个县（市、区）。大运河文化带的主轴和具备条件的其他有水河段两岸各2000米范围内的核心区范围划定为核心监控区。

拓展区。主要是指大运河主河道流经的地市，是大运河文化向外逐步拓展与沿线地域文化融合的交汇地带，也是大运河文化带的重点区域，包括北京5个区，山东（5个）、河北（5个）、河南（9个）、安徽（2个）、江苏（8个）、浙江（5个）6省的34个城市除核心区之外的地域范围，以及雄安新区除新县、雄县之外的地域范围。

辐射区。主要是指大运河主河道流经的省（市），是大运河文化进一步向外传播辐射的联动区域，也是支撑和保障大运河文化带的省域空间，包括北京、天津、河北、山东、河南、安徽、江苏、浙江8省（市）除核心区和拓展区之外的地域范围，衔接"一带一路"倡议，京津冀协同发展、长江经济带发展等重大国家战略。

附表 2.1 大运河文化带建设规划范围及功能分区表

辐射区	拓展区	核心区
北京市	昌平区、海淀区、东城区、西城区、顺义区	朝阳区、通州区
天津市		武清区、北辰区、河北区、红桥区、南开区、西青区、静海区
河北省	廊坊市	香河县、霸州市、文安县
	沧州市	青县、新华、运河区、沧县、泊头市、南皮县、东光县、吴桥县
	衡水市	阜城县、景县、故城县
	邢台市	清河县、临西县
	邯郸市	馆陶县、魏县、大名县
	雄安新区	雄县、安新县
山东省	德州市	德城区、武城县、夏津县
	聊城市	临清市、荏平县、东昌府区、阳谷县
	泰安市	东平县
	济宁市	梁山县、汶上县、任城区、嘉祥县、鱼台县、微山县
	枣庄市	滕州市、薛城区、峄城区、台儿庄区
河南省	濮阳市	南东县、清丰县、台前县
	安阳市	内黄县、汤阴县、滑县
	鹤壁市	浚县
	新乡市	卫辉市、辉县市、凤泉区、牧野区、卫滨区、红旗区、新乡县、获嘉县
	焦作市	修武县、武陟县、博爱县
	洛阳市	洛龙区、西工区、老城区、瀍河回族区、偃师市

辐射区	拓展区	核心区
	郑州市	巩义市、惠济区、金水区、中牟县
	开封市	龙亭区、鼓楼区、顺河回族区、禹王台区、祥符区、杞县
	商丘市	睢县、宁陵县、睢阳区、梁园区、虞城县、夏邑县、永城市
安徽省	淮北市	濉溪县、烈山区、相山区
	宿州市	埇桥区、萧县、灵璧县、泗县
江苏省	徐州市	沛县、铜山区、鼓楼区、贾汪区、邳州市、新沂市
	宿迁市	宿城区、宿豫区、泗阳县、泗洪县
	淮安市	淮阴区、清江浦区、淮安区、洪泽区、盱眙县
	扬州市	宝应县、高邮市、江都区、广陵区、仪征市、邗江区
	镇江市	京口区、丹徒区、丹阳市
	常州市	新北区、钟楼区、天宁区、武进区
	无锡市	惠山区、梁溪区、新吴区、滨湖区
	苏州市	新北区、虎丘区、姑苏、吴中区、吴江区
浙江省	嘉兴市	秀洲区、桐乡市
	湖州市	南浔区、德清县
	杭州市	余杭区、拱墅区、下城区、江干区、萧山区
	绍兴市	柯桥区、越城区、上虞区
	宁波市	余姚市、海曙区、江北区、鄞州区、北仑区、镇海区
合计		**150**

后 记

大运河申遗成功十年来，我一直倾力于运河文化研究，先后出版了《中国大运河百问》《中国大运河遗产》《中国大运河文化》《中国大运河·扬州》《大运河文化的传承与创新》《活在大运河》《运河王朝》《传奇中国：大运河》《中国大运河人物》《大运河人物故事丛书》《大运河国家文化公园100问》《中国大运河旅游》《中国大运河艺术》《走大运》等26部运河研究专著，但与博大精深的运河文化相比，一直都感觉是在盲人摸象，找不到一种有的放矢的方法来呈现大运河文化的全貌。在2023年"阅读大运河"图书颁奖会现场，结识了中国言实出版社的冯文礼社长。冯社长约我写一本《大运河文化十讲》图书，一下子为我解开了难题。

在国家文物局、中国文化遗产研究院等运河保护与管理机构的关心支持下，在扬州大学、中国言实出版社的帮助下，本书历经半年编写而成。参考书目近百种，安作璋、张廷皓、侯卫东、王永波、蔡蕃、张谨、赵云等诸位先生在此之前对运河所作的研究给予我正确的方向指引，在此表示感谢。本书参考了国家发展改革委主持编制的《大运河保护传承利用规划纲要》、江苏省大运河文化带建设领导小组办公室主持编制的《江苏省大运河国家文化公园保护建设规划》。本书的写作过程中得到了周泽华、黄钢、宋佑隆、宋桂杰、梁宝富、文蓉、姜跃岭、陈跃、吴益群、刘奇斌、崔金、周泽华、黄建军、陈相辉、周倩、董辉、刘江瑞、张卓君、季文静、张秉政、訾季红、刘静、王支援及大运河沿线城市的同行在图片、制表等方面的大力帮助，在此一并表示感谢。特别要感谢中国言实出版社的老师们为本书所做的大量编辑和校对工作。在此，对所有为本书提供帮助的同事们、战友们，以及所有为大运河申遗付出努力的人们，致以衷心的感激。

中国大运河文化浩如烟海，在大运河申遗成功十周年，也就是大运河 2511 岁生日之际推出这本《大运河文化十讲》，希望以这样一本书来帮您浏览中国大运河 2500 多年的灿烂文化，同时也希望与您共同打开大运河文化下一个 2500 年的美丽画卷。

姜师立，2024 年 6 月

大运河文化十讲